# REISEN UM GLÜCKLICH ZU SEIN

REISEN UM GLÜCKLICH ZU SEIN

Herausgegeben von Hansjörg Graf

Jean Giono
In Italien um glücklich zu sein
Aus dem Französischen von Peter Gan. 1984

William Golding
Ein ägyptisches Tagebuch
Aus dem Englischen von Renate Orth-Guttmann. 1987

Julien Green
Meine Städte
Aus dem Französischen von Helmut Kossodo. 1986

Julien Green
Paris
Aus dem Französischen von Helmut Kossodo. 1985

Henry James
Eine kleine Frankreich-Tour
Aus dem Englischen von Jörg Trobitius. 1986

Henry James
In England um glücklich zu sein
Aus dem Englischen von Nikolaus Stingl. 1988

Julius Meier-Graefe
Spanische Reise
1984

Henri de Régnier
In Venedig leben
Aus dem Französischen von Hella Noack. 1988

Max Picard
Nach Santa Fosca
1989

Peter Mayne

# EIN JAHR
# IN MARRAKESCH

Aus dem Englischen von
Nikolaus Stingl

List Verlag

Die Originalausgabe »A Year in Marrakesh«
erschien erstmals 1953 im Verlag John Murray, London

Umschlagentwurf: Design Team, München
Umschlagmotiv: August Macke (1887–1914),
Händler mit Krügen, Aquarell (1914).
Westfälisches Landesmuseum für Kunst- und
Kulturgeschichte, Münster

ISBN 3-471-78179-X

 Printed in Germany
Satz: Uhl + Massopust, Aalen
Druck und Bindung: Mohndruck, Gütersloh

*Inhalt*

# *Das Vorzimmer*

Ich bin fremd in dieser Gegend, und Tanger ernährt sich vom Fleisch von Fremden. So heißt es zumindest, aber noch hat niemand auch nur einen Bissen von mir ergattert, denn ich habe mich hinter einer mit Bedacht ausgewählten Schutzwehr niedergelassen, von wo ich in einer Stunde unbemerkt entschlüpfen und verschwinden werde.

An dem Tisch unmittelbar vor mir sitzen eine üppige Spanierin, drei Kinder und ein Mann mit blauschwarzem Haar. Die Kinder sind zur Feier des Tages herausgeputzt worden und bekommen einen Klaps, wenn sie zappeln. »Ignacio! Concepciôn! Tomás!« Links und rechts von mir sitzen andere Leute an ihren Tischen – Spanier, Mauren, Unklassifizierbare –, und jeder einzelne ist in das Spektakel des sonntagabendlichen *paseo* versunken.

Auf Gedeih und Verderb sind wir alle auf dem Zoco Chico versammelt, einer *plaza* im maurischen Teil von Tanger. Zu Hunderten sitzen wir bewegungsunfähig Schenkel an Schenkel an Cafétischen. Noch dichter drängen sich Hunderte mehr auf der kleinen, offenen *plaza* selbst, wo sie unter dem Einfluß irgendeiner kosmischen Gesetzmäßigkeit auf- und abebben und wie Algen in einer Untiefe wogen. Darunter sind Geschöpfe, die nach Art von Fischen umherflitzen und beim Lächeln die Zähne zeigen.

Jedenfalls, hier bin ich. Mein Rücken lehnt an der Wand, oder vielmehr an einem schmiedeeisernen Gitter, das dem Inneren des Cafés Luft zuführt. Auf dem Tisch neben mir stehen ein Cinzano und ein Siphon mit

Mineralwasser. Wie Ameisen in den Siphon gelangt sind, ist mir ein Rätsel. Weder die Ameisen selbst, noch die Leute, die den Siphon gefüllt haben, können das beabsichtigt haben.

»Ist es nicht ziemlich warm«, fragen die Leute einander in ihren verschiedenen Sprachen, »für die Jahreszeit?« Es ist Frühling, und es ist tatsächlich ziemlich warm.

Manchmal kommt eine leichte Brise auf, und etwas davon weht durch das Gitter in das Café. In solchen Momenten zupft die üppige Spanierin an ihrer Korsage, und auch mir ist, als wäre mir kühler. Ich habe eine Stunde zur Verfügung, mein Gepäck ist am Bahnhof sicher deponiert, und bislang bin ich von Belästigungen verschont geblieben, aber allmählich befürchte ich, daß etwas hinter diesem Gitter ist ...

Wie gesagt, ich sitze hier in meiner eigenen kleinen, verbarrikadierten Welt, in der zweiten Tischreihe einer Caféterrasse, und wenn die Einwohner von Tanger glauben, daß auch ich sie in ihrer Sonntagabend-Ausgehkleidung bewundere, würde ich ihnen gern sagen, daß ich nichts dergleichen tue. Meine Augen mögen offen sein, sie mögen glimmen wie kleine Kohlestückchen, aber nicht vor Verlangen. Ich habe beschlossen, mich auf die Unendlichkeit zu konzentrieren, und für mich schließt die Unendlichkeit Tanger und die Gegenwart aus und beginnt morgen auf 30° 40′ nördlicher Breite. Die Einwohner von Tanger können das in ihren Atlanten nachschlagen, und sie mögen sich meinethalben auf den Kopf stellen: sie mögen Notsignale und Einladungen zum Walzer versenden, aber sie haben nicht die Macht, mein Herz zu erweichen oder mich zu faszinieren. Meine Augen sind offen, aber blind. Meine

Ohren sind taub, jedenfalls nahezu ... aber wenn da wirklich jemand hinter dem Gitter ist, dann ist das seine Stimme, die um die Ränder meines Bewußtseins summt. Ich werde keine Notiz davon nehmen.

Ich sitze noch immer hinter meiner Schutzwehr, und mittlerweile gibt es nicht mehr den geringsten Zweifel, daß ein Übelwollender eine Ritze in meinem Rückenpanzer entdeckt hat, durch die er mir wiederholt eine Forderung zuzischt. Er läßt sich nicht ignorieren. Er sagt –

*»... vous avez du feu, m'sieur, s'il vous plaît?«*

Ich reichte eine Schachtel Streichhölzer nach hinten über die Schulter, ohne mich umzusehen. Sie wurde durch die Gitterstäbe hindurch wie von einem wohlerzogenen Papagei behutsam ergriffen.

»*Merci, m'sieur. Tiens! Ce sont des cigarettes anglaises que vous avez là?* Sie sind Engländer? Wenn Sie wünschen, werde ich eine probieren. Ich akzeptiere öfter gern eine englische Zigarette, *pour changer, n'est-ce pas?*«

Ich rührte mich nicht. Jemand legte einen Handzettel auf meinen Tisch, wobei er sich über die Spanierin beugte. Darauf stand: HOY! HOY! HEUTE! HEUTE ABEND! LUCHA LIBRE! SOUNDSO, DAS SCHWARZE WUNDER! SOUNDSO, DER LOKALMATADOR! KOMMT, KOMMT, KOMMT! Mein Widersacher mußte sich die Zeit genommen haben, es ebenfalls zu lesen. Nach kurzer Pause sagte die Stimme:

»Ah. Catchen.« Sie hielt erneut inne. Dann: »Sir. Ich habe etwas zu sagen, etwas, was Sie interessieren dürfte.« Wieder trat eine Pause ein, und er wiederholte den letzten Satz.

Ich sah mich nicht um. Statt dessen sagte ich klar

und deutlich auf Französisch, weil mir das unpersönlicher vorkam: »Es gibt nichts, was mich interessiert.«

»Ich habe aufgepaßt. Über Sie gewacht, Sir, aus dem *intérieur*. Ich habe alles gesehen! Das Mädchen da, zum Beispiel – das Mädchen im *costume aux paillettes*. Sir! Ich flehe Sie an!«

Ich sagte: »Lassen Sie mich zufrieden.«

»Sie wissen nicht Bescheid! Sie sind fremd in Tanger. *Ich* weiß Bescheid. Ich habe das Wechseln der Blicke gesehen, das Wiegen der Hüften. Sir, dieses Mädchen wird Sie im Handumdrehen vernichten!«

Ich tat so, als hätte ich nichts gehört.

»Sir, sehen Sie mich an! Drehen Sie sich um und sehen Sie mich an! Sie werden feststellen, daß ich ein Edelmann aus Marokko bin. Ich liebe Ihre Heimat England, und wie meine Brüder liebe ich Ihre englischen Landsleute, deren Sprache ich so flüssig von einem schwedischen Gentleman gelernt habe, der mittlerweile verstorben ist (er ruhe in Frieden). Sie riskieren, wegen Ihrer Fremdheit Schaden zu erleiden. Das werde ich nicht dulden. Falls Sie entflammt sein sollten, dann lassen Sie mich Ihnen raten und beistehen.«

Hatte der schwedische Gentleman wirklich so Englisch gesprochen? Ich drehte mich langsam um und betrachtete den Sprecher. Er war ungefähr fünfundzwanzig, bräunlich und schäbig. Das Gesicht war nicht übel – ein rundes Gesicht mit großen, schwarzen, bestürzten Augen, und als er sah, daß ich ihn anblickte, lächelte er verbindlich und sagte:

»Ich darf mich vorstellen. Ich bin Mulai Hamed – oder, wie Sie sagen würden, der Seigneur Hamed. Wegen meiner vornehmen Herkunft habe ich das *entrée* in alle Häuser. Nennen Sie mir freundlicherweise Ihren

Namen und Ihr Anliegen, und erlauben Sie mir, Sie zu einem Privathaus zu führen, wo alle Mädchen schön sind – und von Ärzten blutuntersucht. Von *diplomierten* Ärzten.«

Sprache und Aussicht waren gleichermaßen faszinierend, aber ich sagte kalt: »Wenn Sie mich nicht allein lassen, lasse ich Sie allein.«

»Aber wir haben uns eben erst kennengelernt!«

»Die Bekanntschaft nützt keinem von uns.«

»Hören Sie! Sie sind fremd hier . . .«

»Ich bin nirgendwo im mindesten fremd. Ich war wunschlos glücklich, bis Sie angefangen haben, mich zu belästigen.«

Ich hatte mich wieder von ihm abgewandt und legte eine Empörung in meine Stimme, die ihn schockiert haben mußte. Er wirkte geknickt. Er war offensichtlich ein sehr erfolgloser Fremdenführer. Man mußte sich nur die anderen mit ihrem zur Schau getragenen Selbstbewußtsein ansehen, um zu wissen, daß dieser arme Wicht ein Versager war. Er tat mir sogar leid. Dann sagte er:

»Bitte behalten Sie Platz. Ich setze mich an Ihren Tisch.«

»Jetzt hören *Sie* zu«, antwortete ich fest. »Ich bin ein Verrückter, der es nicht seltsam findet, allein zu sein und nicht Bescheid zu wissen, und in wenigen Minuten werde ich von hier verschwunden sein, und ich bete darum, daß ich dort, wohin ich fahre, eine Welt finde, wo Fremdenführer mit einem Muttermal auf die Welt kommen, so daß –«

»Sie fahren? Wohin? Oh, Sir, *wohin*?« unterbrach er.

»– so daß ihre Mütter sie erkennen und erwürgen können, ehe –«

»Aber *wohin* fahren Sie, Sir?« unterbrach er erneut aufgeregt.

»Ich fahre nach Marrakesch. Mit dem Nachtzug.«

»*Inscha'Allah*«, hauchte er. Dann breitete sich ein verzücktes Lächeln über sein Gesicht. »Was! Nach Marrakesch, sagen Sie? Sir, ich habe einen Cousin in Marrakesch, genauso vornehm wie ich, bei dem man logieren kann, denn er ist *propriétaire* eines Hotels! *Sehr* exklusiv. Schauen Sie! Ich habe ein Foto von meinem Cousin in arabischer Tracht mit seinem Freund vor dem *Bureau de Poste* auf dem Platz Dschama al-Fna in Marrakesch. Möchten Sie sehen?«

Und ehe ich mich's versah, hatte ich die Brieftasche in der Hand, und der Seigneur Hamed war nicht mehr hinter dem Gitter. Da wußte ich, daß ich mich geirrt hatte und daß der Seigneur doch ein Könner seines Fachs war.

Ist es eine Stärke oder eine Schwäche, nicht zu wissen, wann man geschlagen ist? Ich wußte es noch nicht. Statt dessen suchte ich Zeit zu gewinnen. Ein arabisches Hotel? Das wäre ein angemessener Beginn. Ich sagte mir, daß ich in Marrakesch genau die Art von Hilfe brauchte, die der Seigneur oder sein Cousin bieten konnten. Ich sah keinen Sinn darin, dorthin zu fahren, um das Leben eines europäischen Touristen zu führen. Ich sagte mir außerdem, daß ich durchaus imstande war, mich zu wehren, und daß sich aus der Langweiligkeit – der unsäglichen Langweiligkeit! – einer halben Stunde mit dem Seigneur Kapital schlagen ließe. Ich erlaubte ihm, sich zu mir zu setzen, und die ersten paar Minuten vergingen mit Erklärungen, warum ich ihn nicht nach Marrakesch mitnehmen würde. Ich sagte, es handle sich nicht einfach um eine Vergnügungsreise, sondern – aber er konnte den Unterschied, den ich zu machen versuchte, nicht begreifen. Wie konnte ich dann hoffen, daß er die ganze Wahrheit begreifen würde, daß ich unmittelbar vor einer persönlichen Wiedergeburt stand, bei der seine Anwesenheit nicht förderlich sein konnte? Also sprach ich nicht davon. Ich sagte lediglich, daß ich kaum genug Geld hatte, um mich selbst zu ernähren, geschweige denn zwei Mägen zu füllen. Während dieser Sachverhalt sich in seinem Kopf einwurzelte, erlaubte ich ihm, mir den Inhalt seines kleinen Plastikportefeuille zu zeigen. Erstens das Foto des Cousins. Ich wurde aufgefordert, zuzugeben, daß sein Cousin gut aussah, und bejahte es durchaus bereitwillig, wenngleich das Foto nichts derart Positives zeigte. Den größten Teil des Bildes nahm ein dekoratives Passepartout ein – Kamele, Palmen, eine Darstellung des Minaretts der berühmten Kutubiya-Moschee und andere Wahrzeichen des Südens. Es blieb nicht viel Raum für die beiden kleinen Köpfe, der eine mit Tarbusch, der andere mit Käppchen, und beide arg verwackelt. Gleichwohl bewunderte ich die beiden jungen Männer. Dann bewunderte ich Fotos des Seigneurs selbst.

»Sie finden gut?« fragte er zweifelnd. »*Ich* finde, daß ich weniger gut herauskomme als in Wirklichkeit. Der Fotograf ist nicht gut. Das nächste Mal«, fügte er hinzu, während er die Bilder widerstrebend wegsteckte, »werde ich meine Porträts beim besten machen lassen – beim Studio Foto Venus.«

Er nahm seine Ausweispapiere zur Hand. Dann einige Ansichtskarten von Nizza und Cap Ferrat, die er von dankbaren Kunden bekommen hatte. Wir lasen gemeinsam die Texte. Als nächstes, hinter Talk, Bilder von ägyptischen Filmstars, Pin-up-Girls, von denen man jedesmal, wenn das Portefeuille aufgeklappt wurde, einen kurzen, erregenden Blick erhaschte. Und schließlich sagte ich, während ich ein erstaunlich schmeichelhaftes polizeiliches *Certificat de Bonne Vie et Mœurs* zurückgab, das er zum Lesen vor mir ausgebreitet hatte, so leichthin wie möglich:

»Vielleicht suche ich Ihren Cousin auf und gebe ihm Nachricht von Ihnen.«

Dies löste, wie ich gehofft hatte, einen Gedankengang aus, der dem Seigneur gefiel. So leichthin wie ich eben erwiderte er: »Wie wäre es, wenn ich meinem Cousin einen Brief zukommen lasse...?« Der Vorschlag nahm Gestalt an: er würde seinem Cousin einen Brief schreiben, und ich würde ihn nach Marrakesch mitnehmen. Dieser Brief würde mir alle Türen öffnen. Er ließ sein Portefeuille liegen, um sicherzustellen, daß ich sitzen bleiben würde, flitzte über den Zoco Chico zu einem *tabac* und kehrte mit einem Blatt Papier und einem Briefumschlag zurück.

»Den Füller, bitte«, sagte er.

Es kostete ihn Mühe, doch nach geraumer Zeit war auf Arabisch ein Brief geschrieben und unterzeichnet. Die Unterschrift war in lateinischen Buchstaben, um Eindruck zu machen. Als er gerade die Umschlagklappe anlecken wollte, hielt er inne, nahm erneut sein Portefeuille zur Hand und wühlte darin herum. Er fand nicht, wonach er suchte, deshalb wandte er sich an mich und sagte ganz beiläufig:

»Ich hatte vor, einen Tausendfrancschein in den Brief zu legen. Ich möchte meinem Cousin durch Sie diesen kleinen Betrag schicken, damit er Sie respektiert und Ihnen Gefälligkeiten erweist.«

»Danke«, sagte ich unverbindlich.

Wir wußten beide, daß in dem Portefeuille kein Geld war.

»*Eh bien, que voulez-vous?* Wie ich sehe, habe ich mein Geld zu Hause gelassen.« Er seufzte und blickte auf den Platz hinaus. Er war so voll wie nur je. Zwei düster aussehende Männer tuschelten miteinander und warfen verstohlene Blicke in unsere Richtung. Das Mädchen im *costume aux paillettes* war verschwunden, aber es waren viele andere da, manche mit züchtig niedergeschlagenen Augen, andere weniger züchtig. Seigneur Hamed holte tief Luft: »Macht nichts. Morgen kommen Sie zu mir nach Hause, und ich werde Ihnen ein Festessen mit *cous-cous* vorsetzen. Kennen Sie *cous-cous*? Haben Sie es schon probiert? Köstlich. Und dann werde ich das Geld in den Brief legen.«

»Ich reise nachher ab. Mit dem Nachtzug.«

Das wußte er auch, aber er gab sich von der Mitteilung schockiert.

»Dann, mein lieber Freund, ist nichts zu machen. Es ist zu spät. *O malheur!* Sie, der Sie mich bitten, für *logement* bei meinem Cousin zu sorgen, der das Hotel hat, ein echt arabisches Hotel in Marrakesch, Sie werden leider gezwungen sein, wie jeder gewöhnliche europäische Tourist in einem gewöhnlichen europäischen Hotel zu logieren. Wie traurig!« Er griff nach dem Siphon, schüttelte ihn kräftig, um Druck zu erzeugen, und spritzte zunächst einen Strahl auf den Boden. Das geschah wohl, um die Ameisen zu entfernen. Dann schien er zu bemerken, daß sein Glas schon wieder keinen Cinzano mehr enthielt, und sah mich fragend an. Ich bot ihm keinen mehr an. Statt dessen sagte ich:

»Schulden Sie Ihrem Cousin Geld?«

»Schulden? Ich habe Ihnen doch gesagt, daß ich ihm fünfzehnhundert Francs *schenken* will und daß er, wenn Sie ihm das Geld bringen möchten, ganz gewiß . . .«

»Sie sagten tausend.«

»Ich habe erwähnt, daß ich ihm *jetzt* mit dem Brief tausend schicke, und der Rest wird selbstverständlich folgen.«

Ich sagte einen Moment lang nichts und murmelte dann: »Ich dachte daran, Ihnen ein kleines Entgelt dafür zu geben, daß Sie mir freundlicherweise eine Empfehlung an Ihren Cousin angeboten haben. Wenn Sie möchten, bezahle ich ihm etwas Geld, als käme es von Ihnen. Soll ich das tun?« Ich fischte einen Fünfhundertfrancschein aus meiner Tasche, um das Ausmaß meiner Großzügigkeit zu zeigen.

Nun grübelte er seinerseits einen Moment. »Vielleicht . . . Ja. Wenn Sie ihm fünfhundert Francs geben, dann werde ich *das hier* . . .« Er nannte nicht einmal den Betrag, als er den Schein, den ich immer noch festhielt, an einer Ecke ergriff. »Das hier werde ich aufbewahren, bis ich die Zusicherung meines Cousins erhalten habe, daß er meine Wünsche hinsichtlich Ihrer Bequemlichkeit und Ihres Wohlergehens erfüllt hat. Das ist meine Hauptsorge, und erst dann werde ich ihm die *zweiten* fünfhundert Francs schicken. So ist es bestimmt am besten; und praktisch. Und die *dritten* fünfhundert Francs können Sie ebenfalls bei mir hinterlegen, und . . .«

»Den Betrag bestimme ich«, sagte ich. »Ich werde ihm nur fünfhundert Francs geben.«

»*Bon.* Sehr schön, wie ich schon sagte, Sie übergeben meinem Cousin mit dem Brief fünfhundert

Francs, und ich werde die zweiten und die dritten fünfhundert Francs einbehalten und ihm erst schicken, wenn –«

»Ich setze die Regeln fest.«

Wir funkelten uns an. Ich fing noch einmal an. »Passen Sie auf!« sagte ich, zupfte gewandt den Geldschein aus seinem Griff und zog gleichzeitig ein paar Scheine mit geringerem Nennwert aus der Tasche. »Passen Sie auf! Hier sind fünf Hundertfrancscheine. *Drei* übergebe ich Ihrem Cousin mit Ihrem Brief. *Zwei* lasse ich bei Ihnen. Sie gehören Ihnen, diese zweihundert Francs. Sie können Sie behalten oder Ihrem Cousin schicken, ganz wie Sie möchten.«

»So Gott will«, sagte er sanft. »*Inscha'Allah.* Wissen Sie, daß wir Araber das immer sagen? ›So Gott will.‹ Es ist nötig, daß man es sagt.« Er fuhr recht säuerlich fort: »Aber der Betrag, von dem Sie sprechen, beläuft sich nur auf fünfhundert Francs, wenn ich nicht irre. Ihr *calcul* ist falsch, Sir. *Wir* sprechen von fünfzehnhundert Francs.«

»Der Betrag, von dem ich spreche, ist der Betrag, den Ihre Dienste meines Erachtens für mich wert sind. Ich habe ein sehr sorgfältiges *calcul* angestellt und dabei den Cinzano, den Sie auf meine Kosten getrunken haben, und Ihre Provision vom Besitzer des Cafés berücksichtigt, und ich habe noch eine kleine Sonderzahlung für diverse angebotene, aber nicht in Anspruch genommene Dienste draufgelegt.«

»Wenn das Ihr *calcul* ist, Sir, kann ich nicht sicher sein, daß Sie von meinem Cousin gut aufgenommen werden. Ich habe schon ›eintausend‹ in den Brief geschrieben.«

»Aber jetzt kennen Sie die Wahrheit.«

»*Jetzt* wird mein Cousin, wenn er den Brief liest, sich und den anderen bedeutenden Persönlichkeiten von Marrakesch natürlich sagen, daß Sie das Geld, das ich Ihnen für ihn mitgegeben habe, einbehalten haben. Sir, ich glaube nicht, daß Sie gut aufgenommen werden.«

»Der Brief läßt sich ändern.«

»Die Türen werden sich nicht öffnen«, sagte er blasiert, ohne meine Worte zu beachten.

»Der Brief läßt sich ändern.«

»*Kifasch?* Mm-m ... Er läßt sich ändern, wenn ich ihn ändere.« Er betrachtete mit verschleiertem Blick ein pummeliges kleines Mädchen und winkte ihr mit großer Geste zu, worauf sie freilich nicht reagierte.

»Dann ändern Sie ihn«, sagte ich. Er schenkte mir keinerlei Beachtung, als ich ihm die Geldscheine vor die Nase hielt. »Sind Sie einverstanden oder nicht?«

»Nun gut«, sagte er endlich. »Ich bin einverstanden. Aber nur, weil wir enge Freunde sind. Wenn wir keine engen Freunde wären, könnte ich niemals einverstanden sein mit einer so ungerechten –«

»Nehmen Sie den Füller und schreiben Sie. Schreiben Sie *fünfhundert* Francs. Schreiben Sie es in Zahlen. Das ist der Betrag, den ich Ihrem Cousin aushändigen werde.«

»Mein Cousin kann keine französischen Zahlen lesen.«

»Sie sollen es auch nicht für Ihren Cousin schreiben, sondern für *mich*.«

Er fuhr beleidigt herum. »Sie trauen mir nicht?«

»Nein«, sagte ich.

»Wie kann ich Ihnen dann all das Geld anvertrauen? Sagen Sie mir das, Sir!«

Ich ließ ihn mit seinen zornfunkelnden Augen ein

paar Sekunden schmoren. Dann sagte ich: »Ich verlange nicht von Ihnen, daß Sie mir trauen. Ich bin es, der Ihnen trauen muß. Außerdem habe ich beschlossen, Ihnen zweihundertfünfzig Francs für Sie selbst zu geben. Und jetzt schreiben Sie!«

Er preßte die Lippen zusammen und öffnete sie dann mit dem Geräusch einer kleinen, platzenden Blase. »Sie haben mich hereingelegt. Sie sind hart wie Stein. Aber ein Edelmann hält sein Wort. Geben Sie mir den Füller!«

Es ist eine recht eigenartige Übereinkunft. Tatsächlich ist es der erste marokkanische Handel, den ich je abgeschlossen habe, und daß ich am Anfang zuviel bezahle, gehört sich so.

Ich bin gerade aus dem Zug gestiegen und ließ mich am Busen der Menge mittragen, die bereits dem Ausgang zuquirlte. Auf diese Weise traf ich in meiner neuen Welt ein: ohne Schmerz, ohne Durchtrennung der Nabelschnur, ohne Geschrei – ausgenommen das der Schwächlinge, die in der Flut untergingen, und auf sie verschwendete ich keinen Gedanken. Am Ende des *sortie*-Durchganges konnte ich die Sonne scheinen sehen. Ich nahm an, daß der Träger mein Gepäck hatte, und irgendwo hatte ich sicher auch meine Fahrkarte, aber niemand hatte Zeit, danach zu fragen, als die Flut die letzten Sperren durchbrach. Da stand ich frohlokkend auf dem Bahnhofsplatz, und überall um mich herum *dschallabas*, verschleierte Frauen, Babies, die sich die Lungen füllen und schreien konnten, nun da die Tortur vorbei war. Ich war still und allein in der Gewißheit, daß ebendies der Augenblick der Wiedergeburt war.

»... *sss – Americán* – du!« Es war mein Träger, puterrot und triumphierend. »*Tu veux calèche?*«

Er traf seine Wahl aus einer Reihe betagter Viktoriachaisen, und ich machte mir nicht die Mühe, ihm zu sagen, daß ich Engländer war.

»Die da«, sagte er. Ein riesiger, kohlschwarzer Koloß von einem Kutscher nahm mich in seine Obhut. Ich muß gestehen, ich fand, daß sein Pferd weniger stabil aussah als dessen Lenker, aber mein Koffer und meine Schreibmaschine befanden sich bereits auf dem Wagenkasten, und sie hoben mich praktisch auf die Polsterbank aus rotem Leder.

*»Toi Américan?«* fragte der Kutscher, indem er auf mich zeigte. Ich war damit beschäftigt, den Träger auszuzahlen – die amtliche Gebühr war auf seiner Armbinde vermerkt.

*»Je suis anglais«,* sagte ich.

Der Träger hörte auf, ob meiner Knauserigkeit zu protestieren, und zog ein enttäuschtes Gesicht. *»Américan est gentil«,* äußerte er.

»Ich bin auch *gentil,* aber arm.«

»Ah-h ...«

Ich nutzte meinen Vorteil aus. »Sie sind auch arm, nicht wahr?« fragte ich sie, und sie sagten, ja, das seien sie. »Tja, *ich* finde, arm ist *plus gentil* als reich.«

Sie nickten und pflichteten mir bei, und der Träger bat um eine Zigarette, und so reichte ich ihm mein Päckchen, aus dem er sich zwei nahm, eine für ihn selbst und die zweite für den Kutscher. Eine blieb für mich übrig. Wir gaben einander zeremoniös Feuer. Als dies getan war, akzeptierte der Träger huldvoll seine Gebühr.

»Nicht vergessen«, sagte er und deutete auf seine Armbinde. »*Numéro six*. Ich. Verstehen?« Er ergriff meine Hand und schüttelte sie.

Der Kutscher fragte: *»Où tu vas?«* Ich hatte jetzt Muße, ihn richtig zu betrachten: Sehr umfangreich, nachtblau, ein Hemd, unter dem Knie geschnürte Pantalons und ein schlapper Strohhut. Ich reichte ihm den Brief des Seigneurs.

»Es steht da drauf«, sagte ich.

Der Kutscher nahm den Brief und stieg auf den Bock, aber das Losfahren dauerte ein Weilchen. Er mußte zunächst seine Peitsche in Schwung bringen, indem er damit lederne Arabesken in der Luft beschrieb, ehe er plötzlich mit dem Handgelenk ruckte und die Peitschenschnur wie ein Pistolenschuß knallte. Nach diesen angsteinflößenden Präliminarien, von denen das Pferd keinerlei Notiz nahm, räusperte er sich und gab ein ersticktes ›. . . *iiii-juh!*‹ von sich. Wir setzten uns knirschend in Bewegung. Vom Bürgersteig aus winkte der Träger. »*A tout-à-l'heure!*« rief er uns nach.

Das, dachte ich bei mir, während ich die halbfertige französische Stadt um mich herum betrachtete, ist noch immer nur das Vorzimmer. Irgendwo dort drüben ist das wahre Marrakesch, obwohl ich es noch nicht sehen kann.

Und zwar ein ganzes Stück weit dort drüben, soweit ich aus den Beförderungstarifen neben mir schließen konnte. Eine Fahrt innerhalb der französischen Neustadt, las ich, kostete eine bestimmte Summe; eine Fahrt über die Grenzen der Zeit in die alte maurische Stadt soundsoviel – erheblich mehr; *Le Tour des Remparts* eine sehr ansehnliche Summe. War die Stadtmauer denn tatsächlich so lang? Würde sie bald zu sehen sein?

Die Straße war blau von abgefallenen Jacarandablüten, die Luft gelb vom Sonnenschein.

Die Franzosen haben eine Leidenschaft für *ronds-points*, von denen wie die Zacken von Sternen strahlenförmig genau gleiche Avenuen ausgehen. Wie gefällig das ist, aber auch wie verwirrend! Trotz des Drehens der Räder und des Stolperns der Pferdehufe stellte sich kein Gefühl von Bewegung ein. Sogar die Szenerie blieb unverändert, die Avenue, wir ewig unter dem gleichen Jacarandabaum, die gleiche Villa zur Linken, das gleiche unbebaute Grundstück zur Rechten. Bewegten sich alle diese Gegenstände mit uns unter der senkrecht stehenden Sonne? Bewegten wir uns überhaupt? Und dann waren wir plötzlich wieder auf einem *rond-point* – bestimmt nicht dem gleichen – nicht wieder und wieder! Ein 90-Grad-Ausschnitt der Landschaft, flach und unwirklich, hatte sich um uns zu drehen begonnen, kleine, halb entwickelte Bäume und halbfertige Villen, Straßenschilder, die hierhin und dahin wiesen und die Namen von Generälen und Präsidenten der Republik und dergleichen trugen, und wir waren noch immer dort, wo wir die ganze Zeit gewesen waren.

Wir waren eine ganze Weile gefahren, als der Kutscher sein Pferd anhielt. Er drehte sich auf dem Bock herum und schob seinen Strohhut nach hinten, um mich anschauen zu können. Jetzt konnte ich erkennen, daß er unter dem Strohhut ein kleines, braunes, gehäkeltes Käppchen trug und daß die beiden zusammen eine Art Kugelgelenk bildeten, das es ihm ermöglichte, den Strohhut in sehr kühnem Winkel zu tragen, ohne ihn zu verlieren. Er lächelte auf mich herab und fragte:

*»Où, tu dis?«*

Wo, in der Tat! Leider konnten weder der Kutscher noch ich die Adresse auf dem Brief des Seigneur Hamed lesen, er, weil er überhaupt nicht lesen konnte, und ich, weil ich im Arabischen nur die Wörter lesen kann, die ich bereits kenne, und auch das nur, wenn ich sie selbst geschrieben habe – und diese hatte ich nicht geschrieben.

*»Schi bas ma ka'in«*, sagte er tröstend. »Macht nichts.«

Wir setzten unsere Fahrt fort. Mittlerweile schlief unter dem Jacarandabaum ein Maure, den wir um Hilfe baten. Er konnte auch nicht lesen. Jemand anders ging in etwa in die gleiche Richtung wie wir, also stieg er zu und klippklappte ein Stück weit mit uns, wobei er nach dem Brief oder meiner Hand griff oder auf andere Weise seine Teilnahme zeigte – aber er konnte nicht lesen, sagte er. Ein anderer wedelte vom Straßenrand aus bloß hilflos mit den Händen, als der Kutscher ihn anrief. Sie alle zerrissen sich schier in dem Bestreben, zu erfahren, wohin ich wollte. Ich für meinen Teil begnügte mich damit, mich in dem roten Leder zurückzulehnen und diese netten Menschen mein Problem lösen zu lassen. Am Ende wurde es natürlich auch gelöst. Aus der Gegenrichtung näherte sich eine andere Viktoriachaise, wir riefen sie an, und kurz darauf standen wir mitten auf der Straße nebeneinander. In der anderen Kutsche saß ein älterer Maure. »Er ist *faqih*«, sagte mein Kutscher selbstzufrieden. Ich wußte nicht, was genau das bedeutete, aber offenbar bedeutete es unter anderem, daß der alte Maure uns die Adresse würde vorlesen können, und so war es auch. Mein Kutscher mußte den *faqih* wohl auch gebeten haben, den Brief zu öffnen und dessen Inhalt zu lesen, denn der alte Mann nickte und holte einen langen, rostigen Draht hervor. Aber ich nahm ihm den Brief rasch weg, ehe er den Draht unter die Klappe schieben konnte. Ich sah keinen Grund, warum sie ihn lesen sollten, so harmlos er auch war. Sie machten erstaunte Gesichter. Sodann wurde vorgeschlagen, daß ich dem alten Mann ein kleines Honorar bezahlte, was ich auch tat, aber ich glaube, der andere Kutscher steckte es ein. Wir verbeugten uns von unseren Kutschen aus, Peitschen knallten, *›iiii-juh‹*, und die anderen entfernten sich.

»Darb al-Bir«, sagte mein Kutscher. »Mulai Ibrahim. Warum hast du das nicht gesagt?«

Endlich wußten wir, wohin wir wollten, aber ehe wir irgend etwas anderes taten, wollte der Kutscher das

Verdeck aufschlagen – um das schöne rote Leder zu beschirmen. Es war weit nach eins, und er meinte, daß die Sonne es beschädigen könnte. Er habe vorhin nicht daran gedacht, sagte er, aber jetzt falle ihm auch ein, daß ich keinen Hut hatte. Ich wollte das Verdeck nicht, weil es mir den Blick versperrte – meinen ersten Blick auf Marrakesch. Wir versuchten, unsere unterschiedlichen Standpunkte zu verdeutlichen, und der Kutscher wandte sich an einen Passanten, der nach einigem Nachdenken verfügte, daß die Sonne später am Tag untergehen, Marrakesch hingegen, so Gott wollte, an Ort und Stelle bleiben und ich dann meinen ersten Blick auf die Stadt haben würde, wenn die Sonne die Kraft verloren habe, rotes Leder und ungeschützte Köpfe zu ruinieren. Ich wollte sie *jetzt* sehen und sagte das auch noch einmal.

»Du hast *jetzt* gesehen«, sagte der Kutscher geduldig. »Nur kleine Bäume. Schau!«

Das Verdeck wurde wie eine gewaltige schwarze Kapuze um mich herabgelassen. Indem ich mich über meine Knie vorbeugte und seitwärts nach oben schaute, hätte ich trotzdem einen ersten, symbolischen Blick von meinem neuen Leben erhaschen können, aber ich zog es statt dessen vor, mich verdrossen in das Polster zurückzulehnen und nichts zu sehen. Trotzdem nahm ich eine hoch aufragende, rote Mauer wahr, die sich nach einer Weile neben uns gedrängt hatte, und dann die Stimme des Kutschers, der mir zurief: »*Regarde!* Kutubiya! *Misyan!*« Ich lehnte es ab, hinzusehen. Dann wurde ich gewahr, daß wir die gepflegten französischen Avenuen verließen und eine Einöde erreicht hatten, baumlos und ohne Schatten. Aus der Gegenrichtung kamen, sehr keck auf den Hufspitzen, Eselsbeine vorbei. Wir überholten eine Gruppe breitkappiger Schuhe und ein paar nackte Füße. Aufgeregt sauste ein Lastauto vorüber, und vor uns schleifte ein Bündel Bambusstangen seine trostlosen Blätter die Straße entlang. Am anderen Ende wurde es, wie ich gleich darauf feststellte, von einem Mann getragen, der so klein war, daß ich ihm bis zum Bart sehen konnte. Dann schlossen sich mit einemmal tiefe Schatten um uns, und wir durchquerten etwas, was ein Stadttor sein mußte, durch eine Mauer gehauen, die so dick war wie ein Haus, rot und vom Alter verwittert. Wir bogen scharf nach rechts ab, dann wieder nach links und hinaus in ein subaquales Licht, das von Staubteilchen flirrte. Die Kutsche war umringt von Füßen und Stimmen, *dschallaba*-Säumen, Fahrradrädern, von dem Tumult einer Stadt und von Straßen, zu schmal für das Leben, das sich in sie hineingezwängt hatte. Trotzdem weigerte ich mich, hinauszusehen. Ich war mit der Nase am Boden so weit gekommen, nun würde ich die Fahrt auch so zu Ende bringen. Bei dem Gelärm, das auf mich eindrang, schien es sich weniger um Worte als um Geräusche zu handeln – Warnungen, Ermunterungen, Liedfetzen. Die Kutsche hielt an.

Ohne ein Wort kletterte der Kutscher herab und ließ mich allein. Seine Füße schritten eine Seitengasse hinunter und entschwanden aus meinem beschränkten Gesichtsfeld. Ich saß da und wartete. Ein paar Kinder kamen und steckten die Köpfe zum Verdeck herein, um mich anzustarren. Sie variierten von schwarz bis bräunlich. Ich starrte zurück, doch dann wurde mir das Starren langweilig. Wir sagten nichts. Nach einer Weile gingen sie weg. Niemanden schien es im mindesten zu kümmern, daß unsere Kutsche zwei Drittel der Fahrbahn blockierte, und diese Unbekümmertheit wurde dadurch gerechtfertigt, daß nichts die Straße entlang kam, was zu breit war, um sich an uns vorbeizudrängen. Ein paar Minuten später sah ich die Füße des Kutschers wieder, diesmal in Begleitung eines fremden Paars, das unter einer *dschallaba* hervorschaute. Die beiden Männer traten an die Kutsche und sahen herein. Ich wurde dem Neuankömmling – einem pummeligen jungen Mann – vorgeführt, und die beiden setzten ihr Geplapper fort, das zu schnell war, als daß ich ihm hätte folgen können. Der junge Mann las den Brief des Seigneur Hamed ebenfalls. Er stellte sich vor: Si 'Abdelqadir. Ich wurde gebeten, aus der Kutsche zu steigen, und ein dünnes, schwindsüchtig aussehendes Geschöpf trat vor, um sich des Gepäcks anzunehmen. Zusammen machten wir fünf – denn auch der Kutscher kam mit – uns die Gasse hinunter auf den Weg.

Das war meine erste Innenansicht von Marrakesch, und sie sagte mir nichts. Eine schäbige Hintergasse, zu beiden Seiten glatte Wände, ein Straßenschild: DARB AL BIR, in lateinischer und arabischer Schrift. Die Eintönigkeit verputzten Mauerwerks wurde nur durch eine wuchtige, mit Metallbeschlägen versehene Tür in einer Tür zehn Meter weiter unterbrochen.

*»Par ici«,* sagte der junge Mann, als wir die Tür erreichten. Es erleichterte mich, daß er Französisch sprach. Kein Schild deutete darauf hin, daß es sich um ein Hotel handelte.

Alles wurde sehr freundschaftlich geregelt. Natürlich gab es einen kleinlichen, lautstarken Disput über die dem Kutscher geschuldete Summe, in dessen Verlauf ich das Verzeichnis der Beförderungstarife anführte, worüber er geringschätzig die Nase rümpfte.

Dann noch einen über die Bedeutung des Briefes von Seigneur Hamed, und schließlich wurde der Cousin gerufen. Er war offensichtlich jemand ganz anderer als der größere der beiden jungen Männer auf dem Foto, das vor dem *Bureau de Poste* an dem Platz Dschama al-Fna aufgenommen worden war. Tatsächlich war er keineswegs jung, sondern in mittleren Jahren, mit einem massigen, von einem Bart umrahmten Gesicht. Er sprach kein Französisch, und ich konnte meinem Arabisch natürlich noch nicht trauen, daher fungierte der Freund als Dolmetscher. Ich erfuhr den Namen des Cousins: Mulai Ibrahim. »Was habe ich gesagt?« meinte der Kutscher. Dann wurde ich aufgefordert, genau anzugeben, wieviel Geld ich überbrachte. Ich sagte es ihnen. Wie lange ich denn zu bleiben wünschte? Und wann ich den Rest der geschuldeten Summe bezahlen würde? Es sei keineswegs üblich, Gäste aufzunehmen – europäische Gäste, berichtigten sie sich rasch; und es folgte ein weiterer endloser Disput, bei dem ich ihnen zu vermitteln versuchte, daß ich zwar keineswegs für die Schulden des Seigneur Hamed aufkäme, aber klar sei, daß Hoffnung bestünde, solange man mich bequem und zu meiner Zufriedenheit unterbrächte. Sie wechselten Blicke. Als ich nach dem Preis für Unterkunft fragte, waren sie plötzlich ruhig und liebenswürdig.

*»Si peu, si peu«,* sagte der junge 'Abdelqadir. »Nichts. Fast nichts. *Schi bas ma ka'in* – nicht der Rede wert. *Yallah!*« – und er ging voran, eine Treppe hinauf, die von der kleinen Vorhalle zu meinem Zimmer führte. Mulai Ibrahim folgte schwer atmend.

Auf halbem Wege rief Mulai Ibrahim 'Abdelqadir etwas zu, worauf dieser sich umblickte und nickte, so daß ich den Eindruck einer geheimen Absprache hatte.

Warum nicht? Waren sie nicht in gewissem Sinne gegen mich verbündet und gleichzeitig zu einer gewissen Höflichkeit verpflichtet?

»Tritt ein!« sagte 'Abdelqadir, stieß eine kleine Tür auf und ließ mir den Vortritt.

Das Zimmer glich einer kleinen, leuchtenden Schachtel; lang und schmal, weiß, wenn auch nicht sehr weiß verputzte Wände, eine weiß verputzte Decke mit ebenfalls verputzten, offenliegenden Balken. Ich ging hinüber zum Fenster und warf einen Blick hinaus. Unten war ein ganz von Zimmern umgebener Patio. Dann wandte ich mich wieder ins Zimmer zurück, weil ich sagen wollte, wie hübsch es sei – tatsächlich war es sehr viel besser, als ich erwartet hatte –, und ertappte den jungen Mann dabei, wie er sich hinter der Tür zu schaffen machte. Mulai Ibrahim gab einen leise erschrockenen Kehllaut von sich; der junge Mann ließ rasch etwas hinter seinem Rücken verschwinden. In der Stille fiel mit kaum hörbarem Klappern etwas zu Boden. Es war ein Reißnagel. Ich bückte mich, um ihn aufzuheben, und erblickte eine ziemlich steife, weiße Karte, die 'Abdelqadir vergeblich in die Seitentasche seiner *dschallaba* zu stopfen versuchte.

»Was ist das?« fragte ich ihn.

Aber es war nur die Mitteilung, die registrierte Hotels in jedem Zimmer anschlagen müssen: die Mitteilung, die über die Zimmernummer und den zulässigen Preis pro Tag sowie gewisse Regeln des Hauses Auskunft gibt. Ich nahm sie ihm aus der Hand. Zimmer Nr. 8. Der Preis betrug 155 Francs pro Tag plus 10 Prozent ›Bedienung‹.

*»Rachis«,* murmelte Mulai Ibrahim bekümmert. »Billig ...«

Das war sicherlich billig. Ich fragte mich, was sie mir hatten berechnen wollen.

Das Zimmer ist klein. Seine Schmalwand bietet gerade Platz für ein Bettgestell aus Messing. Es klirrte, als ich mich daraufplumpsen ließ, um die Matratze auszuprobieren. Ansonsten gibt es in puncto Möbeln nichts außer einer Art wackligen Tisch, einen Stuhl und eine alte, lederbezogene Truhe. Ich behaupte nicht, daß es irgendeinen praktischen Vorteil bot, meine Kleider aus meinem Koffer in die Truhe zu räumen, aber es war ein Symbol dafür, daß die Reise vorbei war, und so packte ich aus. Dann versteckte ich meinen Koffer unter dem Bett. Ich hasse den Anblick von herumliegendem Gepäck. Das bedeutet Reisen. Hunden geht es oft genauso, und Gepäck macht sie nervös.

Ich kann die Handfläche flach an die Decke legen. Wenn ich an dem Fenster stehe, das auf den Patio hinausgeht, überragen meine Schultern es bequem. Das Fenster ist tief in die dicke Wand eingesenkt und bietet sich als Platz zum Sitzen an, daher holte ich das Kissen vom Bett und benutzte es als Polster. Wie dick die Wand ist: mindestens sechzig Zentimeter. Der Verputz ist hier und da arg abgebröckelt, und das Mauerwerk kommt zum Vorschein. Ich denke, es ist einfach schlichter einheimischer Lehm, festgestampft und dann verputzt. Kein Wunder, daß sie so dick bauen.

Die Sonne kam durch das Gitter geströmt und warf ihre ›S‹-Muster über mich und die glänzende Bodenfläche. Ich saß da und blickte auf den Patio hinunter, wo ich den Hausherrn mit seinem Freund an einem Damebrett sitzen sehen konnte. Als Spielsteine standen sich Coca-Cola- und Pepsi-Cola-Kronkorken gegenüber.

Der Hausherr saß jeweils eine Zeitlang still da und knallte dann plötzlich einen Kronkorken in dessen neue Position. Dann warf er sich triumphierend zurück, doch sein Freund 'Abdelqadir gab sich ungerührt. Mir fiel ein, daß ich außer dem *petit déjeuner* auf dem Bahnsteig in Casablanca, während ich auf den Anschlußzug nach Marrakesch wartete, den ganzen Tag nichts zu mir genommen hatte. Ich rief dem Hausherrn und seinem Freund vom Fenster aus zu:

»*Du thé à la menthe, s'il vous plaît. Est-ce possible? Dans la chambre?*«

»*Wahid atai!*« brüllte der Hausherr, ohne aufzublikken. »*Nimero tamanya!*« Der Träger tauchte kurz auf, nickte und ging dann in die Vorhalle. *Nimero tamanya.* Ich stelle fest, daß das französische ›u‹, wenn Mauren französische Wörter benutzen, einen noch schärferen Klang bekommt und zu ›i‹ wird. *Nimero.*

»*Merci!*« rief ich zu ihnen hinunter.

Es war nach halb drei. Ich wollte meinen Pfefferminztee, und das lange Warten machte mich ärgerlich. Ich empfand es als Zeitverschwendung, wo doch Marrakesch draußen wartete, deshalb trat ich auf den Treppenabsatz und rief nach dem Träger. Niemand antwortete. Ich ging in mein Zimmer zurück. An der Wand neben der Tür war eine kleine Leiter befestigt, die mir bei meiner Ankunft nicht aufgefallen war. Sie führte zu einer kaputten hölzernen Falltür, die bündig mit der Decke abschloß. Offensichtlich das Dach. Ich kletterte hoch und stieß die Falltür auf.

Eine Zeitlang stand ich da auf dem Dach und blickte mich langsam um. Ich fühlte mich ein bißchen *exalté* und gleichzeitig ernüchtert. Eine Ankunft ist etwas so Eindeutiges; es ist schwer, ihr gerecht zu werden. Doch das war es, wofür ich mich unter allen Möglichkeiten auf der Welt entschieden hatte. Um hier und nirgendwo anders zu sein, hatte ich meine Pläne geschmiedet, ernsthaft, als wäre es von ungeheurer Bedeutung, und ohne Kenntnisse oder Erfahrungen, von denen ich mich leiten lassen konnte. Natürlich war es für mich ungeheuer wichtig, aber in einer Weise, die ich im Grunde niemandem hatte erklären können. Ich glaube, ich hatte gar nicht wirklich erwartet, daß meine Freunde es verstanden. Wenn man entschlossen ist, etwas Irrationales zu tun, dann ist es das Beste, seinen Freunden nichts davon zu sagen, aber ich hatte es einigen zu sagen versucht, und sie hatten mir mit dem größten Vergnügen erklärt, wie dumm ich sei. Einem hatte ich sogar mein Flugticket gezeigt.

»Aha«, sagte er, weise nickend. »Ein Rügfluckticket. Wie ich sehe, ist es sechs Monate gültig. Ich wünschte, *ich* könnte sechs Monate Urlaub machen.« Und er sah mich an, wie man Kinder ansieht, mit denen man eine gewisse Nachsicht zu üben gewillt ist.

»Ich gehe auf unbestimmte Zeit dorthin«, sagte ich. »Der Rückflug ist nur für alle Fälle ... Ich kann ihn jederzeit wieder verkaufen.«

»Ach so, ich verstehe. Ich finde, du solltest zu deinen Überzeugungen stehen, Peter, wie eigenartig sie auch sind. Warum allerdings Marrakesch ... obwohl es ja attraktiv ist, wie ich höre; und elegant. Gibt es da nicht ein Luxushotel, wo Mr. Churchill immer absteigt? Das Mamounia oder so ähnlich?«

»Ich glaube ja.«

Da schaute er nachdenklich und vielleicht ein wenig triumphierend drein: »Ein Glückspilz, wer sich das leisten kann.«

Er wußte sehr wohl, daß ich es mir nicht leisten kann, aber ich mag daran nicht denken, und wie ich da auf dem Dach stand, waren meine ersten Eindrücke von Hoffnung erfüllt.

Die Welt war im Sonnenlicht gestochen scharf. In Tanger hatte man mir gesagt, ich sei wahnsinnig, so spät in der Saison hierher zu kommen. »Es wird der reinste Backofen sein«, sagten die Leute. Aber das ist es nicht. Jedenfalls noch nicht. Die Luft war lind und klar. Die Ebene von Marrakesch erstreckte sich flach in die Ferne, und dahinter lag die Hufeisenform des Hohen Atlas, auf dessen Gipfeln noch Schnee lag. Alles trat leuchtend hervor – die Berge, die Ebene, die riesigen Palmhaine jenseits der Stadtmauern, die Stadt selbst, Gärten innerhalb der Stadt, Flachdächer um mich herum in einem Komplex waagrechter, von Minaretten durchstoßener Ebenen. Ich konnte die Kutubiya sehen, die sich so hoch und schön über dieser flachen Stadt erhebt, und es gab noch ein Minarett, das fast genauso schön war. Das Panorama war voll von diesen Zeigefingern, aber als einzigen konnte ich den der Kutubiya identifizieren. Zypressen und japanischer Flieder markierten Patios, die größer waren als die meisten. All dies sich drängende Detail, erleuchtet mit der Klarheit eines *trompe-l'œil!* Bewußt machte ich meinen Geist leer und stand da, ohne auch nur hinzusehen, aber glühend vor Freude.

Das Geräusch der Stadt summte mir in den Ohren, schläfrige Nachmittagsgeräusche zumeist, aber von irgendwoher kam ein wegen der Entfernung diffuses Dröhnen wie von sehr vielen, weit entfernten Menschen, deren Stimmen zu einer Stimme verschmolzen, so wie man in einer Muschel das Meer hört.

Ich blickte in unseren Patio hinunter und schlenderte dann hinüber zur anderen Dachseite. Ich befand mich über einer Gasse, in der geschäftiges Treiben herrschte. Es war eindeutig nicht die Gasse, durch die man mich hergeführt hatte. Unter mir hockte eine alte Bettlerin, und ich versuchte, ihr eine Münze in die Hand fallen zu lassen. Die Münze rollte davon, unter die Räder eines Fahrrades, aber jemand rannte hinterher und hob sie für die Bettlerin auf. Das hatte zur Folge, daß der Mann auf dem Fahrrad stürzte, und es scharten sich Leute um ihn, um festzustellen, was er gebrochen hatte. Aber er hatte sich nichts gebrochen. Der Mann, der die Münze aufgehoben hatte, sagte der Bettlerin, sie sei von oben herabgefallen. Er schrie ihr ins Ohr und deutete nach oben, aber sie nickte nur geduldig, als habe sie genau das erwartet. Sie machte sich nicht einmal die Mühe, aufzublicken. Dann plötzlich begann eine Frau mit grellem Kopftuch, mich von einem angrenzenden Dach aus anzuschreien. Sie war unverschleiert und trug einen Armvoll Wäsche. Ihr Geschrei verletzte meinen Stolz. Einen Moment lang wurde ich in eine andere moslemische Stadt, Peschawar, zurückversetzt. Hätte ich noch in Peschawar gewohnt, wo es den Frauen nicht erlaubt ist, Fremde anzuschreien, hätte ich gewußt, was ich zurückbrüllen müßte. Aber hier brachte ich vor Hilflosigkeit keinen Ton heraus. Von unten in unserem Hof schrie auch der Freund des Hausherrn auf mich ein. Er war vom Damespiel aufgestanden.

*»Descends! Descends toi!«*

Ich stieg herab. Ich hatte es schon vergessen, obwohl ich irgendwo davon gelesen hatte. In Marokko sind die Dächer der Weiblichkeit vorbehalten. In der Theorie beschließen diese armen, klösterlich zurückgezogenen

Geschöpfe ihr Leben im Hause und schnappen nur auf dem Dach Luft, um die Wäsche aufzuhängen, wobei sie sich an die Brüstung hocken, um mit den Nachbarinnen zu schwatzen und zu tratschen. Ein-, vielleicht zweimal die Woche unternehmen sie verschleiert einen verstohlenen Ausfall zum *hammam* und durchqueren in Begleitung von Sklaven, die Seife, Handtücher und Salben mitführen, rasch die verruchten Gassen. Das ist die Theorie, beruhend auf der Vorstellung, was sich für die Frauen der Reichen ziemt, aber der Verfasser dessen, was ich gelesen hatte, schrieb, es beziehe sich auf die Frauen insgesamt. Ich möchte keine Regeln verletzen, solange ich nicht weiß, wie ich das straflos tun kann, deshalb stieg ich herab.

Der Tee war nicht gekommen, aber am Ende kam er doch. Er war schon kalt, als er gebracht wurde, also hatte ihn der Träger – ich sollte ihn *gardien* nennen – vielleicht aus einem Café holen müssen; vielleicht gab es in der Nähe kein Café. Ich wollte ihn nicht mehr, aber ich trank ihn, und ich weiß noch, daß ich befand, daß lauwarmer Pfefferminztee widerlicher ist als heißer. Aufgrund von Erfahrungen in Tanger wußte ich bereits, daß heißer Pfefferminztee dem maurischen Kaffee vorzuziehen ist. Das Glas hatte einen Sprung, so daß mir die klebrige, zuckrige Flüssigkeit auf die Finger sickerte, und im Zimmer gab es kein Waschbecken. Dessenungeachtet sprang aus der Wand an der Tür unbekümmert ein Wasserhahn hervor. Als es darauf ankam, floß kein Wasser heraus.

Ich ging hinunter, um mich offiziell zu beschweren, und kam auf dem Weg durch die Vorhalle am *gardien* vorbei. Er blickte nicht auf. Aber als ich den Patio erreichte, hörte sich der Hausherr meine Beschwerde an und brachte über seinen französisch sprechenden Freund eine förmliche Entschuldigung vor. Er selbst steuerte eine kleine, resignierte Geste bei, als er merkte, daß sein Freund zu der Stelle kam, wo von *». . . ti vois, monsieur, ça marche pas«* die Rede war. ›Wir armen Sterblichen . . .‹, gab mir das untröstliche Händeheben des Hausherrn zu verstehen. Dann stand der junge Mann zuvorkommenderweise vom Damespiel auf, nahm mich bei den Fingern und führte mich in die Eingangshalle zurück. *»Voilà!«* rief er mit ausgestrecktem Zeigefinger. Neben dem *gardien* war ein Wasserhahn. Ich könne einen Eimer nehmen, sagte der junge Mann, ihn füllen und in den Patio tragen und mich neben der Klosettür waschen.

»Das Gesicht, die Hände, die Füße«, fuhr er fort, wobei er nacheinander auf jeden Körperteil deutete. »Dafür« – und nun deutete er auf den Rest des Körpers – »das *hammam.*«

Das schien durchaus vernünftig zu sein, wenn man kein Badezimmer hatte. Obwohl Christen normalerweise keinen Zutritt hätten, erfuhr ich, gäbe es mit dem *hammam* keine Probleme, denn der *gardien* würde sich mit dem größten Vergnügen um alles kümmern.

Der *gardien* ließ keinerlei Neigung erkennen, sich überhaupt um irgend etwas zu kümmern.

Ich hatte keinen festen Plan, als ich das Hotel verließ – außer daß ich Marrakesch, oder etwas davon, sehen wollte, solange das Tageslicht noch anhielt –, also durchstreifte ich gemächlich den kleinen, überdachten Markt in der Nähe unserer Gasse. Basar, *suq*, das ist im wesentlichen das gleiche: winzige Läden, *épiciers,* Barbiere, ein *tabac*, in dem die Zigarettenpäckchen in einem viereckigen Kasten auslagen, der auf einer Ecke stand und in Fächer für die verschiedenen Marken unterteilt war. Ich habe nie mit sonderlichem Genuß ›schwarzen‹ Tabak geraucht, aber nun ist es Zeit, damit anzufangen, deshalb widerstand ich ›Gold Flake‹ und entschied mich statt dessen für ›Casa Sport‹, schwarz wie die Nacht, zwanzig Stück zu fünfzig Francs. Nahebei stand eine *calèche* mit einem Fahrgast darin, deren Fahrer lustlos ausrief: »Dschama al-Fna! Dschama al-Fna!« Als er mich unschlüssig vor dem *tabac* stehen sah, rief er mich direkt an:

*»Ssss!* M'suh! Dschama al-Fna? *Tu viens? Monte!«*

Der Maure auf der Rückbank rutschte zur Seite, um Platz zu machen. Dschama al-Fna? Ja. Das gehörte zu den Dingen, die man gesehen haben mußte. Die Reiseführer widmen ihm einen Absatz: es ist ein großer Platz, laut, überfüllt. ›Belebt‹, wie es heißt; ›ein immerwährender Rummelplatz, wo Männer aus der Sahara mit den vornehmeren Leuten des Sus verkehren ...‹ Sus? Ein Tal jenseits des Atlas, glaube ich. Ich stieg ein.

»Gestatten Sie?« fragte ich den anderen Mann in der Hoffnung, daß er Französisch konnte. Er konnte es hinlänglich.

*»Monte«,* sagte er. Ich nehme an, das ist so üblich und die Fahrgäste teilen sich den Fahrpreis.

Wir unterhielten uns ein wenig. Er wollte wissen, wer ich sei und welche Staatsangehörigkeit ich hatte, und als er hörte, daß ich in Mulai Ibrahims Hotel wohnte, sagte er *»Tiens!«* und wirkte erfreut. »Mulai Ibrahim ist mein *camarade*«, sagte er. *»Gentil.«*

»Darb al-Bir. Bedeutet das etwas?«

»*Oui*. Straße des Brunnens.«

»Gibt es dort einen?«

*»Peut-être.«*

Ich erkundigte mich nach seinem Namen, und er sagte ihn mir, wobei er hinzufügte, daß er aus Rehamna sei. Ein Landstrich vielleicht, oder eine Stadt, ich wußte es nicht, doch er schien es für wichtig zu halten. Er kannte sehr viele Leute und war häufig gezwungen, sich zu verbeugen, um Grüße zu erwidern.

*»Ecoute!«* Er beugte sich lauschend vor. »Hörst du? Dschama al-Fna. Hast du schon gesehen?«

»Nein. Ich bin erst heute angekommen.«

Es war das Tosen, das ich von unserem Dach aus gehört hatte, nur näher, und als wir seinen Ursprung erreichten, war es der reinste Hexenkessel.

Die Dschama al-Fna nimmt eine ausgedehnte Fläche ein – vielleicht fünfzehnhundert Quadratmeter oder mehr, unregelmäßig angelegt. An einer Seite läuft eine Straße entlang, und außer einer flachen Rinne für Abwässer trennt nichts den Platz von der Straße. Es heißt, es gebe ihn schon so lange wie die Kutubiya, die vom anderen Ende einer Avenue auf ihn herabschaut – und das heißt, seit dem zwölften Jahrhundert. Aber er ist mittlerweile asphaltiert worden. Außerdem heißt es, er sei niemals leer, und gewiß konnte er niemals überfüllter sein als an diesem Abend, da ich vor Sonnenuntergang dort eintraf. Ein riesiger, ausgedehnter, überfüllter Platz, doch das ist nicht alles. Er hat eine seltsame Eigenart, und wenn man genauer hinsieht, stellt man fest, daß der Himmel über ihm zu schweben scheint, als seien beide Teil desselben kosmischen Plans. Er hat etwas von einem Meer, einem gezeitenlosen Binnenmeer, Wellen von *dschallaba*-Kapuzen, ein Gefleck von Käppchen, die sich dichtgedrängt bewegen, so dicht, daß Individuelles in der allgemeinen Turbulenz aufgeht. Am Rand stehend, kann man den Verlauf der Strömungen mit den Augen verfolgen, ihre langsame, scheinbar ziellose Bewegung, und dann einen Strudel, der außen stillzustehen scheint und dessen wirbelndes Zentrum leer ist bis auf einen Tänzer oder einen Mann, der eine Muskete so rasch herumschwingt, daß sie zu einer Metallscheibe verschwommen ist. Und dann verläßt den Strudel unversehens die Kraft, und er löst sich auf und erstirbt, so daß die Masse in die Leere hineinströmen und das Vakuum füllen kann.

Einige Minuten lang verspürte ich eine seltsame Hochstimmung, doch als ich näher heranging, fand ich mich mit einemmal davon abgeschnitten. Ich durchstreifte die Menge, lugte über Schultern in die Strudel und sah nichts mehr außer den Gesichtern und was sie sich gerade ansahen. Es war einfach wieder ein Rummelplatz: Sänger, ein Vogel Strauß, der zwischen den Knochen seiner Artgenossen steht, eine Frau, die zur Begleitung von Flöten kochendes Wasser aus einem Kessel trinkt. Jungen – Schlöh, wie mir jemand sagte –, die wie kleine weiße Mäuse pirouettieren und quietschen und mit ihren winzigen Fingerzimbeln klirren. Scharlatane aller Art. Die Liste ist lang. Früher gab es für die Leute anderes zu betrachten, steht im Reiseführer: Insbesondere abgeschlagene Köpfe. Der Führer gibt eine Übersetzung des Namens Dschama al-Fna: Versammlung der Dahingeschiedenen. Mit Beginn des französischen Protektorats fanden die Enthauptungen ein Ende, aber die Leute bevölkern den Platz trotzdem noch, und auch ich werde hierher kommen. Hier lebt etwas, woran ich teilhaben möchte, eine Art animalische Kraft, die wir in den gemäßigten Zonen vergessen haben.

Die Leute scheinen drei Arten von Gesichtern zu haben – längliche, eckige und runde, wobei die Farbe von einem beinahe blauen Schwarz bis zu einem Blaßrot variiert, das durchaus europäisch sein könnte. Sie sind gutmütig und höflich, aber sie nahmen keine Notiz von mir – und warum sollte ich das von ihnen erwarten? Ich bin für sie so ausländisch wie sie für mich, und wenn ich Kontakt mit ihnen anknüpfen will, dann muß ich den ersten Schritt tun.

Ich bin jetzt seit mehreren Tagen in Marrakesch.

Das Café de France ist auch ohne Reiseführer ganz einfach zu finden. Es ist von allen Cafés in der Medina das nobelste, und eins von dreien, die auf die Dschama al-Fna hinausgehen – eins von vieren, wenn man ein viertes mitzählt, das nur einen schrägen Blick aus dem Augenwinkel bietet. Außerdem ist das Café de France, wenn man sich auf die ebenerdige Terrasse setzt und mit einem *café simple* begnügt, nicht teurer als jedes andere Café, und das heißt, daß jeder es aufsuchen kann, der in der Lage ist, sich irgendwo einen Kaffee zu bestellen. Touristenführer suchen es angeblich auch auf, wie eine Art Club, aber die Touristensaison ist für dieses Jahr vorbei.

Die Dachterrasse des Cafés ist besonders elegant. Auf der Dachterrasse gilt *consommation obligatoire*, weshalb man nicht einfach dort sitzen und nichts bestellen kann. Wenn man auf dem Dach einen Kaffee will, muß es zudem ein *filtre* sein, der fast doppelt soviel kostet wie ein ebenerdiger *café simple*. Alle Getränke kosten dort mehr, aber man hat natürlich auch die Aussicht und kann das Menschengewühl auf dem Platz unten sehen, den Vogel Strauß und die Jongleure, die Feuerschlucker, die *charmeurs-de-serpents* und einen nahezu dreihundert Grad weiten Rundhorizont der Dächer von Marrakesch vor dem Hintergrund des Atlas.

Ja. Die Dachterrasse ist gewiß sehr elegant, aber sie hat den einen Nachteil, daß niemand, der nicht ebenfalls auf dem Dach sitzt, einen beim Elegantsein sehen kann, und das läßt den Zuschlag – in den Augen einiger – weniger bezahlenswert erscheinen. Fremdenführer bringen während der Touristensaison ihre Kunden hier herauf, aber das ist wieder etwas anderes: Fremdenführer sind geschäftlich hier, um auf den Palast des Pascha und die Silhouette des Hotels Mamounia hinzuweisen, was den feinen Leuten, die dort absteigen, sehr gefällt und andere in ihre Schranken weist. Mein Hotel ist von diesem Dach aus nicht zu sehen, wie ich zu meinem Bedauern sagen muß.

Unten, zu ebener Erde, sitzen die Stammgäste an Tischen mit Marmorplatten, von wo sie dem Fluß des Lebens zusehen und ihre Kommentare dazu abgeben können. Dort gibt es kein Schild, das zu *consommations* verpflichtet, aber nur die wichtigsten Persönlichkeiten oder Freunde des diensthabenden *garçon-de-café* dürfen hoffen, lange hier sitzen zu können, ohne etwas bestellen zu müssen.

Ich benutze die ebenerdige Terrasse des Café de France morgens als Platz zum Schreiben. Ich komme jetzt seit zwei, drei Tagen her, sitze da und schreibe in mein Notizbuch. Zuerst sahen die Stammgäste mich an und fragten sich, womit ich mich so lange an einem Stück beschäftigte. Sie wollten nicht mit mir reden, aber sie wollten wissen, was ich da trieb. Vor einem Tag oder so setzte sich einer von ihnen, der etwas Französisch kann, an den Nachbartisch und betrachtete mich. Schließlich fragte er mich rundheraus, was ich da machte – um es den anderen sagen zu können, nehme ich an.

»Ich schreibe«, sagte ich. Ich sah nicht ein, warum ich deutlicher werden sollte. Natürlich stellte meine Antwort ihn nicht zufrieden.

»An wen schreibst du?«

»An niemanden.«

»Was dann . . .?« Er klang fast ärgerlich.

»Ich schreibe ein Buch.«

Er glaubte mir nicht, vor allem wohl deshalb, weil ›Buch‹ hier einen anderen Bedeutungsinhalt hat. Die Bibel ist ein ›Buch‹, der Koran ist *das* Buch. Die kleinen französischen Taschenbücher, die Ausländer mit sich herumtragen und die man in den *librairies* sehen kann, sind etwas ganz anderes. Er sah zu, wie mein Bleistift sich über die Seite bewegte, und wandte sich dann ab. Nach einer Weile kehrte er zu seinen Freunden zurück, und ich bemerkte, daß sie miteinander flüsterten. Sie glaubten mir nicht. Sie waren dermaßen ungläubig, daß ich selbst Schwierigkeiten bekam, es zu glauben – aber ich weigerte mich, deswegen mit Schreiben aufzuhören. Sie saßen da und beobachteten mich, diese Mauren mit ihren drei verschiedenen Gesichtstypen und ihren dunklen, forschenden Augen. Sie glaubten vermutlich, ich sei verrückt – aber sie nehmen die Überspanntheiten von Ausländern hin – zumindest glaube ich das. Sie nennen Ausländer *berranidschin* – Außenseiter, die sie als lachhaft und auch bemitleidenswert betrachten. Sie selbst sind in der moslemischen Welt, die Allah für sie geschaffen hat, so geborgen, daß sie es sich leisten können, die armen, simplen, zu kurz gekommenen Seelen, die außerhalb von ihr geboren werden, gönnerhaft zu behandeln.

Ich habe mir ein Fahrrad gemietet – ein sehr französisches, bei dem das Gewicht des Fahrers nach vorn über die Lenkstange zu liegen kommt. Es ist flotter, aber weniger bequem als der gesetzte englische Typ und in einem modischen, metallischen Blaßrot lackiert. Der Mann vom Fahrradladen wollte, daß ich als Sicherheit meinen Paß hinterlege, aber auf diese Formalität wurde aufgrund der freundlichen Vermittlung von Mulai Ibrahim aus dem Hotel verzichtet.

Die Lenkstange meines Fahrrades ist fast wie das Gehörn eines Kaffernbüffels gebogen, und die Bremsen werden über Kabel betätigt, die durch lange, biegsame Metallröhren laufen. Ich habe bereits lernen müssen, daß sich die Kabel bei einem plötzlichen Anziehen der Bremsgriffe leicht lösen, und wenn das passiert, macht das Fahrrad einen unerwarteten Satz nach vorn. Der Sattel ist sehr schlank, scharf wie eine Messerklinge.

Auf diesem Fahrrad habe ich in den letzten Tagen Touren durch die meisten Stadtteile gemacht und außerdem die Stadtmauer komplett umrundet. Ich kann jetzt verstehen, warum der Kutschfahrpreis für die *tour des ramparts* so hoch ist. Sie ist mehrere Kilometer lang. Bis jetzt habe ich mich wenig bemüht, Orientierungspunkte zu identifizieren, ausgenommen solche, die bereits in meinem Gedächtnis fixiert sind, wie etwa das Minarett der Kutubiya. Ich würde gern das andere Minarett finden, das mir von unserem Dach aus so schön vorkam. Ich werde 'Abdelqadir danach fragen. Normalerweise begnüge ich mich damit, mich nur nach dem Namen des jeweiligen *quartier* zu erkundigen, das ich gerade besuche; und wenn ich dann wieder zu Hause bin, schlage ich das *quartier* auf dem großartigen Stadtplan meines Guide Michelin nach.

Ich verliere in dieser Stadt jeden Ortssinn und jedes Zeitgefühl. Man würde meinen, es müßte möglich sein, die Himmelsrichtungen danach zu bestimmen, wie die Schatten fallen – aber sie fallen auf derart offenkundig willkürliche Weise, daß man sich nicht sicher auf sie verlassen kann. Die Lage der Moscheen in bezug auf Mekka müßte ebenfalls helfen, aber damit ist es nicht viel anders . . . Wie dem auch sei, ich ignoriere das und schlage Wesentliches lieber in meinem Michelin nach, aber auch das werde ich mir künftig wohl schenken. Ich habe immer einen sehr präzisen Orientierungssinn gehabt. Ich glaube, das ist immer noch der Fall, weiß mittlerweile aber, daß Marrakesch außerhalb des Geltungsbereichs normaler Regeln liegt. Und warum sollte es mich überhaupt kümmern, wo Norden ist? Das ist einfach irgendwo da hinten in der Kälte und im Graupel.

Meine Touren mit dem Reiseführer in der Hand zu unternehmen, wäre ganz gewiß lohnender, wenn es mir um ›die Fakten‹ ginge; aber Fakten, Namen, Daten, Statistiken haben keine Bedeutung für mich, solange das, wofür sie stehen, nicht Teil meines Lebens geworden ist. Ich bin ein schlechter Reisender. Ich bringe vom hastigen Besuch eines neuen Ortes nichts als einen allgemeinen Eindruck mit, der schwer in Worte zu fassen und wahrscheinlich sogar für mich ungenau ist.

Daß ich so unbequem kreuz und quer durch die Stadt radle, geschieht in der Absicht, mir ihre Form, ihren Klang und ihren Geruch einzuprägen. Das wird Monate dauern, und dann plötzlich werde ich sie in Besitz haben. Sie wird mir gehören – oder ich werde jedenfalls Teil davon geworden sein, was auf das gleiche hinausläuft.

Neulich erzählte ich das jemandem, und er sagte, das sei Unsinn. Für mich ist es trotzdem der einzige Weg. Übrigens wird so auch der Koran, das ›verständliche Buch‹ des Islam, gelernt. Moslemische Kinder sitzen, sich vor- und zurückwiegend, in ihren winzigen, fensterlosen Schulzimmern, während der Lehrer, damit sie bei der Sache bleiben, mit seiner Gerte nach ihnen schlägt und dabei endlos die Verse rezitiert. Zuerst bedeutet es nichts, sogar die Sprache ist fremd, aber schließlich setzt es sich fest. Und hat sich der Koran einmal festgesetzt, sind die Kinder für immer gläubige Moslems.

Mulai Ibrahim hat mir Unterricht in maghrebinischem Arabisch von einem Freund von ihm vermittelt. Sein Name ist Al-Meknasi – was soviel heißt wie ›der Mann aus Meknes‹. Er muß auch einen Eigennamen haben, aber den scheint er nicht zu benutzen. Bei einer Gesellschaft, in der wahrscheinlich nicht mehr als ein Dutzend persönliche Namen allgemein gebräuchlich sind, liegt es auf der Hand, daß selbst bei Verbindungen mit dem Vaternamen – Mohamed bin Hamed oder Hamed bin Mohamed – ein ziemliches Durcheinander entstehen muß. Es ist eine recht kluge Unterscheidungsmethode, zur näheren Kennzeichnung Orts- oder Stammesnamen zu verwenden.

Al-Meknasi ist bei den Franzosen in Fes zur Schule gegangen und spricht sehr gut Französisch. Er ist von angenehmem Äußeren, um die Dreißig, sorgfältig nach der europäischen Mode gekleidet, mit einem Tarbusch auf dem Kopf. Vielleicht ist er ein wenig zu selbstbewußt aufgeklärt, ein wenig zu urban, aber er ist von seiner Muttersprache begeistert und kann ihre Feinheiten in Begriffen der französischen Grammatik und Syntax erklären. Wir haben unsere erste Stunde hinter uns. Sie wurde weitgehend damit hingebracht, festzustellen, wie wenig ich erst wußte, und meine Beherrschung der arabischen Schrift zu überprüfen. Al-Meknasi sagt, er sei nicht ganz zufrieden damit, wie meine europäische Kehle manche Laute ausspreche. So gibt es zum Beispiel einen Buchstaben namens *'ain*, einen Gutturallaut, bei dem man tief im Rachen würgen muß, und das quält mich.

»Es sollte klingen wie das Blöken eines Schafs«, erklärt er. »So: 'a-'a-'a-'a-'a . . .«, und er blökt wie ein Schaf.

Ich hoffe, daß ich das beizeiten lerne.

Er soll an drei Abenden die Woche kommen, und zwischen den Unterrichtsstunden soll ich zu dem in der vorherigen Stunde behandelten Stoff kleine Übungsarbeiten für ihn schreiben.

Ich habe bemerkt, daß er mein Zimmer im Hotel mit einem abschätzigen Blick bedachte. Findet er, daß es für einen Schüler von ihm zu schäbig ist, auch wenn es seinem Freund Mulai Ibrahim gehört? Ich habe beschlossen, mich nicht darum zu kümmern, was Al-Meknasi denkt.

Die Luft pulsiert von *Inscha'Allah*. Wohin ich auch gehe, liegt es den Menschen auf den Lippen, diese Redewendung, die die Allmacht Gottes einräumt. *Inscha'Allah* – so Gott will –, werde ich das und das tun; *Inscha'Allah*, wird es regnen; *Inscha'Allah*, wird Mohamed mir mein Päckchen ›Casa Sport‹-Zigaretten zurückgeben.

Ergebung in den Willen Gottes und in das, was Er

einem zubestimmen mag, macht geradezu das Wesen des Islam aus. Es hat keinen Sinn, Pläne zu machen, als wäre man hierbei in seinen Handlungen frei. Kein Moslem würde auch nur in Erwägung ziehen, es zu versuchen. Jede Bezugnahme auf die Zukunft erfordert den Zusatz *Inscha'Allah*, und wenn der Sprecher es vergißt (was undenkbar ist), muß jemand anders es für ihn sagen. Das heißt nicht, daß ein schlichtes Aufsagen der Formel sicherstellt, was immer man sich erhofft, aber es nicht zu sagen, birgt das schwerwiegende Risiko eines Fehlschlags.

Vor einigen Jahren brach ich in Waziristan einmal zu einer Fahrt nach irgendeinem Ort auf. »Wir sollten zur Teezeit dort ankommen, denke ich«, meinte ich zu meinem Fahrer, einem Moslem. Wir kamen nicht an. Es passierte uns nichts sonderlich Unangenehmes – das Gelände war unwegsam und konnte gefährlich sein –, aber wir mußten die Nacht kurz vor unserem Bestimmungsort zubringen. Mein Fahrer freute sich diebisch über diesen Anschauungsunterricht.

»Natürlich«, sagte er. »Was erwartest du? Du hast nicht *Inscha'Allah* gesagt.«

Ich kannte die Regeln, deshalb sagte ich gereizt: »Warum hast du es dann nicht für mich gesagt?«

»Damit du es siehst«, sagte er.

Mittlerweile sage ich es durchaus. Ich setze es sogar in Telegramme, mit denen ich meine Ankunft ankündige.

Etwa eine Woche, nachdem ich begonnen hatte, das Café de France morgens als Platz zum Schreiben zu benutzen, beschlossen die Stammgäste, mich zu ignorieren. Zunächst hatten sie hergestarrt, dann hatten sie nur so getan, als starrten sie nicht, und dabei merkte ich die ganze Zeit, wie sie mich verstohlen beobachteten. Mittlerweile nehmen sie mich als gegeben hin. Außerdem haben sich allmählich individuelle Gestalten und Persönlichkeiten für mich herausgeschält, wie Reisegefährten auf einem Schiff, und ich fühle mich gezwungen, manchen davon grüßend zuzunicken, besonders den würdevollen alten Herren, die schweigend und zumeist allein ihre Zeit versitzen. Sie nicken würdevoll und ohne Wärme zurück. Gelegentlich treten Passanten vor diese alten Herren hin, murmeln einen Gruß und versuchen, eine Hand oder eine Schulter zu küssen, die in der Regel weggezogen wird, ehe die Lippen sie berühren können.

Zwei-, dreimal habe ich an den weniger erhabenen Stammgästen ein paar Worte Arabisch ausprobiert. Sie antworten auf arabisch oder, wenn sie es können, auf französisch. In den meisten Fällen ist ihr Französisch so wacklig wie mein Arabisch, und wir haben uns noch nicht getraut, uns auf ein Gespräch einzulassen. Wahrscheinlich wollen sie nicht, und das ist auch recht, denn wir kämen beide nicht sehr weit über die Einleitungsfloskeln hinaus.

Und folgendes ist merkwürdig: Männer, die mich heute augenscheinlich freundlich begrüßen, bringen es durchaus fertig, mich morgen zu ignorieren, obwohl wir möglicherweise wieder an benachbarten Tischen zu sitzen kommen. Das ist sowohl eigenartig als auch auf seine Weise irritierend. Ich mag nicht ignoriert werden, wenn ich mir die Mühe gemacht habe, höflich zu sein, aber an diesem Spiel können sich zwei oder mehr beteiligen, und inzwischen entscheide ich vollkommen willkürlich, ob ich von meinen Nachbarn Notiz nehme oder nicht. Sie scheinen mein Benehmen nicht als ungehörig zu empfinden, also entspricht es vielleicht der Konvention.

Wenn ich nicht so damit beschäftigt wäre, zu schreiben und zu versuchen, im Arabischen voranzukommen, würde ich mich manchmal wohl sehr allein fühlen. Natürlich dürfte es nicht schwer sein, mit ein paar von den Franzosen, die in Marrakesch leben, oder mit Mauren, die Französisch sprechen, oberflächlich Bekanntschaft zu schließen. Ich war versucht, es zu tun, aber alles in allem ist es das Beste, so weiterzumachen, wie ich begonnen habe, und wenn mein Arabisch einigermaßen flüssig ist, kann ich es mir leisten, mich etwas zu entspannen.

Ich bin häufig auf der Dschama al-Fna. Ich glaube, ich kenne mittlerweile alle »Nummern« und ziemlich viele von den *dschallaba*-Kapuzen, die sich um sie scharen: vom Sehen, meine ich. Marrakesch hat eine riesige, fluktuierende Bevölkerung, wie von diesem Markt für den großen Süden nicht anders zu erwarten, und zu jedem Zeitpunkt halten sich Tausende und aber Tausende von Fremden in der Stadt auf. Aber es gibt auch Hunderte von Einwohnern, die nicht zu arbeiten scheinen, und ständig auf dem *place* anzutreffen sind. Auf seltsam wortlose Weise habe ich mich mit einer Akrobatenfamilie angefreundet, die jeden Abend auftritt. Ich sehe sie nur hier. Sie tragen Kostüme, die vage an Herolde aus der Tudorzeit erinnern, was bei Akrobaten hierzulande anscheinend üblich ist. Wir schütteln uns einfach die Hände, verbeugen uns und lächeln, und manchmal gebe ich ihnen ein paar Francs. Auch den Vogel Strauß habe ich recht liebgewonnen. Er steht so entrückt in dem Gewirr der Knochen, Schnäbel, Eier und Federn anderer Strauße und beklagt sich nicht, wenn Leute ihn streicheln oder seine Flügel heben, um sich über die kleinen blaßroten Flaumfedern zu verwundern, die er darunter hat. Die Nebenprodukte des Straußes werden hochgeschätzt, obwohl ich nicht genau weiß, weswegen: als Liebestränke, denke ich. Dann gibt es da einen ganz bestimmten Schlangenbeschwörer, den ich ziemlich mag, und auch einen Sänger aus dem Sudan. Letzterer hat ein Saiteninstrument, an dessen Hals ein sechzig Zentimeter langer, biegsamer Metallstreifen angebracht ist, auf den bis ganz obenhin kleine Silbermünzen aufgezogen sind. Er zupft die tieftonigen sudanesischen Melodien, und die Metallfeder vibriert und entlockt den kleinen Münzen ein zittriges *frou-frou-frou*, wie von der Bewegung eines mit Ziermünzen bestickten Rocks. Auch ohne mit diesen Leuten sprechen zu können, komme ich mir auf der Dschama al-Fna allmählich ein bißchen weniger fremd vor.

Wegen der Atmosphäre fällt es mir schwer, in diesem Hotel zu schlafen. Die ›Atmosphäre‹ ist spannungsgeladen, und die Spannung bringt Lärm mit sich, aber ich kann nicht behaupten, daß der Lärm als solcher übermäßig wäre. Trotzdem schlafe ich schlecht, und ich versuche, aus meiner Schlaflosigkeit Kapital zu schlagen, indem ich die arabische Grammatik studiere.

Mein wachender Verstand erfaßt den aus drei Buchstaben bestehenden Stamm, daß also beispielsweise die drei Konsonanten k-t-b die Grundlage der ›Schrift‹ darstellen. Ich weiß, daß durch Einstreuen von Vokalen – langen, bei denen man sich die Mühe machen muß, sie auszuschreiben, und kurzen, die durch kleine Kringel, Punkte und Hochkommata nur flüchtig angedeutet werden – daß durch hier und da erfolgendes Einstreuen dieser Vokale und durch Hinzufügung bestimmter Konsonanten die verschiedenen Teile der Sprache gebildet werden. Das ist sehr hübsch und sehr kompliziert, wie das Legen der Mosaiken, die die Mauren so mögen, und ich weiß mittlerweile, welche Vokale und welche Konsonanten und wo. Ich weiß es, aber es verlangt mir eine ausgesprochene geistige Anstrengung ab. Ich habe mir das Wissen noch nicht so angeeignet, daß meine Zunge, meine Kehle und meine Lippen die Worte ohne bewußte Nachhilfe des Verstandes hervorbringen, und während ich im Bett liege und mich mit dieser ganzen Geometrie der Worte herumschlage, wird meine Aufmerksamkeit von den seltsamsten Geräuschen abgelenkt. Sie sind nicht beunruhigend, nicht einmal laut, aber sie trüben die Luft, und ich kann weder schlafen noch lernen.

'Abdelqadir, der Freund des Hotelbesitzers, hat mich erneut gefragt, wann ich den Rest der ›Schuld‹ zu begleichen gedenke.

Ich erinnerte an unser Gespräch am ersten Tag, als ich ganz eindeutig klargemacht hatte, daß die Schulden des Seigneur Hamed mich nichts angehen.

»Aber du bist sein Freund!« rief 'Abdelqadir.

»Nein.«

Er sah mich listig an. »Dann bist du sein Feind?«

»Ich bin schon sein Freund, wenn du darauf bestehst, aber ich komme *nicht* für seine Schulden auf.«

»Aha«, meinte 'Abdelqadir zweifelnd.

Obwohl Mulai Ibrahim mich als seinen *›pensionnaire‹* bezeichnet hat, werden in seinem Hotel eigentlich keine Mahlzeiten serviert, so daß ich mich anderweitig habe umtun müssen. Nachdem ich mehrere Lokale ausprobiert habe, habe ich eine Regelung gefunden, die mehr oder weniger zufriedenstellend ist.

Mein *petit déjeuner* nehme ich im Café de France. Zum *déjeuner* gehe ich in ein kleines, griechisches Restaurant, wo ich mich für weniger als zweihundert Francs ausreichend verpflegen kann. Und abends kaufe ich mir auf der Dschama al-Fna so etwas wie ein Abendessen. Manchmal ist das an *brochettes* gebratenes Fleisch, manchmal ein Teller Ragout. Von einer der Berberfrauen, die in Reihen dasitzen und maurische Fladen verkaufen, bekomme ich ein Stück Brot. Nach einem Blick auf die Mauren um mich herum, die im großen und ganzen so wohlgenährt und gesund aussehen, habe ich beschlossen, daß es unsinnig ist, mein Leben hier in Angst vor namenlosen Infektionen zu beginnen, und esse jeden Abend, was mir schmeckt und wo es mir beliebt.

Gestern, auf dem Weg zum Mittagessen, bin ich in einer Hintergasse auf etwas selbst für diese Stadt sehr Seltsames gestoßen. Ein jüngerer Mann, zerlumpt und nur halbbekleidet, saß mitten auf der Gasse, seine Jacke und seine Hose vor sich auf dem Boden ausgebreitet. Die Jacke war bereits mit Holzkohle gefüllt und zugeknöpft worden, so daß sie einer steifen Schaufensterpuppe ähnelte, und er war, als ich vorbeikam, damit beschäftigt, die Hose mit Holzkohle von einem Haufen neben ihm vollzustopfen. Er redete mit sich selbst und machte nicht den Eindruck, als wolle er mit mir sprechen, deshalb ging ich weiter, ohne Fragen zu stellen, die wahrscheinlich ohnehin nicht zu beantworten gewesen wären.

Es scheint in Marrakesch – ja in allen maurischen Städten – eine wichtige und respektierliche Gruppe von Menschen zu geben, die sich ihren Lebensunterhalt als Vermittler verdienen. Man nennt sie *Dalal* oder *Simsar*, und obwohl die meisten von ihnen sich spezialisieren, sind fast alle bereit, den Kauf oder Verkauf jeder beliebigen Ware zu makeln, die zu groß oder zu unhandlich ist, um in den *suqs* umgeschlagen zu werden. Immobilien beispielsweise. Ein solcher *simsar* hielt mich auf der Straße an, beruhigte mich mit der Erklärung, er wisse, wie unzufrieden ich mit Mulai Ibrahims Hotel sei (woher weiß er das, wo ich es mir doch selbst kaum eingestanden habe?), und wolle mir ein kleines Haus zeigen, das für einen begrenzten Zeitraum möbliert zu vermieten sei. Es gehört einem Franzosen, der sich gegenwärtig nicht in Marokko aufhält.

»Es hat ein *baignoire*«, sagte er, um mich zu ermutigen.

Offenbar eine richtige Badewanne mit Wasserhähnen, von fließendem Wasser, Kanalisation und Elektrizität ganz zu schweigen. Es wäre sicherlich angenehm, sich bequem zu Hause waschen zu können. Bisher gehe ich zu den öffentlichen *douches* in der französischen Neustadt, aber es ist lästig, so weit gehen zu müssen. Der *gardien* im Hotel hat es natürlich versäumt, irgend etwas zu unternehmen, um mir Einlaß in ein maurisches *hammam* in unserem *quartier* zu verschaffen.

Wir sind mittlerweile bei dem Haus gewesen. Aber der Mann, der angeblich die Schlüssel hatte, hielt die Verabredung nicht ein, und in den zwanzig Minuten, die wir in einer ruhigen, schmalen Gasse ganz in der Nähe des Palastes des Pascha warteten (»Sehr schickes *quartier*«, hob der *simsar* hervor), erfuhr ich von dem Haus nichts außer der Tatsache, daß es zusätzlich zu dem sehr mittelalterlichen Schlüsselloch in seiner Eingangstür noch ein modernes Steckschloß hat. Außerdem konnte ich feststellen, daß ungeachtet der Anzahl der Zimmer zumindest eins im ersten Stock liegt und ein Fenster hat, das auf die Gasse hinausgeht. Wir gingen schließlich mit dem Ausdruck unserer gegenseitigen Dankbarkeit auseinander.

Inzwischen hat mich der *simsar* aufgesucht und gesagt, der Mann, der den Schlüssel hat, habe den Schlüssel gar nicht und das erkläre, warum er seinerzeit nicht aufgetaucht sei. Er habe sich geschämt, ohne den Schlüssel zu kommen. »*Ich* verstehe Europäer«, sagte mir der *simsar*, womit er vermutlich meinte, daß der Mann, der den Schlüssel nicht hat, das nicht tut. Jedenfalls ist der Mann, der ihn wirklich hat, jemand anders, ein Freund des Besitzers und ebenfalls Franzose. Er heißt Monsieur D---- oder so ähnlich und wohnt in der und der Straße in der Medina. Also suchten wir gemeinsam Monsieur D---- auf.

Eine ältere Französin mit blauen Augen und schönem, cremefarbenem Teint öffnete uns. Sie schien nicht im geringsten überrascht, daß wir uns nach einem Monsieur D---- erkundigten, sagte uns jedoch, sein Name sei in Wirklichkeit ein ganz anderer mit dem Anfangsbuchstaben D. Sie lächelte und war plötzlich schön. »Er ist in dem anderen Haus«, sagte sie, wandte sich an den *simsar* und fragte, ob er wisse, wo das sei. Er sagte ja, und wir bedankten und verabschiedeten uns.

Als es allerdings darauf ankam, war sich der *simsar*

nicht sicher, wo das andere Haus war, und ich wollte nicht noch einmal zu dem ersten zurück, um zü fragen. Doch es war sinnlos, in der Medina herumzuirren, ohne es zu wissen. Der *simsar* war so nett und so unerschüttert von unserem zweiten Fehlschlag – der zugegebenermaßen ebensoviel von seiner wie von meiner Zeit vergeudet hatte –, daß ich keine Kritik äußerte. Schließlich gehörte meine Zeit mir. Ich schlug jedoch vor, er solle sich vor dem nächsten Versuch nicht nur über Monsieur D----s richtige Adresse informieren, sondern sich auch versichern, daß dieser zur vereinbarten Zeit anwesend und bereit sein würde, uns zu empfangen.

»Aber natürlich!« sagte der *simsar*, als wäre mein Vorschlag nichts weiter als vollkommen naheliegend.

»Wer ist dieser Monsieur D----? Bist du *sicher*, daß er den Schlüssel hat?«

*»C'est mon camarade«,* antwortete er.

Beim dritten Versuch klappte es mit den Arrangements des *simsar* wie am Schnürchen, und wir fanden Monsieur D----s neues Haus. Es ist genaugenommen ein sehr altes Haus und sehr schön. Außerdem waren wir direkt daran vorbeigekommen, als wir uns bei der älteren Französin erkundigen gingen, die, wie ich mittlerweile erfahren habe, seine Mutter ist.

In der Nähe der Kutubiya gibt es ein unbebautes Grundstück, und an dessen einer Seite eine Mauer, über der man die Kronen von Zypressen starr in die reglose Luft ragen sehen kann. Die Mauer umschließt, mitten im Zentrum einer überfüllten Stadt, offensichtlich eine sehr bedeutende Örtlichkeit. Ich machte eine Bemerkung darüber. »Ja, es gibt darin viele Häuser, viele *riads*«, sagte er. Ein *riad* ist, soviel ich verstehe, ein

Innengarten, ein Patio, der so groß ist, daß er wie ein architektonischer Garten bepflanzt werden kann. »... Und Obstgärten«, ergänzte der *simsar*.

Wie es scheint, ist die gesamte Enklave Eigentum einer Berberfamilie feudaler Grundherren in den Vorhügeln des Atlas, die sich seit Jahrhunderten großer Macht erfreut. Die verschiedenen Angehörigen dieser Familie – Brüder, Onkel, Tanten, Söhne, Neffen – haben hier jeweils eigene Stadthäuser. Es gibt einen gemeinsamen Zugang durch die Begrenzungsmauer der Enklave in Form eines großen Tors, und dahinter verläuft ein gewundener Fahrweg, der der Reihe nach zu jedem Haus führt. Monsieur D–––– hat einen der Gärten und den Pavillon darin gemietet. Ich hatte den Pavillon bereits bemerkt, der dicht an die Umgrenzungsmauer gebaut ist, mit einer Terrasse, die Aussicht auf die Stadt gewährt, und einem weiteren, noch darüber liegenden Stockwerk. Das war ursprünglich die für die Unterbringung von Gästen vorgesehene *minzah*. Aber schon seit drei Generationen ist nach dem Tod von Familienmitgliedern keine Vermögensregelung und Erbauseinandersetzung erfolgt, und obwohl reich an Grundbesitz und Gebäuden, genießen sie nur einen Bruchteil ihrer tatsächlichen Einkünfte. Keiner hält das Haus, das er bewohnt, instand, weil er befürchtet, daß es bei der endgültigen Aufteilung jemand anders zugesprochen wird. Ihre Häuser verfallen. Sie streiten sich unaufhörlich. Die *minzah* beherbergt keine Gäste mehr und ist fürchterlich heruntergekommen. Man hat sich darauf geeinigt, sie an Monsieur D–––– zu vermieten, weil er beabsichtigt, sie wieder instand zu setzen.

Zu Monsieur D–––– gelangt man nicht durch das

der Familie vorbehaltene, große Tor, sondern durch einen schmalen, in die Mauer gehauenen Durchlaß. Nach dem geschäftigen Treiben auf den Straßen war es seltsam, in dieses stille Refugium voller Obstbäume einzutreten. Mehrere Berberfrauen bewässerten die Bäume, indem sie kleine Erdbollwerke errichteten, um das Wasser von einer Rinne in die andere zu leiten, so daß jeder Baum seinen Teil bekam. Ein Viadukt führte durch den Obstgarten zum Pavillon.

Der Pavillon selbst ist hoch und schlank, aus blaßroten, von der Sonne gedörrten Ziegeln. Mit seiner Leichtgewichtigkeit und seiner klaren Gliederung hat er ein vage mongolisches Aussehen. Auf Höhe des Obstgartens gibt es Fenster, die auf die Terrasse hinausgehen, die ich von draußen gesehen hatte, und der dritte Stock wirkt wie eine Laube und besteht teils aus Holz mit großen, verglasten Fenstern, teils aus Mauerwerk. Die Struktur ist glatt und feinkörnig, und die zu seinen Füßen wuchernden Weinstöcke, Bananenbäume und kleinen Palmen scheinen zu unterstreichen, daß dies das Heim eines naiven, aber edlen Volkes ist, und daß die Stadt keine Macht hat, die antike Schlichtheit dieses Ortes anzutasten. Die Tür war offen, aber bis auf die Berberfrauen im Obstgarten war niemand da. Eine von ihnen rief uns zu:

»Nur zu! M'suh Morruss ist oben.«

Der *simsar* ging nach oben voran.

Die Treppe hebt von einer kleinen Vorhalle ab, macht einen Schlenker, um einem Zimmer im Zwischengeschoß auszuweichen, das ansonsten im Weg wäre, mündet auf den ersten Stock ein, hebt erneut in eine geringfügig andere Richtung ab, hält inne, duckt sich unter einem Balken durch, schwenkt nach rechts, verengt sich, windet sich an einer Tür vorbei, die wahrscheinlich auf die Terrasse führt, und verbreitert sich dann plötzlich, als würde sie Atem holen und ihr Gesicht zu der Art von Lächeln verziehen, das Gäste aufsetzen, wenn sie die Hand ihres Gastgebers ergreifen. Das oberste Stockwerk ist erreicht.

Es gibt zwei Empfangszimmer *en suite*. Das erste wird auf drei Seiten von einer ununterbrochenen Reihe verglaster und verzierter Fenster mit Holzrahmen begrenzt und in Längsrichtung von zwei Säulen gegliedert. Eine Doppeltür führt ins zweite Zimmer. Ihre Paneele sind tief blutrot und mit Blattgold umrandet, das schon lange mit dem Holz verschmolzen ist. Und dann das zweite Zimmer: noch größer, erleuchtet von einer Fensterreihe, die so niedrig sitzt, daß der darüberliegende Raum eine schattige, unterseeische Stille annimmt. Der Ort war ein einziges Durcheinander, aber selbst das Chaos von Truhen, von Diwanen, die noch bezogen werden mußten, von Laternen, Farbtöpfen, Pinseln, Gipssäcken und Renovierungsutensilien konnte seine Eleganz nicht verbergen. Es war klar, daß der ganze Pavillon als Unterbau für diese beiden hochliegenden Zimmer errichtet worden war, von wo aus man das vollkommmene Panorama der Stadt genießen konnte. Die ersten beiden Stockwerke waren lediglich *dépendances* – Küchen vielleicht, Vestibüle für das Gefolge geehrter Gäste, Kammern, wo Tänzer auf ihren Auftritt warten konnten. Ich war entzückt.

Im zweiten Zimmer standen zwei Leitern, über denen eine Planke lag, und auf der Planke saß, sehr wakkelig und mit einem Pinsel in der Hand, ein Mann um die Dreißig. Er war offenkundig Chinese.

»*Bonjour,* Monsieur D––––«, sagte der *simsar*, wobei er hartnäckig an seiner Version des Namens festhielt. Irgendwie hatte ich keinen Chinesen erwartet – und es schien, als hätte er mich eigentlich auch nicht erwartet. Er war höflich, aber er war beschäftigt und wollte die Arbeit nicht unterbrechen. Ich brachte so rasch ich konnte mein Anliegen vor.

»Ah! *Bon. Bon*«, sagte Monsieur D––––, und als er lächelte, wurde sein Gesicht plötzlich sehr schön und erinnerte mich an die Französin. »*Mais vous êtes mal renseigné, monsieur.* Monsieur O. möchte sein Haus nicht vermieten – und schon gar nicht möbliert, da es nicht möbliert ist. Das hat der *simsar* auch gewußt. Mir wurde gesagt, Sie wollten ein Haus kaufen.«

Ich sah den *simsar* an, und er lächelte freundlich zurück.

»*Quand même«,* fuhr Monsieur D–––– fort, »sehen Sie sich das Haus an, wenn Sie möchten.« Er gab uns den Schlüssel.

Wir gingen praktisch sofort. Ich glaube nicht, daß der *simsar* im mindesten verlegen war. Ich fragte ihn, warum er mir gesagt hatte, das Haus sei zu vermieten und es sei möbliert – wo es in Wirklichkeit weder das eine noch das andere sei. Er sagte: »*C'est comme ça, paraît-il. Dommage.* Wir werden ein anderes finden, *Inscha'Allah.*«

»Wie heißt du?« fragte ich ihn.

»Si Idris bin Ahmed.«

»Si Idris bin Ahmed, wenn ich eine Pistole hätte, würde ich dich vielleicht erschießen.«

Er drohte mir mit dem Finger und sagte ganz ernst: »*Ts-ts.* Niemals.«

Ich beginne ihn zu mögen. Er ist ziemlich groß, mit

einer ansehnlichen Stirn, aus der das Haar langsam zurückweicht, und er hat eine sehr charmante Art.

Mein früherer Eindruck, daß die Mauren drei Arten von Gesichtern haben, war im wesentlichen zutreffend, aber ich bin jetzt lange genug hier, um innerhalb dieser Typen unendlich viele Varianten zu erkennen. Es gibt die drei Grundformen von Gesichtern – arabisch, berberisch und negroid. Und dann die Mischungen, die sich aus Kombinationen der drei ergeben. In Fes, so erfahre ich, ist unter den Moslems auch ein jüdischer Gesichtsschnitt ziemlich verbreitet. Er ergibt sich aus dem Übertritt von Juden zum Islam, der vor einigen Jahrhunderten als Alternative zur Hinrichtung stattgefunden hat. Er soll sich in recht großem Maßstab vollzogen haben. Aber hier in Marrakesch war das vielleicht nicht der Fall, so daß nur drei wichtige rassische Elemente bestimmend sind.

Obwohl die Hautfarbe in erstaunlichem Maße variiert, weisen die Marrakeschis sehr oft eins oder mehrere negroide Charakteristika auf – die zarte, feinporige Haut, die abgeflachte Nase, die vortretenden Lippen, die so weich sind wie Seeanemonen; das sphärische Gesäß, die schmale Hüfte, das dicht gekräuselte, kräftige Haar, das auf dem Kopf, doch anderswo nur spärlich wächst. Diese Charakteristika mögen verwässert sein, aber sie sind nach wie vor erkennbar. Die Erklärung liegt natürlich darin, daß es stets einen regelmäßigen Import von Sklaven aus dem Sudan gegeben hat, und die Kinder von Sklavinnen sind ebenso Abkommen des Hauses wie die Kinder der Ehefrauen eines Mannes: es gibt keinen Unterschied. Infolgedessen gibt es keine sozialen Unterschiede aufgrund der Hautfarbe.

Und da es keine sozialen Unterschiede gibt, gibt es auch keine sozial vermittelte Einstellung dazu, welche Hautfarbe als wünschenswert gilt. Vielleicht gibt es eine Tendenz, der Cremefarbe des Mittelmeerraums oder dem Alabaster Nordeuropas ein warmes Braun vorzuziehen – und gewiß hält man Schwarz für eine Verheißung von Leidenschaft. Die totenbleiche Haut des Angelsachsen empfinden die meisten Leute hier als ... nun ja, als totenbleiche Haut eben, und ich muß einräumen, daß der Angelsachse unter der afrikanischen Sonne den fetten Teilen von kaltem Hammelfleisch ähnelt. Am Strand ziehen ja sogar wir die Auswirkungen eines Sonnenbrandes vor.

Obwohl ich mir das Haus des Franzosen kein zweites Mal ansehen ging und Idris, den *simsar*, anwies, Monsieur D---- mit ein paar höflichen Worten den Schlüssel zurückzugeben, haben all diese fruchtlosen Besuche dazu geführt, daß ich jetzt entschlossen bin, mir eine Mietwohnung zu suchen. Ich will meine eigene Haustür. Solange ich keine habe, werde ich in dieser Stadt nicht heimisch sein, und ich habe das Bedürfnis nach Wurzeln, und seien sie synthetisch.

Ich hasse das Lehrbuch, nach dem Al-Meknasi mir Arabisch beizubringen versucht. Es muß für Kinder gedacht sein – aber lernen französische Kinder Arabisch? In der Regel sicher nicht. Vielleicht ist es ja sogar einem Erwachsenen, der eine Sprache lernt, zuzumuten, daß er sich mit der Art von Vokabeln und Sätzen zufriedengibt, die die Anfangslektionen bieten. Subjekt – Prädikat – Objekt. Na schön. Einverstanden. Und morgen ein Adjektiv, um das Bild zu beleben.

Aber: ›'Aischa *(nom de jeune fille)* hat ein *jolie* Kopftuch (*sibniya,* fem.)‹, oder ›Die Sklavin (*chadima,* fem.) arbeitet gut‹. Ich bekomme es satt, daß alles so *joli* und lieb und pflichtbewußt zugeht. Ich will mit dem Leben vorankommen, wie wir es leben.

Al-Meknasi läßt mich Aufzeichnungen über das machen, was ich lerne, und wenn er geht, geht sein Lehrbuch mit ihm (er hat noch andere Schüler, aber nur ein Lehrbuch, nehme ich an), so daß ich keine Möglichkeit habe, heimlich zu etwas Wirklichkeitsnäherem vorauszueilen. Ich habe mir deshalb ein Wörterbuch *Français-Arabe* gekauft, und ein neues Zeitalter ist für mich angebrochen. Es ist unschätzbar, dieses Wörterbuch, voller Beispiele für den Gebrauch der verschiedenen Wörter und voller drastischer, unverblümter idiomatischer Ausdrücke. Und so verfasse ich nun mit seiner Hilfe eigene Sätze, und die lege ich Al-Meknasi vor, wenn er zu mir kommt. Heute hatte ich geschrieben:

> »Die Dame in der grünen *dschallaba* quiekt, als sie gezwickt wird. Sie sagt, sie wird sich beim Pascha beschweren, aber der Herr hat keine Angst.«

Al-Meknasi las mit mißbilligendem, starrem Gesicht bis dahin und erklärte dann, daß ›quieken‹ Tieren vorbehalten ist und daß man das Passiv am besten vermeidet. Er sagte außerdem, daß *›radschil‹* (Mann) dem Kontext angemessener wäre als *›sidi‹* (was ich für Herr benutzt hatte), und das alles mag ja nützlich zu wissen sein, aber es ist klar, daß ihm die Feinheiten entgangen sind. Er las weiter.

»... ›Mutter der Huren!‹ bemerkte der Herr ...«

aber weiter wollte er nicht lesen. Schade, denn ein, zwei Zeilen weiter unten hatte ich etwas Hübsches für ihn in petto.

Ich glaube nicht, daß er mir die Sprache jemals richtig beibringen wird.

Heute abend habe ich in den *suqs* Monsieur D---- getroffen. Er trug einen Rucksack. Obwohl ich glaube, daß er eigentlich keine Gesellschaft wollte, schlug er höflich vor, ich solle mit ihm zu der Auktion auf dem Kupfermarkt gehen, wenn ich Lust hätte. Ich dachte, das könnte interessant werden, und erklärte mich rasch einverstanden, ehe er es sich anders überlegte. Ich spüre, daß er lieber allein wäre, aber ich finde ihn interessant, diesen hochgewachsenen, schlanken Chinesen, der so wunderschönes Französisch spricht.

»Waren Sie noch einmal bei dem Haus von Monsieur O., Monsieur?« fragte er mich.

Ich erklärte die Situation. »Ich hoffe, ich finde etwas anderes, möbliert«, sagte ich.

Er ist *antiquaire*, wie es scheint, und damit beschäftigt, seinen neu erworbenen Pavillon als Ausstellungsraum herzurichten. Auf dem Kupfermarkt lassen sich Gegenstände auftreiben, die er zwecks Wiederverkauf restaurieren kann, wie er mir sagte – wenngleich eigenartigerweise nicht aus Kupfer oder Messing. Also schaut er an den meisten Abenden bei der Auktion vorbei. Die Leute bringen, was immer sie in puncto Haushaltsgegenständen und Möbeln zu verkaufen haben, das Publikum bietet, Güter wechseln den Besitzer.

»Überstürzen Sie nichts«, sagte er. »Warten Sie ab, und schließlich werden Sie finden, was Sie wollen. Sie wollen ein *kleines* Haus? Sie werden eins bekommen, aber überstürzen Sie nichts. Zeit ist hier unwichtig.«

Ich genoß den Abend, obwohl es nicht viel gab, wofür es sich zu bieten lohnte. Monsieur D---- erstand eine alte, lederbezogene und mit Messingnägeln beschlagene Holztruhe. Es dauerte alles sehr lang. Ein Dutzend Auktionatoren arbeiten gleichzeitig, indem sie auf diesem engen, abgeschlossenen Markt kreuz und quer durch die Menge flitzen und das jeweils letzte Gebot für das ausschreien, was sie gerade in der Hand haben. Oft war das ein Messingtablett des *'amara* genannten Typs und die drei unterschiedlich, aber strikt traditionell geformten Behältnisse für Zucker, Pfefferminze und Tee, die man für das Ritual des Pfefferminzteetrinkens benötigt. Es gab außerdem kunstvolle Kohlepfannen, Glasgeschirr, alte Uhren, Grammophone mit Schalltrichter, einen Kinderwagen, ein, zwei Tische, Armbanduhren, Petroleumkocher, die brennend durch das Gewühl getragen wurden, um vorzuführen, wie gut sie funktionierten. Ich habe Angst vor Petroleumkochern, aber diese hier schienen nicht zu explodieren, und ich habe festgestellt, daß die maurischen Maultiere nicht ausschlagen und ihre Esel nicht beißen, also liegt vielleicht etwas in der marokkanischen Luft, was die wilde Kreatur besänftigt.

Die Preise werden in *reáls* genannt, die Einheiten von fünf Francs darstellen – genau wie ein *sou* eine Einheit von fünf Centimes darstellt. Die Mauren erfassen den Kaufwert von fünf *reáls* leichter als den von fünfundzwanzig Francs. In Frankreich kann ich nur unter Schwierigkeiten *cent sous* mit fünf Francs gleichsetzen, so daß ich mit den *reáls* in Marrakesch das gleiche Problem habe. Monsieur D---- scheint die Umrechnung automatisch vornehmen zu können.

Er ist sehr bekannt. Er durchschreitet die *suqs* mit asiatischer Würde und wird förmlich, aber mit Freundlichkeit gegrüßt. »*La bas*, M'suh D----«, sagen sie, oder: »*La bas*, M'suh Morruss.« Er heißt offensichtlich Maurice. Würde und Eleganz sind ihm ganz selbstverständlich eigen. Väterlicherseits stammt er aus einer alten chinesischen Familie, die seit dem siebzehnten Jahrhundert in Indochina ansässig ist. Er trägt alte Khakihosen, ein Khakihemd und Segeltuchschuhe. Er ist groß und dünn. Sein Haar steht in der als *longue brosse* bekannten Frisur wie grobes, schwarzes Gras steif von seiner Kopfhaut ab. Er ist von einer natürlichen Reserviertheit, die an Strenge grenzt, so daß die Wärme seines Lächelns, das er offensichtlich von seiner Mutter hat, überrascht. In Ruhe gleicht er einer guten Zeichnung, sehr chinesisch.

Als wir den Kupfermarkt verließen, kamen wir an einer großen, grauhaarigen Frau mit hohen Wangenknochen vorbei. Monsieur D---- blieb stehen, um ein paar Worte mit ihr zu wechseln, stellte mich aber nicht vor. Sie trug ein Baumwollkleid und eine Korallenkette und hatte ein derart vornehmes Auftreten, daß ich ihn, als sie weitergegangen war, fragte, wer sie sei.

»Mademoiselle de V.«, sagte er mir ohne nähere Erklärung. Wir hatten einen anderen Teil der *suqs* erreicht. »Das hier ist der *souq aux tissues*. Ich möchte mich hier kurz umsehen.« Mitten auf dem *suq* stand ein großes Messingbettgestell, das mit Stoffresten aller Art bedeckt war.

»Wohnt sie in Marrakesch?« fragte ich ihn.

Er hörte nicht zu, deshalb wiederholte ich meine Frage.

»Wer? Ach so, Mademoiselle de V.? Ja.«

Ein an ein Kirchenschiff erinnerndes Holzdach mit Obergaden läßt die untergehende Sonne in Lichtstrahlen durch, die zu hoch liegen, als daß sie die unten auf dem Pflaster herumstöbernden Massen erreichen könnten. Monsieur D---- wendete Stoffbahnen um, musterte ein Stück Brokat, das einmal prächtig gewesen war. Ich sah ihm zu. Er ist wie ein Mandarin, dachte ich bei mir. Er raucht ununterbrochen und hält seine Zigarette auf sehr mandarinhafte Art. Ich war nie in China, aber das war der Eindruck, den er vermittelte. Außerdem dachte ich: Ich beneide ihn um sein Haus. Aber ich sagte:

»Es ist wohl zuviel verlangt, daß es auch eine Auktion für Häuser gibt.«

»Aber nicht doch. Freitags vor der Hauptmoschee in jedem *quartier*. Sie wollen also doch eins kaufen?«

»Hm, nein ... ja ...« Ich konnte es mir nicht leisten, ein Haus zu kaufen, aber davon sagte ich nichts.

»Nach den Mittagsgebeten. Welches *quartier* interessiert Sie?«

Ich sagte, ich hätte mich noch nicht entschieden, bedankte mich aber trotzdem. »Dann wird also alles per Auktion verkauft?«

»Sklaven nicht mehr.«

»Das entspricht wohl dem maurischen Temperament.«

Er dachte, ich meinte ›Sklaven‹ und sagte: »Ja. Sie haben immer noch Sklaven – auch Leute, die einmal reich waren und jetzt arm sind, haben welche. Die Sklaven haben es abgelehnt, von ihnen wegzugehen.«

Ich will nicht, daß Al-Meknasi davon erfährt, weil er sich bestimmt einmischen würde, aber ich habe einen maurischen Bauern engagiert, der mich gelegentlich zu Konversationsübungen aufsucht. Es ärgert mich, wie langsam ich vorankomme. Ich werde mich hier so lange nicht wirklich wohlfühlen, wie ich nicht einigermaßen flüssig reden kann, und bis dahin werde ich auch nahezu ohne Freunde auskommen müssen. Daher der maurische Bauer. Nach diesem System bin ich schon vor einigen Jahren vorgegangen, als ich Paschto (die afghanische Sprache) lernte. Es hat damals funktioniert, und vielleicht funktioniert es auch jetzt wieder. Der Bauer ist im Moment Träger in einem der *suqs*. Er ist damit beschäftigt, genug Geld zusammenzubringen, um sich eine Frau kaufen zu können.

Ich glaube, ich habe schon gewisse Fortschritte gemacht – zumindest beginne ich, Worte und Ausdrücke aneinanderzureihen, und ich kann mehr oder weniger verstehen, was der Mann sagt. Da ich in puncto Stegreifkonversation nicht viel zuwege bringe, habe ich mir angewöhnt, in groben Zügen vorzubereiten, was ich sagen möchte, und nach Kräften zu versuchen, unsere Konversation in diese vorbereiteten Bahnen zu lenken.

Der Träger ist von ausladender, unförmiger Gestalt und stets zu einem Lächeln aufgelegt. Seine Stimme ist klar und extrem laut, und seine Intelligenz so beschränkt, daß ich keine sehr komplizierten oder phantasievollen Antworten befürchten muß. Ich gebe ihm Pfefferminztee und Zigaretten und fünfzig Francs pro Unterrichtsstunde. Er langweilt sich nicht, denn das Wesen der Langeweile ist das schleppende Verstreichen der Zeit. Für ihn existiert die Zeit nicht und kann sich daher auch nicht dahinschleppen. Mir wird es auch nicht langweilig, weil mein Verstand die ganze Zeit beschäftigt ist. Nur geistige Erschöpfung oder meine Essenszeit beenden den Unterricht, nicht Langeweile.

Auf dem Weg über die Dschama al-Fna zu einem Abendaperitif wurde ich von einem Mauren angesprochen, den ich oft im Café gesehen, mit dem ich aber nie geredet habe. Er ist offenbar eine Respektsperson, und ich habe bemerkt, daß er von allen *garçons* prompt bedient wird. Ich habe außerdem bemerkt, daß er auf einem Fahrrad mit zwei kleinen ›Rückspiegeln‹ zum Café kommt. Sie sind an der Lenkstange befestigt, und ich glaube, er benutzt sie eher dazu, sich selbst darin zu betrachten, als den Verkehr hinter sich im Auge zu behalten, denn sie sind beide auf sein Gesicht gerichtet. Er ist ein gutaussehender Mensch und außerdem geachtet. Wie auch immer, diesmal begrüßte er mich, als träfen wir uns regelmäßig. Ich bringe die Grußformeln jetzt allmählich recht flüssig zustande und spule mein Sprüchlein von ›kein Leids‹ und ›Friede mit dir‹ mit ziemlichem Aplomb ab. Er schlug vor, wir sollten uns die Kosten für eine in einen *haik* gehüllte Dame teilen, die nicht sonderlich schnell in der Gegenrichtung über den Platz eilte.

»Meinst du . . .?« begann ich auf arabisch.

Er sagte: »Willst du oder willst du nicht?«

Ich fing an zu erklären, daß ich auf die Uhr sehen und an meine abendlichen Verpflichtungen denken müsse, aber inzwischen eilte die Dame etwa genauso schnell wieder zurück, und der Mann sagte drängend:

»Du bezahlst ihr zwei Drittel, und ich bezahle ihr ein Drittel. Ja? Soll ich sie fragen?«

»Kennst du sie?« erkundigte ich mich, immer noch

darauf bedacht, Zeit zu gewinnen. Die Dame war jetzt ganz nahe.

»Nein«, sagte er. »Aber ich werde sie fragen.«

Ich sagte: »Ich möchte sie zuerst richtig sehen.« Sie war von ihrem *haik* vollständig verhüllt, und ich bin keiner, der nach einem Paar dicker Fesseln urteilen kann. Sie sah aus, wie jede andere in ein Kleiderbündel gewickelte Frau aussehen würde. Für mich gab es keinerlei Hinweise darauf, was sie zu dieser Stunde an diesem Ort trieb.

»Warum?« wollte er wissen.

»Nun ja, weil ...« Aber da war die Dame schon wieder mehrere Meter weiter.

»Du bist wie nichts!« rief der Mann wütend und eilte ihr nach.

Meine Begegnung auf der Dschama al-Fna gestern abend hat einen bestimmten Gedankengang bei mir ausgelöst, und heute habe ich Al-Meknasi befragt. Ich sprach französisch, weil ich unmißverständlich klarmachen wollte, was ich meinte. Nachdem ich mein Gespräch mit dem Mann über die Frau wiedergegeben hatte, sagte ich abschließend: »Sagen Sie, Monsieur, sind *alle* Frauen ohne Begleitung nach, sagen wir, acht Uhr abends zugänglich?«

Er war wütend. »Natürlich nicht!«

Da sagte ich: »Sie sollten mir solche Dinge beibringen, wissen Sie. Sprache und Verhalten sind schließlich so eng miteinander verbunden, und Sie sind immerhin mein Lehrer.«

»Was wollen Sie damit sagen?«

»Ich will damit sagen ... nun ja, ich will damit sagen – ist es nicht Zeit, daß ich die Sprache der Liebe lerne?«

Er zog sich sofort in sein Schneckenhaus zurück. »Versuchen Sie es auf arabisch zu sagen«, sagte er auf arabisch.

Und genau das kann ich natürlich nicht. Dabei weiß doch jeder, daß Unterweisung für Ausländer in einem fremden Land wichtig ist, zumal in diesem Land, wo es so viele freischwebende Emotionen gibt, daß kein Mensch hoffen kann, ihnen völlig zu entgehen. Sie sind wie Staub im Haar. Oder Regen. Ich muß beigebracht bekommen, wie ich mich in allen Lagen zu verhalten habe – jedenfalls in den leicht vorherzusehenden Lagen. Al-Meknasi hat mir bereits gesagt, wie man einen Diener machen und ›Möge dir kein Leids widerfahren, Herr‹ sagen muß und was man antwortet, wenn einem jemand zuvorkommt. Er hat auch erklärt, was man zu einem Bettler sagen sollte, dem man nichts zu geben gedenkt, und welche Gesten der Sittsamkeit in einem öffentlichen *hammam* angebracht sind. Was also hätte ich gestern abend zu dem Mann sagen sollen? Und was zu der Frau? Warum schrie der Mann so wütend, ich sei ›wie nichts‹? Was hätte ich tun sollen?

Al-Meknasi blieb stur. Ich dachte einen Moment lang, er habe vielleicht Hemmungen, und versuchte daher, es ihm leichter zu machen, indem ich ein paar harmlose Beispiele aus der englischen Sprache anführte, um zu demonstrieren, was ich meinte. Etwa: »Suchen Sie nach jemand Bestimmtem?«; und: »Verzeihung, könnten Sie mir bitte die Uhrzeit sagen?« – harmlose, nützliche Sätze, deren feststehende Antworten ebenso zart wie die Fragen selbst andeuten, daß man vielleicht auf der Parkbank dort »auf einen Bekannten wartet« oder leider keine Uhrzeit hat. All das erklärte ich ihm, und ich glaube, es interessierte ihn ziemlich und er hätte gern mehr erfahren. Ich war weiß Gott bereit, es ihm zu erzählen. Aber plötzlich richtete er sich auf, senkte den Blick wieder auf das elende Lehrbuch und sagte: »Monsieur. Ich glaube nicht, daß Sie in der Sprache schon weit genug fortgeschritten sind. Alsdann! Wiederholen Sie! ›Die *scharifa* hat eine *jolie sibniya* . . .‹ ›Die *chadima* arbeitet gut und ist der *scharifa* sehr zugetan . . .‹«

Wie um alles in der Welt kann ich die Fortschritte machen, die er verlangt, wenn er mir weiterhin seine Hilfe verweigert?

Ich werde es anders versuchen. Demnächst werde ich Al-Meknasi überraschen – überraschen und, wie ich hoffe, seine Gefühle verletzen!

Heute bin ich Monsieur Maurice D – – – – zufällig wieder begegnet, und wieder war er unterwegs zu der Auktion auf dem Kupfermarkt. Diesmal schien er ganz selbstverständlich davon auszugehen, daß ich vorschlug, ihn zu begleiten, was ich gerne tat. Von der Stelle, wo wir uns befanden, kommt man am schnellsten durch das Färberviertel hin. Dort gibt es einen kleinen, von einer dreibogigen Kolonnade begrenzten Platz. Unter den Säulen befindet sich ein rechteckiges Steinbecken, eine kommunale Wasserstelle, wo Tiere getränkt werden, Wasserträger ihre Schläuche füllen oder Männer ihre Eimer eintauchen können. Sie muß den Durstigen schon seit mehreren hundert Jahren auf diese Weise dienen. Dahinter, jenseits eines Bogens, sind die Färber.

Riesige Bottiche, in der Regel aus Kupfer, und Stapel von zu Docken gedrehten Baumwoll- oder Seidengarnen. Die Farben sind von großer Schönheit. In den

Bottichen sind sie trübe und konzentriert. Wo sie Hände und Arme der Färber verfärbt haben, nehmen sie die Wärme menschlicher Haut an; und auf den gefärbten Docken, die wie Weintrauben von quer über den Bogengang gelegten Bambusstangen hängen, gelangen sie zur Apotheose, grün, rot, golden, purpur, gesättigt von dem Sonnenlicht, das durch sie hindurchdringt.

*»Regardez les bamboos«,* sagte Monsieur D––––; *»qu'ils sont beaux!«*

Sie standen in Bündeln ungenutzt an den Mauern und warteten darauf, verwendet zu werden. Sie waren blaß von Farben geädert.

Und weiter ging es, durch einen kleinen *suq*, wo Kinderschreibtafeln aus *thuya*-Holz verkauft werden. Der Duft des *thuya* paßt gut zu dem einsickernden Licht. Der Kupfermarkt ist ganz in der Nähe.

Auf dem Kupfermarkt stießen wir erneut auf Mademoiselle de V., diese seltsame, heitere Person mit dem vorzeitig ergrauten Haar und den hohen Wangenknochen, die gerade einen Messingleuchter hin- und herwendete. Maurice D–––– hatte mir mittlerweile etwas von ihr erzählt. Sie ist unter anderem leidenschaftliche Sammlerin marokkanischer Objekte: sie sammelt alles – Bernstein, Koralle, Silber, Messing, Stickereien – alles, was ihr gerade gefällt und was sie sich leisten kann. Die Grenze setzt nur das Geld, das sie für Luxusgegenstände erübrigen kann, und das ist so wenig, daß die Objekte, die sie bereits gesammelt und in einem Raum aufgestellt hat, den sie ihr *›petit musée‹* nennt, als bemerkenswert gelten müssen. Sie ist kaukasischer Herkunft.

Ich freute mich über die Gelegenheit, sie kennenzulernen. Maurice D---- stellte mich vor, und wir wechselten ein paar Worte. »*Vous collectionnez aussi, monsieur?*« fragte sie. Ich wollte ja sagen, obwohl es nicht stimmt, aber die Versuchung zu lügen blieb mir erspart, da einer der Ströme, die die Bewegungen der Menschenmenge bestimmen, einen Keil zwischen uns trieb und wir vorübergehend getrennt wurden. Als ich mich wieder zu ihnen gesellen konnte, sprach Mademoiselle de V. mit Maurice D---- in dem gefaßten, aber bedeutungsvollen Ton, der Krankengeschichten vorbehalten ist, über etwas anderes. Ich schnappte die Worte »*... paralysée, la pauvre*« auf. Sie hatte den linken Arm gehoben und strich mit der rechten Hand an der seitlichen Naht ihres Kleides auf und ab. »Sie kann das Bein nicht mehr bewegen, aber irgendwie – *elle est tellement courageuse* – irgendwie kommt sie zurecht.«

Maurice D---- sagte etwas, was ich unter den gegebenen Umständen als unpassend empfand, aber er ist offenbar ein Mensch, der seine Gefühle verbirgt. Mademoiselle de V. schien es nicht zu bemerken und verabschiedete sich nun formvollendet. Wir gingen auseinander. Dann, ein paar Meter von uns entfernt, drehte sie sich um und rief über die Köpfe der Menge hinweg mit triumphierendem Unterton: »*Mais elle pond toujours.*«

*Sie legt immer noch!* Es war eine ziemlich verblüffende Bemerkung. Ich sah Maurice D---- an.

»Sie spricht von dem Huhn«, erklärte er.

Daß er den bestimmten Artikel verwendete, ging mir nicht aus dem Kopf...

Meine Entschlossenheit, Al-Meknasi zu überraschen und seine Gefühle zu verletzen, hat mich stundenlange

Vorbereitungen und ein paar Minuten äußerster Verlegenheit gekostet. Letzte Nacht widmete ich mich der Zusammenstellung eines passenden Textes – natürlich mit dem Wörterbuch. Heute, als der Träger in einer wolligen Wolke von *dschallabas* erschien, seine Schuhe wegschleuderte und sich auf die Fensterbank plumpsen ließ, ging ich sogleich zum Angriff über. Ich gebe das Gespräch auf englisch wieder, obwohl es auf arabisch stattfand (an sich schon ein Triumph), weshalb es ein wenig gestelzt wirken mag. Ich komme nicht sehr gut dabei weg, der Träger allerdings auch nicht.

»Höre, o Buschaib«, begann ich, ehe er noch Zeit hatte, seine Grußformeln anzubringen und zu den Neuigkeiten des Tages überzugehen. »Was sagt man zueinander, wenn man von Liebe zu sprechen wünscht?«

»Liebe?« Er wiederholte das Wort, das ich benutzt hatte. Es ist eins von zwei Worten, die in meinem Wörterbuch angegeben sind. Das zweite beginnt unglücklicherweise mit dem Buchstaben *›'ain‹*, den ich immer noch nicht beherrsche.

»Jawohl. Liebe«, wiederholte ich.

Er schüttelte den Kopf. Ich hatte mit einem derartigen Hindernis gerechnet und ging zu meinem zweiten vorbereiteten Satz über. »Falls du auf der Gasse oder auf der Dschama al-Fna eine Person siehst, die dir gefällt, und du möchtest die Bekanntschaft dieser Person machen, wie fängst du . . .?«

Zu meiner Empörung hörte er gar nicht zu. Ich glaube, er tat sich mit dem Wort für ›Liebe‹ schwer. Plötzlich unterbrach er mich:

»Ah-h-h-h! . . .« rief er, sich vor Vergnügen windend, aus. *»Al-Hawaya, yak?«*

Das war keins von den beiden Wörtern für Liebe, auf

die ich mich bezogen habe, obwohl ich beim müßigen Durchblättern meines Wörterbuches zufällig einmal unter einer anderen Rubrik darauf gestoßen bin. Genaugenommen handelt es sich um ein Wort, das nicht druckreif ist. »Ja«, gab ich streng zu, »aber mit welchen Worten machen wir diesen unanständigen Vorschlag?«

Er brach in Gelächter aus, ein schreckliches, komplizenhaftes Gelächter. Dann beugte er sich vor und zwickte mich mit neuer Vertraulichkeit in die Hüfte. Ich war mir nicht sicher, ob dieses Zwicken die Annäherungsmethode war, deren er sich bedienen würde, oder ob er damit lediglich dartun wollte, daß er einen Witz zu schätzen wußte. Er sah, daß ich verwirrt war, deshalb stand er auf und zog auch mich hoch.

»Halt!« befahl er, indem er mich mitten ins Zimmer stellte. Dann deutete er mit seinem dicken Zeigefinger auf mich. »Du! Du bist diese Person!«

»Tun wir einmal so«, sagte ich auf französisch, und zwar ziemlich steif. Für diesen Notfall stand mir kein Satz zu Gebote.

Er zog sich ans andere Ende des Zimmers zurück. *»Ich«,* schrie er, »sieh her . . .« – sein Finger fuhr vor sein Auge, das tigerhaft blitzte – »DU!« Er zeigte direkt auf mich.

Ich wich und wankte nicht, als er, eine watschelnde James-Thurber-Gestalt, durchs Zimmer vorwärtsgewogt kam. Er starrte mir zuerst ins Gesicht, wobei sein eigenes vor lauter Zwinkern verzerrt war, dann auf die Füße und versetzte mir im Vorbeigehen einen heftigen Stoß mit dem Ellbogen. Ich rang noch nach Atem, als er sich umdrehte.

»Verstanden?« schrie er triumphierend.

»Aber was *sagt* man . . .? begann ich klagend.

»Sagen? Sagen? Ist *al-hawaya* in deinem Land denn nicht dazu da, daß man es *tut*?«

»Schon, aber ...«

»*Wakhkha!*« meinte er und begann sich mühsam aus der ersten seiner *dschallabas* zu schälen. »Wieviel gibst du? Gibst du mir schönes *Geschenk*?«

Ich fürchte, daß der ganze Charakter meiner bislang so zufriedenstellenden Beziehung zu dem Träger durch diesen Vorfall ruiniert worden ist. Natürlich mußte ich ihn auffordern, sofort zu gehen. Aber ich konnte die Sache aus genau dem gleichen Grund nicht richtigstellen, aus dem sie schiefgegangen war – aus Mangel an Vokabeln und an der Fähigkeit, sie zu benutzen. Er verstand nicht, aber er ging, kopfschüttelnd wie ein armer, verstörter Ochse, den Blick auf dem 100-Francs-Schein, den ich ihm für die heutige und, als Ausgleich für die Kündigung, für die morgige Unterrichtsstunde gegeben hatte. Es ist jammerschade, denn er hatte sich als ausgezeichneter Gesprächspartner erwiesen, und jetzt muß ich mir einen anderen suchen.

Ich habe über die ›Wohnungsfrage‹ nachgedacht. Ich weiß mittlerweile, daß ich nicht nur eine eigene Wohnung will, sondern auch um meines Seelenfriedens willen dieses Hotel sehr bald verlassen muß. Nicht daß ich das Hotel oder Mulai Ibrahim oder seinen Freund nicht mag – im Gegenteil, ich mag sie sehr. Und natürlich ist es billig. Ein Haus wird mehr kosten. Zwar mache ich mir nichts aus dem *gardien*, aber sein Platz ist in der Eingangshalle, und von dort rührt er sich auch nicht weg. Er stört mich eigentlich gar nicht, ja er sagt nicht einmal ›Guten Morgen‹ oder ›Guten Abend‹, wenn ich vorbeikomme.

Nein. Dieses Hotel hat noch etwas anderes. Ich verbringe ziemlich viel Zeit auf meinem Zimmer mit Schreiben und Arabischlernen, und ich kann mich einfach nicht auf meine Arbeit konzentrieren. Dieses Kommen und Gehen unten, Geflüster, Gekreisch, Streitereien und ein-, zweimal das Geräusch von Schlägen. Nachts ist es schlimmer, aber es ist schon am Tag schlimm genug. Einmal hat jemand, der über irgend etwas sehr wütend war, lauthals gedroht, die Polizei zu rufen. Ich versuche, die Situation rational zu sehen: ich sage mir, daß die Mauren viel Lärm um nichts machen, daß es schließlich ihr Land ist und ich mich lieber so rasch wie möglich daran gewöhne.

Ich wäre kein Mensch, wenn ich nicht ab und zu von meinem Fenster aus in den Patio lugte, um festzustellen, worum es eigentlich geht. Was ich sehe, beruhigt mich nicht. Ganz im Gegenteil. Ich lebe in einem Bodennebel von Emotionen anderer Leute.

Mulai Ibrahim und sein Freund bleiben auf phlegmatische Weise von alledem unberührt. Sie sitzen bloß da, spielen ihr Spiel, das *›dames‹* heißt, und blicken nur vom Brett auf, um fällige Beträge zu kassieren.

Heute nachmittag kam der *gardien* auf mein Zimmer und sagte, unten warte jemand, der mich sprechen wolle.

»Führ ihn herauf«, sagte ich.

*»Défendu.«*

*»Défendu? Ma fahimtak schi.* Ich verstehe nicht.«

*»Défendu* von Mulai Ibrahim.«

»Mulai Ibrahim?« Was meinte er bloß? Aber es hatte keinen Sinn, einen so unwilligen Zeugen zu befragen. »Wer ist es denn überhaupt?«

»Si Idris bin Achmed.«

»Sag ihm, er soll warten.«

Als ich nach unten kam, fand ich Idris, den *simsar*, vor Wut kochend vor. *»Il m'a insulté!«* schrie er. Ich packte ihn fest am Arm und schob den Protestierenden die Treppe hinauf. Wenn sich in Marrakesch Leute voreinander aufpflanzen, um sich zu prügeln, wird erwartet, daß jemand anders sie trennt. Sie sträuben sich zum Schein dagegen, aber sie fügen sich. Jedenfalls in der Regel.

»*Tais-toi,* Idris«, sagte ich ruhig. »Ich werde mich hinterher mit ihm befassen. Weshalb bist du gekommen?«

Idris polterte knurrend vor mir her nach oben, wobei er finstere Blicke nach hinten in Richtung *gardien* abschoß. Aber als wir in meinem Zimmer waren, drehte er sich um und sagte strahlend:

»Ein kleines Haus. Zwei Zimmer und *tout confort moderne*! Unmöbliert. Die Miete beträgt zweitausend Francs pro Monat. *Tu veux?*«

»Wo liegt es?«

»Darb asch-Schams.« Und er nannte mir das *quartier*. Übrigens kein sehr schickes *quartier*.

»Ist es in gutem Zustand?«

*»Impeccable!«* sagte er. *»Absolument impeccable!«* Ich merkte, daß ihn der Klang der Worte entzückte.

»Sehen wir es uns morgen an«, sagte ich.

*»Inscha'Allah.«*

Die Lage hat sich wirklich rasend schnell zugespitzt.

Mulai Ibrahim und Si 'Abdelqadir sind gerade eben auf mein Zimmer gekommen, nur ein paar Minuten nach Idris' Weggang. Ich bat sie, Platz zu nehmen, was sie nebeneinander auf dem Bett auch taten, und nach ein paar Minuten belanglosem Geplauder und Drumherumgerede kamen sie zur Sache. Sie sagten, sie hätten Beschwerden über mich bekommen.

»Beschwerden . . .?« fragte ich. Ich war ziemlich verblüfft.

»Ja.« Si 'Abdelqadir wand sich unbehaglich, deshalb legte Mulai Ibrahim dem jungen Mann die Hand auf die Schulter, um ihm Mut zu machen.

*»Iquluh. Sid«,* sagte Mulai Ibrahim. »Nur zu, sag es ihm.«

Si 'Abdelqadir schluckte und fuhr fort: »Da ist ein Herr namens Buschaib, und der . . .«

»Buschaib? Aber das ist doch der Mann, der zur Arabischkonversation zu mir gekommen ist.«

»Das behaupten manche«, bemerkte Mulai Ibrahim auf arabisch und hielt dann eisern den Mund.

»*Ich* behaupte das! Reicht das nicht? Was willst du damit sagen?« Ich war wütend.

»Mein Freund möchte dich daran erinnern, daß man verpflichtet ist, für *suppléments* bar zu bezahlen«, sagte 'Abdelqadir rasch. »Es gehört sich, nach solchen *suppléments* sofort zu uns zu kommen und zu bezahlen.«

»Aber ich habe keine *suppléments* gehabt! Was soll dieses Gerede von Extras?«

»Sidi Buschaib ist ein Extra. Und außerdem . . .«

»Das ist doch Unsinn! Extras sind Dinge wie – wie Pfefferminztee! Oder *petit déjeuner* am Morgen oder –«

»Extras sind alles, was extra kommt, Monsieur.« Ich war äußerst verdutzt, aber ich beherrschte mich und ließ mich wieder auf meinem Stuhl nieder. »Fahr fort«, sagte ich geduldig.

*»Eh bien,* Monsieur, mein Freund Mulai Ibrahim

möchte dich daran erinnern, daß du die Zuschläge dafür nicht bezahlt hast.«

»Ich bezahle die Zuschläge sehr wohl – jedenfalls *werde* ich sie bezahlen, sobald du die Rechnung fertigmachst. Und zwar die *vollen,* offiziellen Zuschläge, wohlgemerkt. Es steht alles auf dem Zettel hinter der Tür.«

Si 'Abdelqadir holte tief Luft. »Der Zuschlag für Besuche auf dem Zimmer beträgt bei den kleinen Zimmern fünfundsiebzig Francs für eine halbe Stunde, und bei diesem wunderschönen, großen Zimmer hundert Francs für eine halbe Stunde.«

Ich blickte zu Mulai Ibrahim hin, der in einen arabischen Wortschwall ausbrach, welcher viel zu schnell war, als daß ich ihm folgen konnte. Deshalb mußte ich mich wieder Si 'Abdelqadir zuwenden, und dieser begann zu übersetzen: »Monsieur Mohamed, der *gardien*, der immer in der Eingangshalle unten sitzt und niemals weggeht, so daß er stets Bescheid weiß und die Wahrheit spricht, hat das *calcul* gemacht. Trotzdem möchte Mulai Ibrahim aus seiner tiefen Zuneigung zu dir einen Sonderrabatt gewähren – aber nur, weil *du* es bist, Monsieur. Du brauchst nur sechshundert Francs für die Besuche dieses Herrn Buschaib bezahlen. Al-Meknasi ist in diesem *calcul* selbstverständlich nicht enthalten.«

Ich wußte nicht recht, was ich sagen sollte, also sagte ich: »Aber *beide* Herren sind meine Arabischlehrer.«

». . . Und nun versucht auch noch der *simsar* Idris, die Treppe hinaufzukommen! In diesem wunderschönen Zimmer ist alles erlaubt, vorausgesetzt, du bezahlst die korrekten Zuschläge und die Tür ist verschlossen und die anderen Gäste werden nicht gestört.«

Das war zuviel. Ich stand auf und trat auf das Bett zu.

»Was!« schrie ich außer mir. »Du wagst es, mir diesen Unsinn aufzutischen!«

'Abdelqadir, der vor der Drohung leicht zurückgeschreckt war, bekam plötzlich wieder Oberwasser. »Unsinn? Monsieur, beherrsche dich!« Er war aufrichtig schockiert. Er richtete sich steif auf und sagte: »Monsieur! Das steht im *Code Napoléon*.«

Ich wußte nicht mehr, ob ich wütend sein oder lachen sollte. Tatsächlich tat ich keins von beiden. Ich setzte mich einfach wieder, hörte nur mit halbem Ohr Mulai Ibrahims Stimme, die die arabische Begleitmusik zu meiner Niederlage leierte. 'Abdelqadir nickte dazu und begann dann zu übersetzen:

»Mulai Ibrahim bedauert zutiefst, aber er kann dich nicht in diesem wunderschönen Zimmer wohnen lassen, wenn die Zuschläge nicht bezahlt werden. Du siehst sicher ein, daß wir es jede Nacht fünfmal an andere vermieten könnten, und oft auch zwei-, dreimal am Tag, und das für jeweils zwanzig *reáls* – oder noch *mehr*! Nur aus Liebe zu dem Cousin in Tanger und zu dir, der du sein Freund bist, läßt er dich für lächerliche einunddreißig *reáls* pro Tag hier wohnen.« Er rechnete in Francs um. »Für lächerliche hundertfünfundfünfzig Francs pro Tag.« Von Mulai Ibrahim angestupst, stand er auf, ergriff meine Hand und drückte sie flehend. »Bitte das *calcul* vorzunehmen und festzustellen, wieviel Verlust deswegen jeden Tag entsteht.«

Von Mulai Ibrahims Standpunkt betrachtet, bestand kein Zweifel, daß das *calcul* korrekt war, wenn man seiner Argumentation folgte. Vielleicht war meinem Blick mein Verständnis dafür anzusehen. Jedenfalls kam Si 'Abdelqadir nun wieder auf die detaillierte Anwendung der Bestimmungen zurück.

»Monsieur Mohamed hat das *calcul* der *suppléments* vorgenommen. Er hat eine Dogma-Armbanduhr und begeht keine Irrtümer. Aber Mulai Ibrahim besteht darauf, dir diesen Rabatt zu gewähren. Du mußt nur sechshundert Francs bezahlen.«

*»Pfff...!«* sagte Mulai Ibrahim. »Sechshundert. *Kif walu*. Wie nichts!«

»Ich ziehe lieber aus«, sagte ich.

»Wie du wünschst.«

»Ich ziehe morgen aus.«

*»Wakhkha«*, sagte Mulai Ibrahim. »Aber du kommst doch jeden Tag zu uns zum Pfefferminzteetrinken, *yak*? Du mußt es versprechen, *Inscha'Allah*.«

»Ich verspreche es«, versicherte ich ihm. »*Inscha'Allah*.«

Es gibt keinen Grund, wütend zu sein, wenn ich es mir recht überlege. Es bedeutet lediglich, daß ich eher ausziehe, als ich erwartet hatte. Und abgesehen von allem anderen gefällt mir der Gedanke nicht, daß Mohamed, der *gardien*, mit einer Stoppuhr herumsitzt.

# *Darb asch-Schams (1)*

Darb asch-Schams, *nimero* 4. Der Schritt ist getan worden, weil schnellstens ein Schritt getan werden mußte, und nun bin ich also hier. Es ist nicht so gelaufen, wie ich es ursprünglich beabsichtigt hatte, denn dazu war keine Zeit. Außerdem hat das Haus kein Wasser, dafür aber Elektrizität, wie sich herausstellt. Ich hole das Wasser jeden Morgen in zwei Eimern und sehe zu, daß diese Menge für vierundzwanzig Stunden reicht. Ich müßte einen Kinderreifen oder irgendein Holzgestell haben, damit mir die Eimer nicht die Hose naß machen. Das ist derzeit ein ziemliches Problem, zumal es geregnet hat. Das sollte es um diese Jahreszeit eigentlich nicht, aber es hat, und unsere Straße, meine neue Straße, ist ein Meer von Schlamm. Die Straße ist natürlich nichts weiter als gute, von Generationen von Füßen festgetrampelte Marrakescher Erde, aber an den äußersten Rändern wölbt sich die Decke nach oben und stößt an die Laden- und Häuserfronten. Diese gekrümmten Kanten sind die einzigen Stellen, auf denen man trockenen Fußes gehen kann, bis die Sonne wieder herauskommt und den Schlamm trocknet, aber sie sind zu schmal, als daß ich mit einem gefüllten Eimer zu beiden Seiten darauf gehen könnte.

Darb asch-Schams – die Gasse der Sonne – ist keine sehr elegante Adresse, obwohl einer der Nachbarn angeblich eine Verwandte hat, die einmal Günstling bei Hofe war. Es gibt keine Kanalisation und keine Wasserleitungen. Die öffentliche Wasserstelle liegt in einer Hauptstraße, die in der Nähe der Stadtmauer rechtwinklig zu unserer Gasse verläuft. Die Pumpe ist im allgemeinen von Nachbarfrauen, zumeist Berberinnen, Ehefrauen und Töchtern, umlagert. Es ist ein rein moslemisches Viertel, in dem arme Leute wohnen. Wie ich sehe, gibt es jedoch ein, zwei vornehme Häuser, die aus dem eleganteren Viertel nebenan in unseres hineinragen.

Die Frauen an der Wasserstelle necken mich gutmütig. Ob ich nicht verheiratet bin. Warum ich mir dann keine *fiancée* suche. Die könnte sich dann um mich kümmern. Wer sich eigentlich um mich kümmert, wer kocht. Ob ich das Wasser wirklich selbst holen muß. Warum ich mir nicht jeden Tag vom Wasserträger mit dem Esel einen Schlauchvoll bringen lasse. Sie tun das nicht, erklären sie, weil der Wasserträger zehn Francs pro Ladung berechnet und sie selbst kräftige Arme haben. Sieh sie dir an! Sie streifen die Ärmel zurück, um sie mir zu zeigen. Ich habe beschlossen, ihrem Rat zu folgen, und den Wasserträger sogar gebeten, bei mir vorbeizukommen. Aber entweder hat er es vergessen, oder er hat nicht zu kommen geruht, oder er ist gekommen, als ich nicht da war. Ich habe seine Erklärung nicht recht verstanden.

Es ist gutes Wasser, was aus diesem städtischen Brunnen kommt, und trinkbar. Es zu holen, dauert etwa fünfzehn Minuten, wenn man den effektiven Rückweg und die Wartezeit an der Pumpe mitberücksichtigt und noch etwas für den langatmigen Austausch von Grüßen zugibt, wenn man unterwegs Nachbarn trifft. Da ich neu und der einzige Europäer in dieser Gegend bin, interessiert sich jeder für mich. Ich habe sehr viele Nachbarn, die alle Zeit haben und von denen viele noch nicht wissen, wer ich bin und warum ich mich in ihrer Straße eingemietet habe. Sie mögen nicht alle gleichzeitig direkt fragen, und so dauert es seine Zeit.

Ich war leicht entsetzt, als ich das Haus zum erstenmal sah. Idris, der *simsar*, der es nach Möglichkeit allen recht machen will, hat es nicht sehr genau beschrieben. Unter den besonderen Umständen habe ich es riskiert, es zu nehmen, ohne es mir vorher anzusehen. Aber jetzt, wo ich darin wohne, gefällt es mir sehr. Ich spüre allmählich, daß ich Anteil an der Stadt nehme. Meine Haustür gefällt mir. Der Schlüssel dazu ist übrigens riesig – viel zu groß, um in meine Tasche zu passen, und schon das hat leichtes Befremden hervorgerufen. Wie es scheint, gibt das Herumtragen eines Schlüssels in der Hand – und das muß ich, denn wo kann ich ihn hinstekken? – zu verstehen, daß ich nach jemandem suche, den ich nach Hause in mein Bett mitnehmen kann. ›Ich habe ein Zimmer, und das ist der Schlüssel dazu‹, tut man damit kund. Das habe ich von jemandem namens 'Aischa erfahren, über die ich noch eine ganze Menge zu erzählen haben werde.

Ich habe noch keinen Hausrat, außer einer Matratze mit Bettzeug, zwei Eimern und ausreichend Küchensachen, um mir mein Essen zu kochen. Ein Koffer muß mir als Nachttisch dienen. Ich habe ein Zimmer mit gewelltem *dès*-Boden, weiß verputzten Wänden und weiß verputzter Decke und einem Fenster, das nach vorn auf die Gasse hinausgeht. *Dès* ist übrigens eine Art alabasterähnliche Oberfläche, die aus Ätzkalk und noch irgend etwas hergestellt und steinhart gestampft wird. Sie hat eine wunderbar cremige Patina, und wenn sie Risse bekommt (was sie in der Regel ziemlich bald tut), wird sie geädert, als wäre sie aus echtem Alabaster oder Marmor. Vor meinem Zimmer gibt es einen sehr kleinen, zum Himmel hin offenen Treppenabsatz, und der dient als Küche, denn er ist über der Stelle für das Kohlebecken mit einer Gipshaube versehen. Die Gipshaube hält den Regen vom Topf fern und zieht außerdem Rauch und Kochgerüche durch einen Schornstein himmelwärts. Eine Treppe führt zur Eingangshalle hinunter, und unter der Treppe befindet sich ein Klosett von sehr rudimentärer Beschaffenheit. Es ist nicht mehr als ein kleines Loch im Boden mit einem in Fußform gehauenen Backstein zu beiden Seiten. Ich bin schon ziemlich daran gewöhnt. Tatsächlich muß ich mich rückwärts hineinbegeben, mit eingezogenem Kopf, um nicht von unten an die Treppe zu stoßen. Unter meinem Zimmer ist ein winziger Laden, der einem Kohlenhändler gehört. Ziemlich praktisch, finde ich.

Das Wohnen in diesem Haus ist ganz ähnlich wie Camping, aber erheblich angenehmer, weil es (außer in der Küche) warm und trocken ist und es keine Ameisen gibt. Mäuse gibt es seit meiner Attacke auf sie in den letzten Nächten auch nicht mehr. Außerdem habe ich ihre Löcher verstopft.

Es ist zwar ein armes Viertel, aber es riecht überhaupt nicht; und wenn es riecht, dann riecht es ziemlich genau wie ich, so daß es mir nicht auffällt, wie wenn alle Knoblauch essen und es keinen stört. Das einzige wirklich ernste Problem, das aufgetaucht ist, besteht darin, wie ich meine Schreibmaschine benutzen soll. Mit einem dicken Kissen im Rücken auf meiner Matratze zurückgelehnt, bringe ich es fertig, von Hand zu schreiben. Aber das Tippen ist nach wie vor schwierig. Ich habe versucht, den Koffer als Schreibmaschinentisch zu benutzen, aber das löst nicht das damit verbundene

Problem, wo ich mit meinen Beinen hin soll. Zu beiden Seiten der Maschine ausgestreckt, protestieren sie und tun weh. Ein richtiger Stuhl nebst Tisch kommen in einem so niedrigen Raum praktisch nicht in Betracht. Die Dimensionen des Zimmers sind natürlich darauf ausgelegt, daß man auf dem Boden wohnt und von einem Tisch ißt, der etwa Schemelhöhe hat (wieder der Koffer): außerdem sind die Böden in dieser Stadt selten so eben, daß ein vierbeiniger Tisch sicher darauf steht. Bestimmt sind maurische Tische deshalb so häufig dreibeinig. Drei Beine finden ihr Gleichgewicht von allein, vier nicht, und Papierkeile schaffen bestenfalls unzulänglich Abhilfe.

Von diesen kleinen Ungelegenheiten abgesehen bin ich sehr zufrieden und werde kochen lernen.

Obwohl ich nicht mehr im Hotel bin, komme ich immer noch jeden Morgen auf ein Weilchen in das Café de France. Jetzt habe ich auf meinem Weg über die Dschama al-Fna die Sonne in den Augen. Ich erreiche sie über eine Nebengasse, es handelt sich also nicht um den herkömmlichen Zugang mit dem öffentlichen Park, dem Postamt (wo Mulai Ibrahim angeblich fotografiert worden ist) und der *Banque d'Etat du Maroc.* Ich komme dabei an den Handkarren vorbei, deren Stellplatz sich später am Tag in einen Markt für gebrauchte Kleidungsstücke verwandeln wird. Aber wenn ich morgens hier vorbeischlendere, hocken die Handkarrenbesitzer noch zwischen den Deichseln ihrer *charettes* und trinken Tee, denn sie sind noch nicht lange wach. Manche schlafen noch, zusammengerollt auf der Ladefläche ihrer *charette.* Um sie herum drängen sich ziemlich viele Menschen, die aber nicht auf Käufe aus sind.

Sie warten darauf, daß sie in dem öffentlichen Waschhaus dahinter an die Reihe kommen, natürlich nur für die gewöhnliche Morgenwäsche, nicht für das *hammam*. Es sind offensichtlich Leute ohne festes Zuhause in der Stadt: Ankömmlinge aus dem *bilad* – das ist das Wort für Land –, die in *funduqs* und billigen Absteigen unterkommen, wo die Waschgelegenheiten unzureichend sind. Später wird sich eine andere Sorte Menschen hier einfinden, geschart um Männer, die sich ihren Lebensunterhalt mit einer Variante des Dreikartentricks verdienen.

Hinter den Handkarrenbesitzern und den Waschhäusern erstreckt sich die Dschama al-Fna. Es ist ihr ruhigster Moment des ganzen Tages. Zu dieser Stunde sind die einzigen Attraktionen in der Regel Schlangenbeschwörer (die für ihre Darbietung Sonne brauchen), ein, zwei Geschichtenerzähler und Sänger im ägyptischen Stil.

Als ich die Dschama al-Fna überquerte, wurde ich von dem Schlangenbeschwörer gegrüßt, dessen Nummer ich mir so oft angesehen habe. Seine Helfer waren damit beschäftigt, ihre Tamtams vorzubereiten, indem sie sie über einer Handvoll brennenden Strohs hin- und herbewegten, um die Trommelfelle zu spannen. In ein paar Minuten, wenn sie soweit waren, würden sie einen Kreis von Zuschauern anzulocken beginnen. Wahrscheinlich würden sie sich den Moment aussuchen, wo der etwa zehn Meter entfernte, von einer Menge umringte Geschichtenerzähler seine Erzählung bei einer inneren Klimax unterbrechen würde, um den Beutel herumgehen zu lassen. Im allgemeinen ist der Beutel sein Tamtam. Das wäre für den Schlangenbeschwörer der geeignete Moment, um anzufangen, denn natürlich wissen alle, wie die Geschichte ausgeht, und wären reif für eine Ablenkung, zumal ihnen der Sammelbeutel einerlei ist. Die Schlangen des Schlangenbeschwörers befanden sich im Moment noch in ihrer Kiste, unter einem Deckel mit der Aufschrift MAHMOUD – CHARMEUR DE SERPENTS und einem fröhlichen Totenkopf mit gekreuzten Knochen. Mahmoud lächelte zu mir auf und hielt mir ein Blatt Papier hin.

»Bist du Engländer? Lies mir diesen englischen Brief vor.«

In Marrakesch kennt jeder jeden. Zumindest kennt jeder jeden, der hier lebt – die Touristen, die herkommen, um die Stadt zu besichtigen und von ihren Freuden zu kosten, zählen nicht, außer insoweit, als man ihnen Francs abknöpfen kann. Der Schlangenbeschwörer kannte mich somit als Neuankömmling auf die vage Art, wie ich ihn kannte. Ich nahm sein Blatt Papier. Es war ein von irgendwann letzten Winter datierter Brief des Bertram Mills' Circus, London, in dem es hieß, daß im Programm der kommenden Saison keine Stellen für Zirkusartisten mehr frei seien.

»Ich war in London«, sagte Mahmoud und behielt mich dabei im Auge. Er sprach den Namen der Stadt mit sehr runden Os aus und betonte die Endsilbe: Londón. »*Und* Manches*té*r, und Dub*lî*n. Wohnst du dort?«

Ich sagte ja. Das stimmte natürlich nicht, aber was ist schon die Wahrheit? Für Mahmoud war es wichtig, daß ich in diesen Städten wohnte, damit er dafür, daß er selbst dort gewesen war, meine Sympathie gewinnen konnte. Es war eine Art Band zwischen uns. Solche Bande sollte man nicht zerreißen, und die Mauren verstehen das vollkommen. Ich sagte ihm dann in meinem stockendem Arabisch, was in dem Brief stand, und er meinte: »Ich weiß.«

»Es ist der größte von allen Zirkussen in England«, fügte ich hinzu. Und er sagte, er wisse auch das. Ich glaube, es kam ihm keineswegs widersinnig vor, daß er heute vor einem Publikum spielte, das bis Sonnenuntergang kaum dreihundert Francs würde zusammenkratzen können – es sei denn, es kamen Amerikaner in die Stadt –, und morgen ... nun ja, Bertram Mills oder Hagenbeck oder der Cirque d'Hiver; und am Tag danach? Wer weiß? *Allah ya'rif.* Gott der Herr wußte es und würde es fügen.

Und so wurde ich aufgefordert, Bertram Mills einen Antwortbrief des Sinnes zu schreiben, daß Mahmoud, Sohn von Hamed, *Charmeur-de-Serpents*, seine Grüße entbiete, daß es ihm durch Gottes Gnade wohl ergehe und er bereit sei, in ihrem Programm der nächsten Saison aufzutreten; daß er, wie allgemein bekannt, der glänzendste *charmeur-de-serpents* sei und Friede und Gesundheit mit dem Zirkus sein möchten. Unterdessen hatte Mahmoud seinen Turban und seine *dschallaba* abgelegt und bereitete sich auf seinen Auftritt vor. Er hat sehr viel Haar, das er löst und sich über die Schultern fallen läßt. Bei seinem Auftritt trägt er schlicht ein weißes, nachthemdähnliches Gewand aus Baumwolle. Die Tamtams waren mittlerweile scharf gestimmt, und sie waren bereit zu beginnen. Ich sagte ihm, ich würde einen entsprechenden Brief tippen, und er sagte ›danke‹, und er würde ihn unterschreiben, wenn er fertig sei. »Kleb du die Marken auf«, sagte er, »denn damit kenne ich mich nicht aus.«

Er hatte die ganze Zeit den Geschichtenerzähler im

Auge behalten und gab seinen Helfern plötzlich das Zeichen, mit dem Trommeln anzufangen. Ich ließ ihn allein und ging hinüber ins Café de France.

Von der Straße her machte jemand ›*ssss . . . ssss*‹, und ich blickte von meinem Gekritzel auf. Ich hatte keinen Grund zu der Annahme, daß das Signal mir galt, aber es war ein so dringlicher, unignorierbarer Laut, daß ich automatisch aufgeblickt hatte. Alle anderen im Café suchten ebenfalls nach dem Ursprung des Lautes. Der Ursprung war Mulai 'Abdullah: er ist mein Hauswirt in Darb asch-Schams Nr. 4 und ein ziemlich netter kleiner Kerl, soweit ich das nach einer einzigen Begegnung beurteilen kann. Ich winkte ihm zu, und er kam zu meinem Tisch herüber und setzte sich zu mir, ganz Lächeln und gute Laune. Ich glaube nicht, daß er etwas Bestimmtes wollte.

»*La bas?*« erkundigte er sich bei mir – »Kein Leids?« –, und ich antwortete, wie es sich gehörte. Als wir den Austausch von Begrüßungsformeln komplett hinter uns gebracht hatten, schlug ich vor, ihm einen Kaffee zu bestellen, und er sagte ›nein‹, er sei bloß vorbeigekommen und habe mich gesehen, und dann fing er aufs neue mit Erkundigungen nach meiner Gesundheit an, auf die ich erneut so gut es ging antwortete. Dann verabschiedete er sich mit einem Händedruck und einer höflichen Verbeugung von mir.

»*Ti connais* Mulai 'Abdullah?« Der *garçon* stand neben mir.

»*Mais oui!* Er ist mein Hauswirt.«

»Ah! Du hast ein *bireau* gemietet?«

»*Bureau?*«

»Ja. *Bireau*. Hast du eins gemietet?«

Ich konnte nicht ganz folgen. Wir sprachen französisch, und ich verstand vollkommen, was er sagte, nicht aber, was er meinte.

»Wo du schreibst«, erklärte er.

»Aber ich schreibe hier. Du siehst mich doch jeden Tag schreiben.«

»*Oui, mais* ... Wenn Leute wollen, daß du etwas für sie schreibst, mußt du ein *bireau* haben, wo sie hinkommen und du für sie schreibst. Niemand kommt hierher und läßt sich etwas von dir schreiben. Ich habe gedacht, Mulai 'Abdullah wäre wegen eines Briefes gekommen. Ich habe mir gesagt: ›*Al hamdu lillah!*‹ Allmählich hat er Erfolg!«

»Aber ich habe es dir doch neulich gesagt! Ich schreibe ein Buch. Glaubst du mir nicht?«

»Ein Buch ...?« Er sah mich ernst an und wiegte den Kopf.

»Ja. Ein Buch. Einen *roman*. Das ist ein Buch ... über ...« Ich wußte nicht, wie ich erklären sollte, was ein Roman ist. »Das ist wie mit den Geschichten, die auf der Dschama al-Fna erzählt werden, aber nicht ganz so. Mein Buch handelt von Dingen, die aus meinem Kopf kommen, nicht von Dingen, die mein Vater mir erzählt hat. Ich *erfinde* meine Geschichte.«

»Ah ...« sagte er. *»Je comprends«*, und er blickte mit traurigem Kopfschütteln über meine Schulter auf mein Notizbuch. »Ich kann das nicht lesen ... Erzählst du mir die Geschichte bitte?«

Ich sagte: »Eigentlich ist es eine sehr alberne Geschichte. Reden wir nicht mehr davon.« Ich klappte das Notizbuch zu.

»Lang und albern«, sagte er. »Gibst du mir bitte eine Zigarette?«

Ich gab ihm eine. Er lächelte und begab sich zu einem anderen Tisch.

Das Gespräch mit dem *garçon-de-café* liegt zwei Tage zurück, aber seither gewinne ich den Eindruck, daß Mulai 'Abdullahs öffentliche Freundschaftsbezeigung und die mittlerweile bekannte Tatsache, daß ich ein kleines Haus von ihm gemietet habe, das Eis gebrochen haben und daß die ›Stammgäste‹ auftauen. Sie können mich vielleicht noch nicht ganz unterbringen, aber meine Beziehung zu dem Mulai – der aufgrund seiner Abkunft vom Propheten Mohammed als hochstehende Persönlichkeit gilt – hilft enorm. Ich habe schon Anzeichen für eine Veränderung bemerkt. Vor dem Mittagessen beispielsweise hat sich einer der alten Stammgäste zwischen den Tischen zu mir durchgeschlängelt und sich neben mich gesetzt. Er streckte die Hand aus. Ich ergriff sie und sah ihn fragend an. Er benahm sich genauso, als würden wir uns schon seit Jahren kennen.

»Schreib bitte...« sagte er auf arabisch, zog ein Scheckheft aus der Tasche und legte es auf den Tisch. Ich war leicht überrascht, füllte aber nach seinem Diktat ein Scheckformular aus. Es belief sich auf eine weit höhere Summe, als man nach dem Äußeren des alten Mannes erwartet hätte. Er sah zu, wie ich das alles schrieb, grabschte dann Scheckformular und Füller und unterzeichnete in sehr wackliger arabischer Schrift. Mit glücklichem Lächeln, aber bloß angedeutetem Dank stand er auf und ging zurück zu seinen Freunden. Ich sah, wie er ihnen seinen Scheck zeigte. Als er gegangen war, beugte sich ein nebenan sitzender Mann in Drillichhosen vor und sagte auf französisch: »Dieser Mann ist sehr, sehr angesehen. Kennen Sie ihn? Das ist...«

Und er sagte einen Namen, der mir weder etwas sagte, noch jetzt einfällt.

Kann es sein, daß ich angekommen bin?

Zu meinen Nachbarn im *darb* gehört eine Berberin mittleren Alters, die mir erzählt hat, sie sei einmal Hausangestellte eines französischen Junggesellen gewesen. Das erklärt, warum sie so bemerkenswert flüssig Französisch spricht. Sie ist unter dem Namen 'Aischa bekannt, obwohl sie sagt, das sei nicht ihr richtiger Name, und sie ist diejenige, die mich über die Bedeutung eines am Finger baumelnden großen Schlüssels aufgeklärt hat. Sie ist oft an ihrer Tür – direkt gegenüber von meiner – und im *quartier* sehr beliebt. Sie ist mir als Neuankömmling behilflich gewesen, indem sie mir sagte, wo ich dies und das kaufen könne und was ich dafür bezahlen müsse, und indem sie mir ihre Unterstützung anbot, falls ich in Schwierigkeiten gerate oder sie brauche. Sie hat mich außerdem sehr nachdrücklich vor dem Kohlenhändler gewarnt, dessen Laden sich unter meinem Zimmer befindet. »Falsche Gewichte«, sagt sie dunkel. Aber es ist bereits klar, daß sie in dieser Sache fragwürdige Motive hat. Sie möchte, daß ich bei einem anderen Kohlenhändler kaufe, der seinen Laden am Ende des *darb* hat. Ich habe es ihr versprochen, aber ich glaube nicht, daß ich es tun werde, denn 'Abdeslem (so heißt der Kohlenhändler mit Vornamen) kommt mir vollkommen ehrlich vor und hat 'Aischas eigentliche Absicht erklären können. Das hat er in einer Mischung aus Arabisch und Französisch getan, wobei das Arabisch eigenartigerweise verständlicher war als das Französisch. Er hat mir außerdem sehr viel über 'Aischa selbst erzählt.

Laut 'Abdeslem trat 'Aischa nach ihrer Zeit bei dem französischen Junggesellen wieder in ein Bordell ein, aus dem sie sich später zurückzog. Sie hatte sich etwas auf die Seite gelegt und kann jetzt zufrieden und allein leben und sich ihre Partner aussuchen, anstatt nehmen zu müssen, was kommt. Sie hat der Welt zwei, möglicherweise auch drei Kinder geschenkt, wenngleich es bei dem dritten Zweifel gibt. Von den zwei bekannten Kindern ist eins ein Junge und das andere ein Mädchen. Beide sind mittlerweile alt genug, um auf eigenen Beinen zu stehen. Der Junge ist angeblich hübsch, das Mädchen aber nicht, und obwohl 'Aischas Einfluß ihr eine Stellung in ihrem alten ›Haus‹ im *quartier réservé* verschafft hat, läßt man sie dort, so wird behauptet, nur die Böden schrubben. Wie dem auch sei, ihre Kinder besuchen sie jedenfalls von Zeit zu Zeit mit kleinen Geschenken in Form von Nahrungsmitteln oder Geld. Selbst jetzt noch, da 'Aischa ihr Berufsleben hinter sich hat, trägt sie dazu bei, dem Leben in unserem *darb* eine von reifer Fraulichkeit bestimmte Wärme zu verleihen. Natürlich gibt es noch massenhaft andere Frauen, aber das scheinen alles anderer Leute Ehefrauen und heiratsfähige Töchter usw. zu sein, und sie hasten mit über die Gesichter gezogenen *haiks* vorbei, so daß sie nicht viel mehr als eine unansehnliche Erinnerung daran darstellen, daß sie existieren, ohne freilich zugänglich zu sein.

'Aischa belästigt niemanden: sie bezahlt – und bekommt – die marktüblichen Preise, wie 'Abdeslem zugibt, und es scheint, daß sie starke Gefühle für diesen gutaussehenden jungen Mann entwickelt hat. Er sieht nach den hier gültigen Maßstäben tatsächlich recht gut aus: stämmig und verwegen, mit einem leicht negroiden Gesicht, das allerdings die Farbe von Sackleinen hat. Er hat große Zähne, zwei davon golden, der Rest strahlend weiß, und ein sehr freundliches Lächeln, bei dem er sie alle entblößt. 'Aischa war wahrscheinlich selbst einmal sehr hübsch: sie hat ein rundes Gesicht und glänzende Augen, zwischen denen ein Zeichen eintätowiert ist. Sie hat außerdem eine Tätowierung, die von der Mitte ihrer Unterlippe über ihr Kinn verläuft. Sie scheint nach wie vor eine sehr gute Figur zu haben, aber ihr Charme liegt in der erstaunlichen Lebhaftigkeit ihres Ausdrucks.

'Abdeslem hat nichts gegen 'Aischas Gefühle für ihn – im Gegenteil, zunächst war das sehr praktisch, da sie direkt gegenüber wohnt. Er hatte auch nichts gegen Aphrodisiaka, wenngleich er heftig bestreitet, daß sie jemals nötig waren. Wogegen er allerdings etwas hat, ist die Tatsache, daß sie ihre Taktik änderte, sobald sie erfuhr, daß er seine Gunst auch anderswo gewährte. Sie begann, ihm Zaubertränke zu verabreichen, die den gegenteiligen Effekt hatten. Er hat aufgehört, bei ihr zu essen, aber die Wirkung ihrer Tränke hält an, wie er zugibt. Er ist zu Recht verärgert und hat mich in der Sache zu Stillschweigen verpflichtet. Er sitzt vor seiner Tür und bläst Trübsal, und es muß sehr demütigend für ihn sein, 'Aischa vor ihrer Tür sitzen und sich vor Lachen biegen zu sehen.

»Muß das ewig so weitergehen?« ruft er pathetisch. »Muß ich meinen schönen kleinen Laden verkaufen und fortgehen?«

Ich habe ihm geraten, zu 'Aischa zurückzukehren, und zum Trost hinzugefügt, daß sie seiner irgendwann überdrüssig werden und den Zauber mittlerweile aufgehoben haben wird. Aber mein wohlmeinender Rat hat ihn zutiefst verletzt. Die Vorstellung, jemand könnte seiner überdrüssig werden, kränkt seine *amour-propre*. Außerdem wurde 'Aischa kürzlich dabei beobachtet, wie sie dem Ofenmann Liebestränke verabreichte – jeder kennt die kleinen, rötlichen Fladen, die sie bäckt. Der Ofenmann hat ein neues Hemd. 'Abdeslem hat schon sehr lange kein neues Hemd mehr bekommen. Der Mann im Fahrradladen hat mir das gestern erzählt, als er meine Reifen aufpumpte. »Ich hätte auch nichts gegen ein neues Hemd«, sagte er.

Vielleicht wäre es besser, wenn ich mit 'Aischa redete. Aufgrund ihres freundschaftlichen Verhältnisses zu dem französischen Junggesellen fühlt sie sich mit allen Europäern verbunden und hört deshalb möglicherweise auf mich. Ich werde ihr sagen, daß sie 'Abdeslem das Herz bricht: oder jedenfalls, daß sie weiter als nötig gegangen ist, um ihm eine Lehre zu erteilen.

Ich habe mir angewöhnt, Maurice D---- abends ziemlich regelmäßig zu den Auktionen zu begleiten. Das füllt die halbe Stunde, ehe ich Lust auf einen Aperitif habe, sehr angenehm aus, und ich finde, er ist interessant, intelligent und vor allem ein Mensch, mit dem ich zusammenkommen und von dem ich mich trennen kann, ohne erklären zu müssen, wo ich gewesen bin und warum ich plötzlich woanders hingehe.

Maurice D---- wollte eine *opaline* in Form eines Rosenwasser-Zerstäubers kaufen. Mademoiselle de V. war wieder auf dem Markt und wendete noch immer den Leuchter hin und her, als hätte sie sich seit dem Tag, an dem sie uns von der gelähmten Henne erzählte, nicht vom Fleck gerührt. Nun sagte sie uns, sie würde den Leuchter wohl doch nicht kaufen, obgleich ihre Finger ihn weiterhin liebkosten.

»Legt sie noch?« fragte ich sie.

»*La pauvre poule paralytique? Mais oui, toujours.* Aber ich glaube nicht, daß sie je wieder Kleine ausbrüten wird.«

Ich fragte, warum.

»Der *coq* macht sich nichts mehr aus ihr. Weil sie leidend ist. Ist *le destin* nicht grausam?« fragte Mademoiselle de V.

Es scheint, daß *le destin* noch grausamer gewesen ist, als Mademoiselle de V. angenommen hatte. Der unglückliche Vogel, der übrigens das Geschenk einer Berberfrau gewesen war, deren Tochter Mademoiselle de V. während einer schweren Krankheit gepflegt hatte, war bis vor kurzem das einzige Huhn im Auslauf. Es war dem jungen Hahn rasse-, umstände- und gefühlshalber verbunden. Doch inzwischen besitzt Mademoiselle de V. außerdem noch eine Truthenne und eine *bressane* von guter Zucht, die angefangen hat zu legen. Mademoiselle de V. ist hingerissen von den Neuzugängen, die sie in aristokratischer Abgeschiedenheit am anderen Ende ihres Gartens hinter einem Steinhaufen untergebracht hat. Sie redet, als ob ich nicht nur jeden Zentimeter ihres Gartens – den sie den *›riad‹* nennt – kennen und sofort begreifen würde, sondern auch über den kleinen Holzpavillon Bescheid wüßte, wo, von ihren gesunden Artgenossen abgesondert, die *poule paralytique* lebt. Maurice D–––– wußte das alles natürlich, da er ein alter Freund des Hauses ist, und hat es mir erzählt. Mademoiselle de V. sagte dann zu uns – und hierin liegt die äußerste Grausamkeit des *destin* –, daß der *coq* eine starke Zuneigung zu der *poule bressane* gefaßt habe.

»Ich finde, Ihre Geschichte enthält tragische Elemente, Mademoiselle«, sagte ich ihr.

»Meinen Sie?«

»Aber gewiß.«

'Abdeslem, der Kohlenhändler, muß mindestens zweimal, oft auch dreimal die Woche in das *hammam* gehen, weil sein *métier* ihn so schmutzig macht. Er geht normalerweise sonntags, sagt er, oft auch dienstags und immer donnerstags, um für Freitag, den moslemischen *nahar al-dschum'a*, rein zu sein. So wie ich lebe – ohne Badezimmer und ohne Möglichkeit, genügend Wasser zu erhitzen, um mich zu Hause abzuduschen, ja sogar ohne genügend Wasser, das ich zu diesem Zweck erhitzen könnte, sofern ich nicht einen zweiten Gang zur Pumpe mache –, bietet sich das *hammam* als Lösung an. Ich fragte 'Abdeslem, ob ich mitgehen könnte. Ich schlage mich mit Töpfen voller Waschwasser herum, seit ich in dieses Haus eingezogen bin.

»Ja«, sagte er. »Ich werde mit dem *mul-al-hammam* reden, dann geht das schon.«

»Vielen Dank.«

*»Walu«,* sagte er. »Das ist nichts. Heute werde ich reden, und morgen gehen wir, *Inscha'Allah.*«

Aber als wir am nächsten Tag in das von ihm bevorzugte *hammam* ganz in der Nähe unseres *darb* gingen, sah mich der *mul-al-hammam* ziemlich streng an und sagte, daß Christen keinen Zutritt hätten. *»Mamnu linnasara!«* sagte er. Nicht für Nazarener. 'Abdeslem hatte offensichtlich nichts unternommen, um vorher gut Wetter zu machen, und so kam es zu einem Streit. Im Prinzip konnte es 'Abdeslem völlig gleich sein, aber es ging ihm gewaltig gegen den Strich, daß sein Kandidat abgewiesen wurde, noch dazu vor den anderen, die am Eingang herumstanden. Er mußte sich wehren, um seine Ehre zu retten.

Wie bei Streitereien üblich, mischten sich alle Anwesenden ein. Manche ergriffen Partei für den *mul-al-hammam*, manche für 'Abdeslem – Unterstützer aus demselben *quartier*, vermute ich –, aber es war ein *masseur*, der schließlich zu meinen Gunsten den Ausschlag gab. Während der Auseinandersetzung war ich so klug gewesen, mir seine Dienste zu sichern und ihm ein großzügiges *pourboire* zu versprechen. Und so wurden wir eingelassen.

Das *hammam* ist alles andere als prächtig. Der Vorraum, wo die Badenden sich entkleiden und später, nach dem Bad, zum Abkühlen herumsitzen, enthält nichts als eine kaputte Bank entlang einer Wand. Darüber sind Haken für *dschallabas*, *camisas* und *sirwal*, und die Schuhe schiebt man unter seinen Platz, damit sie nicht im Weg sind. Die meisten Haken waren belegt, und auf der Bank kauerten ein paar in Baumwollhandtücher gehüllte Männer und dösten. 'Abdeslem bedeutete mir, ihm in eine Ecke zu folgen. »Hast du eine Uhr? Gib sie dem Mann. Hast du sonst noch etwas Wertvolles?«

Wir zogen uns bis auf die Unterhosen aus. Sobald er fertig war, machte 'Abdeslem ein ernstes Gesicht, drückte das Kinn auf die Brust und begann seine Muskeln spielen zu lassen, um für den Fall, daß jemand zusah, zu demonstrieren, wie stark er war. Dann ging er durch den Raum zu einem Stapel Holzeimer. Ich folgte ihm in Unterhosen. »Nimm dir zwei, und vergiß deine Seife nicht«, sagte er. Er nahm sich zwei Eimer. Wir stießen eine schwere Holztür auf und gingen hindurch. Ein Flaschenzugmechanismus mit Gegengewicht zog die Tür knarrend hinter uns zu.

Im Halbdunkel konnte ich zunächst nichts sehen, aber der Raum war von Geräuschen erfüllt, die von den Wänden widerhallten und hin- und hergeworfen wurden. Männer riefen einander etwas zu. Ich konnte laufendes Wasser, das Klappern von Eimern, ein seltsam klatschendes Geräusch hören. Allmählich gewöhnten sich meine Augen an die Dunkelheit, und ich konnte eine niedrige, gewölbte Decke ausmachen. Das vorhandene Licht drang durch eine Scharte herein, als waagrechter, halb durchsichtiger Schleier, unter dem im Dämmer nackt und entspannt Männer lagen. Schon hatte ich 'Abdeslem aus den Augen verloren, aber er erschien gleich darauf wieder, seine beiden mit Wasser gefüllten Eimer in den Händen.

»Füll deine Eimer«, sagte er.

»Wo? Ach so, da drüben . . . jetzt sehe ich's.«

Von einem Akolven am anderen Ende des Raums stieg Dampf auf, und als ich näher kam, sah ich, daß dort zwei steinerne Wasserbecken waren. Ein Mann war schon da und prüfte das Wasser, das er entnommen hatte. Es war offenbar zu heiß, deshalb tauchte er einen zweiten Eimer in das Becken mit kaltem Wasser und goß etwas dazu. Er hatte die Unterhosen abgelegt, in denen er vermutlich das Bad betreten hatte, und als ich mich nun umblickte, erkannte ich, daß alle anderen es ebenso gemacht hatten. Ich zog meine auch aus. In Gegenwart nackter Menschen fühlt man sich angezogen unbehaglich. Dann sah der Mann wohl, wie ich unsicher neben ihm stand, nahm meine beiden Eimer und füllte sie ohne ein Wort – einen mit heißem, den anderen mit lauwarmem Wasser. Ich bedankte mich und ging zurück, um nach ’Abdeslem zu suchen. Aus der Dunkelheit einer Ecke kam eine körperlose Stimme: »... *dachal fis-suchun* ...« – er ist ins Heiße gegangen. Es war klar, daß ich nach wie vor viel weniger sah als andere, die schon einige Zeit im Bad waren. Weil ich zu sehen war und sie nicht, kam ich mir doppelt nackt vor. Ich hatte das Gefühl, daß meine Augen, die so unnatürlich weit geöffnet waren, um die Dunkelheit zu durchdringen, groß und verschreckt sein mußten wie die eines Plumploris im Sonnenlicht.

Ich ging auf der Suche nach einer Tür zum ›Heißen‹ an den triefenden, verfärbten Wänden entlang und stolperte über einen Mann. Er beschwerte sich nicht. Statt dessen stand er auf und führte mich zu der Tür. Ich bemerkte, daß er mit einer Hand sittsam sein Geschlecht bedeckte, wie es sich meinem Lehrer Al-Meknasi zufolge gehörte, und ich fragte mich, ob ich das auch tun sollte. Ich sah mich freilich dazu außerstande, denn beide Hände waren damit beschäftigt, Eimer zu tragen. Jedenfalls kam ich nach einigem Überlegen zu dem Schluß, daß es lächerlich ist, wenn nackte Männer voreinander so tun, als wären sie es nicht.

Im zweiten Raum war es sehr viel heißer als im ersten, außerdem war er größer, und das Beleuchtungssystem war ganz anders. Hier wurde die Decke von einem Dutzend kleiner, runder Lichtöffnungen durchbrochen, als wären Flaschenböden aus grünem Glas ins Mauerwerk eingesetzt worden und würden von oben erleuchtet. Genauso war es wohl auch. Das Licht sikkerte in milchigen Strahlen durch die Atmosphäre auf den Boden herab, hob einen Torso, ein Paar Beine, einen Rücken hervor – von der Dunkelheit zerstückelte und auf dem Stein liegengelassene Leiber. Ich sah mich nach 'Abdeslem um, ohne jedoch hoffen zu können, zwischen all den Gliedmaßen die seinen zu erkennen. Gesichter waren nicht auszumachen, lagen zurückgezogen irgendwo im Schatten.

Der Boden war mit Leibern übersät. Manche waren flach ausgestreckt, manche hockten, viele wurden massiert oder massierten die neben ihnen liegenden. Ich fühlte mich auf törichte Weise befangen. Meine Haut schien in dieser Welt von Dunkelheit und dämmrigen Leibern zu weiß und von seltsamer Leuchtkraft zu sein. Ich gehörte nicht hierher, und mein Bürge war nirgends zu sehen. Ich sehnte mich danach, ein Plätzchen zu finden, wo ich in Dunkel gehüllt sitzen konnte, aber an der Wand war alles besetzt, und so konnte ich, von oben beleuchtet, nur linkisch stehenbleiben. Dann sah ich eine Tür aufgehen, die einen flüchtigen Blick in einen weiteren Raum freigab. Ich eilte rasch darauf zu, ehe sie sich wieder schließen konnte.

In diesem Raum war es am heißesten. Meine Augen hatten sich mittlerweile mehr oder weniger an die Dunkelheit gewöhnt, und zu meiner großen Erleichterung fand ich 'Abdeslem vor, wie er mittendrin herumtänzelte. Er machte Schattenboxen. Zwei, drei Männer, die mit steif über die Knie vorgestreckten Armen an der Wand hockten, sahen ihm zu. Vielleicht dachte 'Abdeslem, sie bewunderten ihn, wie er herumtänzelte, Finten schlug, die Deckung hochnahm und seinen Gegner mit einem Hagel von Schlägen eindeckte, aber ich halte es für wahrscheinlicher, daß sie zufällig gerade die Augen aufhatten und 'Abdeslem zufällig gerade davor herumtänzelte. Er hörte auf, als er mich hereinkommen sah.

»*Fain kunt?*« wollte er wissen.

»Im anderen Raum. Ich habe auf den *masseur* gewartet«, sagte ich, denn ich wollte nicht, daß er dachte, das Alleingelassenwerden habe mir etwas ausgemacht. Außerdem stimmte es in gewissem Sinne, obwohl ich die Massage ganz vergessen hatte, ehe meine Antwort mich wieder daran erinnerte.

»Er kommt noch nicht«, sagte 'Abdeslem. »Du mußt zuerst richtig schwitzen. Setz dich und laß den Schweiß rinnen.«

Wie angenehm Hitze ist, wenn man sich ihr ergibt.

Ich saß da und schwitzte. Es strömte aus mir heraus. Schließlich kam der *masseur* und zog mich an einem Bein in die Mitte des Raums. Ein, zwei Männer an der Wand sahen zu, wie ich durch die Mangel gedreht wurde. Der *masseur* machte sich daran, jedes Gelenk meines Körpers knacken zu lassen, und ich lag entspannt da und ließ ihn. Es war sehr schmerzhaft. Dann begoß er mich mit Wasser und nahm etwas aus seinem Eimer. *»Mihakka«*, sagte er. Es war mir gleich, was es war – ich weiß nur, daß es rauh war und er mich damit abrieb. *»Schuf!«* sagte er. Ich versuchte hinzusehen: er zeigte mir die kleinen Schmutzröllchen, die sich unter der *mihakka* gelöst hatten. Ich war leicht angewidert, aber mich freute der Gedanke, daß ich sauber sein würde, wenn es vorbei war. Ich wurde erneut begossen, und ein letzter Eimer eiskaltes Wasser ließ mich brüllend hochfahren, worauf der *masseur* fröhlich lachte.

»Gib mir die Seife«, sagte 'Abdeslem.

Erschöpft lag ich bewegungslos im ersten Raum. Von Zeit zu Zeit gingen die Türen auf – zur Eingangshalle, zum heißeren Raum, und einmal öffneten sich zwei hintereinander, riesige Türen, die auf nach hinten verschwimmende Flächen von milchiger, einfarbiger Durchsichtigkeit hinausgingen.

Noch später saß ich in ein Handtuch gewickelt im Vorraum. Der *mul-al-hammam* ließ mir Pfefferminztee bringen. Ich rauchte eine Zigarette. Ich hatte das Gefühl, ich würde so leicht wie eine Seifenblase zur Decke emporschweben, wenn ich mich von der Bank abstieße. Es kostete dreißig Francs plus Tee und ein Trinkgeld für den *masseur*.

Heute morgen hat 'Aischa ihre Tochter hergeschickt, um mir etwas auszurichten. Ich nahm an, daß es sich um das Mädchen handelte, das in 'Aischas *alma mater* beschäftigt war, und als sie die Nachricht übermittelt hatte, fragte ich sie, ob sie arbeitete.

*»Iyyah«,* sagte sie nickend.

»Wo?« fragte ich beiläufig, ganz so, als sei es mir völlig gleich, obwohl es mich brennend interessierte. Sie sah zu klein aus, um schon zu arbeiten, selbst wenn man sie nicht viel mehr als die niedrigen Haushaltsarbeiten verrichten ließ.

*»Ad-dar al-marhabba«,* sagte sie. Das Haus des Willkommens. 'Abdeslem lugte aus seiner Kohlenbude und rief ihr zu: »Du bist ziemlich gewachsen, wie?«, und das Mädchen nickte ernst. »Weshalb bist du hergekommen?«

Ich war dankbar für die Frage, denn ich hatte nicht ganz mitbekommen, worum es eigentlich ging. Das Mädchen wiederholte vermutlich das, was sie mir gesagt hatte, und 'Abdeslem sah mich forschend an, als wolle er wissen, ob ich es verstanden hätte.

»'Aischa gibt heute abend eine *diyafa.* Sie bittet dich, auch zu kommen.«

Eine *diyafa* ist eine Party. »Eine richtige *diyafa*? Mit Tänzerinnen?«

»Eine richtige *diyafa.* Kommst du auch? Ich sage dem Mädchen, daß du kommst, *yak*?«

»Natürlich komme ich.«

Sobald die Kleine, die das alles verfolgte, hörte, daß ich, *Inscha'Allah*, auch käme, sagte sie leise und rasch etwas zu 'Abdeslem. 'Abdeslem nickte und wandte sich wieder an mich.

»Was bringst du mit?« fragte er.

»Ich bringe... Ja, was bringe ich eigentlich mit? Wein?«

»Nicht Wein«, sagte er in dem Tonfall von jemand, der einen anderen bei einem Fauxpas ertappt hat. »Doch nicht Wein. Bring lieber Hühner mit.« Er drehte sich zu dem Mädchen um und fragte: »Hühner?«

'Abdeslem nahm so regen Anteil an 'Aischas *diyafa*, daß ich mich fragte, ob er und die Gastgeberin sich wieder versöhnt hatten. Ich hatte nichts dieser Art gehört.

»Also hast du dich wieder mit 'Aischa versöhnt?« flüsterte ich ihm hinter vorgehaltener Hand zu. Ich habe festgestellt, daß dies die höfliche Art ist, in Gegenwart anderer, die nichts hören sollen, Vertraulichkeiten auszutauschen. 'Abdeslem nahm die Schale von seiner Kohlenpfanne, um hinter ihr hervorzuflüstern, und sagte:

»Ich komme auch, *Inscha'Allah.* Aber sag ihnen nichts davon. Ich will nicht, daß sie etwas macht – *fahimt-ni*? Verstehst du? – *quelque chose de spécial. Ti vois*?«

Ich sagte zu der Kleinen: »Vielen Dank, und möge der Segen Gottes auf dir ruhen, mein Liebes. Ich werde kommen, so Gott will, und ich werde euch zwei Hühner mitbringen. Sag deiner erlauchten Mutter, daß ich Gott bitte, sie zu segnen.« Ich sagte es ohne zu stocken auf arabisch. Ich war recht zufrieden mit mir, und ich glaube nicht, daß ich je zuvor aus dem Stegreif einen so langen Satz zustande gebracht habe.

Sie lächelte, bedachte mich mit einem angedeuteten Handkuß, trat vor, als wolle sie auch 'Abdeslem einen geben, tat es dann doch nicht (also hat vielleicht doch noch keine völlige Versöhnung stattgefunden) und verließ uns. Ich meinte, 'Aischas Kopftuch hinter die Tür zurückhuschen zu sehen, als das Mädchen hineinging. Also hatte 'Aischa das Gespräch wahrscheinlich beobachtet. Sie beobachtet im allgemeinen alles, was in unserem *darb* vor sich geht, aber ich hatte den Eindruck, daß das hier wegen 'Abdeslem wichtig war.

»Wer kommt noch zu der Party?« fragte ich 'Abdeslem.

»Ich weiß nicht. Aber der Herr vom *Postes et Télégraphes* – der, der die Briefe bringt – wird sicherlich da sein. Und seine *fiancée*« (›*fiancée*‹ wird normalerweise auf französisch gesagt und bedeutet etwas weniger, und gleichzeitig etwas mehr als im Französischen) »und vielleicht auch Sidi Bu Dschama. Und andere, die 'Aischa kennt. Wirst du das *costume gris* anziehen? Ich finde, die *cravate marron rayée vert* ist nicht so gut für dieses *costume*. Ich habe dich vor zwei Tagen darin gesehen, und ich habe gedacht: ›*Tiens! Quel dommage!* Diese *cravate* paßt überhaupt nicht zu diesem *costume*.‹«

»Willst du dann die *cravate marron rayée vert* tragen?«

Er hatte angefangen, eine kleine Kohlenpyramide zu bauen, und pflanzte nun wie eine Art Gedenkstein einen großen Brocken obendrauf.

»*Bil-haqq*, das hatte ich mir noch gar nicht überlegt. Aber ich tue es, wenn du möchtest. Zu meiner *veste en velours vert*? Ist es das, was du meinst?«

»Ich glaube, genau daran haben wir gedacht, oder?«

Es war das erste Mal, daß ich 'Aischas Haus betreten hatte, und es überraschte mich, festzustellen, wie komplett es für eine derartige Party ausgestattet ist. Natürlich mag sie sich auch Sachen ausgeborgt haben. Die Wände des Hauptraums waren mit *hai'tis* verhängt, und wo immer auf den kleinen Tischen Platz war, hatte sie mit Papierblumen gefüllte Vasen aufgestellt. Außerdem hatte sie Papierschirme für die Glühbirnen gemacht, von denen es im Zimmer zwei gab und eine dritte, die an ein Verlängerungskabel angeschlossen und an einem Bilderrahmen befestigt war.

Als ich hin kam, fand ich 'Abdeslem bereits auf einem der Diwane sitzen. Die *'amara*, die *siniya* und die Teesachen waren vor ihm aufgebaut worden, was mit großer Sicherheit bedeutet, daß er wieder in Gunst steht. Dem geschätztesten Gast wird traditionell die Ehre zuteil, den Pfefferminztee zuzubereiten und einzugießen. Er war damit beschäftigt, die erste Kanne aufzubrühen, fand jedoch Zeit, aufzublicken und aus der Hüfte heraus einen würdevollen Diener vor mir zu machen. 'Aischa war hinreißend in ihren übereinander getragenen Musselinkleidern, die alle mit prächtigen Blumenmustern bestickt waren. Sie trug außerdem ein mit goldener Litze besetztes Mieder und ebensolche Gürtel, eine neue *sibniya* mit Bommeln und eine ganze Menge Goldschmuck an Armen, Hals, Ohren und Stirn, dazu noch einiges auf der Brust. Ich hatte sie noch nie so gesehen und fand, daß sie wunderschön aussah. Ich sagte ihr das, und sie kniff mich in den Hintern und sagte: *»Ma schufti schai!«*, womit sie meiner Vermutung nach meinte ›Wart's ab! Du hast noch längst nicht alles gesehen‹. Dann stellte sie mich Si Fulan *(Postes et Télégraphes)* und seiner *fiancée* vor, einem Mädchen namens Zwina, die sich sehr spröde gab und ihren Schleier erst auf 'Aischas Drängen ablegen wollte. Sie war nicht sonderlich hübsch, als sie ihn abnahm. Es waren noch zwei, drei andere Männer da, einer davon ein großer, mit einer schwarzweiß gestreiften *dschallaba* bekleideter Neger. Er sagte, sein Name sei Bu Dschama. Alle waren sehr herzlich und nett, und 'Abdeslem begann nun, den Tee zu servieren. Er hatte das Gebräu bereits mit dem speziellen Probierglas gekostet, nickte beifällig, goß den Rest in die Teekanne zurück und blickte uns der Reihe nach an. Vor ihm standen ein Dutzend kleine Gläser, etwa so groß und so geformt wie die kleinen Gläser, die man in England im neunzehnten Jahrhundert für Bordeaux verwendet hat. Ihre Ränder waren in verschiedenen Farben verziert. 'Aischa reichte einen Teller mit Plätzchen herum.

Ich darf wohl behaupten, daß Parties dieser Art immer sehr förmlich beginnen. Jeder redete mit seinen Nebenleuten, und ich gab mir alle Mühe bei meinen – dem großen Neger Bu Dschama zur einen, der *fiancée* Zwina zur anderen Seite. Sie waren sehr nachsichtig mit meinem Arabisch und sprachen langsam und deutlich – jedenfalls Bu Dschama –, damit ich es verstand: vielleicht redet er aber auch normalerweise so. Es kamen noch mehr Leute und setzten sich, doch 'Aischa stellte Neuankömmlinge nicht immer vor. Manche galten wohl in gesellschaftlicher Hinsicht nicht viel. So meinte ich zum Beispiel den Wasserträger zu bemerken, aber als ich wieder hinsah, war er verschwunden. Vielleicht hatte ich mich auch geirrt. Die beiden Kinder von 'Aischa fungierten als Aufwärter, und ich denke, daß es draußen in dem kleinen Patio irgendeinen Kuli gab, der die Kohlepfannen unterhielt und beim Bedienen half.

Zum Essen mußten wir uns um zwei oder drei an die Diwane gerückte, runde Tische gruppieren, was wir so gut wir konnten bewerkstelligten. Mir war klar, daß meine beiden Hühner die Party beim besten Willen nicht satt machen konnten, und als das Essen kam, erwies es sich als eine Art *tadschin* – geschmortes Rindfleisch mit schwarzen Oliven und *poivrons*. Nicht schlecht, aber ich machte mir doch Gedanken um meine Hühner. Nach dem *tadschin* wurde ein zweites Gericht aufgetragen, und diesmal waren es meine Hühner: mit Limonenscheiben geschmort. Die anderen Tische bekamen etwas anderes, was ich nicht genau erkennen konnte. Schließlich *cous-cous*. Ich habe *cous-cous* in Paris gegessen, und man hat mir gesagt, in Nordafrika wäre er viel besser. Nun habe ich ihn in Marokko gegessen und glaube, daß er in Algerien oder sonstwo wahrscheinlich viel besser ist. Mir scheint, daß Grieß nie so gut ist wie Reis, auch mittelmäßiger Reis, und die Fleischbeilage war nicht der Rede wert. Trotzdem aßen wir das Gericht auf.

Es war ein durchaus sättigendes Mahl. Zufrieden lehnten wir uns zurück. Wir hatten, wie es üblich ist, mit den Fingern gegessen, den Fingern der rechten Hand. Si Fulans *fiancée*, neben mir, hatte dies mit ungeheurer Manierlichkeit getan, und als sie fertig war, klebte so gut wie kein Fett an ihr. Was an ihr klebte, vermochte sie durch rasches, damenhaftes Ablecken zu entfernen, und dann hielt sie die Hände zusammengelegt vor sich, um sie trocknen zu lassen. Anders Bu Dschama. Gebannt sah ich zu, wie er mit seiner riesigen rosa Zunge ein ums andere Mal um seine Knöchel fuhr. Er bemerkte, daß ich ihm zusah, und lächelte behaglich.

*»Misyan«,* meinte er, während er seine Finger musterte.

Dann Süßspeisen: große, schwarze Scheiben, wie Fondant, und ein *gâteau*, ganz ähnlich wie *mille-feuilles,* aber von Honig triefend. Die Süßspeisen waren eigentlich das Beste an dem Essen, finde ich, und ich nahm mir zu Bu Dschamas Belustigung noch etwas von dem Fondant.

*»Misyan ula la?«* fragte er. Es schmeckte, und das sagte ich auch. »Aber ich habe es lieber, wenn es stärker gezuckert ist«, fuhr er fort. »Wenn du in mein Haus kommst, wirst du sehen. Meine Frau macht *nimero wahad.*« Nummer eins: erstklassig! Vom anderen Tisch erhaschte 'Abdeslem meinen Blick und nickte, als mir 'Aischa noch mehr anbot. Aber irgendwo gibt es eine Grenze, und ich sagte: »Nein danke. Vielleicht später.« Nun wurden ein Wasserkrug und ein Becken mit Handtüchern und Seife herumgereicht, und wir säuberten uns alle.

Noch bevor man das nächste Glas Pfefferminztee servierte, hatte jemand ein Saiteninstrument hervorgeholt, das er nun stimmte. Niemand hatte ihn gebeten zu spielen, soviel ich weiß, aber daß er es tat, war annehmbar. Es war ein kleines, zweisaitiges Instrument, beide Saiten auf den gleichen Ton gestimmt. Der Klangkörper war tropfenförmig, wahrscheinlich aus Holz, mit grobem Fell bespannt. Si Fulans *fiancée* beugte sich über mich, um etwas Vertrauliches zu Bu Dschama zu sagen, und trat mir dabei auf den Fuß. Ich zog ihn weg, und sie trat wieder drauf, daher fragte ich mich, ob sie es beim ersten Mal doch absichtlich getan hatte. Bu Dschama flüsterte etwas zurück, und alles sah zu ihnen herüber. Aber Si Fulan schien es nicht weiter zu stören. Der Musiker hatte unterdessen zu singen angefangen.

Es war weniger ein Lied als eine Geschichte, und die Musik war weniger Musik als ein periodisches Klimpern, das Pausen zwischen den Strophen markierte oder schlicht immer dann eingesetzt wurde, wenn der Sänger eine Verschnaufpause brauchte, wie auf der Dschama al-Fna. Wieder wurde reihum Tee eingegossen. Alle schlürften ihn unter tiefem Atemholen, teils weil er so heiß war, teils weil er als wohlschmeckender gilt, wenn er so getrunken wird – nur ein paar Tropfen auf einmal, und dazu sehr viel Luft.

Mitten während des Liedes und der Teetrinkerei trafen weitere Gäste ein, darunter der Nachtwächter unseres *darb* und ein Mädchen, das nach Ablegen ihres *haik* so hübsch war, daß wir alle mit Trinken aufhörten und sie anstarrten. Die *fiancée* gab ein ganz leises Schnauben von sich. Sogar der Sänger hielt inne. Bu Dschama sagte ganz ungehemmt: »Ah-h ...!«, und zwar sehr laut, gefolgt von ein paar Kußlauten.

*»Halwa? Sid, schbid schwaiya«,* sagte die *fiancée* leise und hielt mir die Platte mit den Süßigkeiten hin. *»Hadak. Al-kah-la ...«* Sie nahm ein Stück von dem schwarzen Fondant und reichte es mir lächelnd. Ich nahm es und dankte ihr. Der Sänger hatte ein neues Lied angefangen, und Si Fulan reckte sich über die *fiancée* und sagte: *»C'est une autre chanson. Une nouvelle.* Ich werde dir sagen, was er singt.« Er spricht ganz passabel Französisch und legte los, immer ein, zwei Sätze hinter dem Sänger.

»Aus einer Stadt der Städte des al-Maghreb machte sich ein Reisender auf den Weg nach Marrakesch. Er war arm, aber kräftig, und er wanderte den ganzen Tag über Ebenen und kleine Hügel, und dachte wegen des Summens in seinem Bauch nicht an wilde Tiere oder Räuber ...«

»Gefällt dir Si Fulans *fiancée*?« flüsterte mir Bu Dschama zu.

»Nein. Nicht besonders.«

»Mir auch nicht. Sie ist zu mager. Sieh sie dir an! Zu mager.«

»Ich will sie mir nicht ansehen.« Tatsächlich sah ich mir das neue Mädchen an, und das bemerkte Bu Dschama.

»*Die* da ist gut. *Misyana! Hadak misyana*«, und er gab weitere Kußlaute von sich. Ich versuchte, ihn davon abzubringen, aber er achtete nicht auf mich, und Si Fulan stupste mich über die *fiancée* hinweg an. »Hör zu«, sagte er:

»... Aber am Abend, als die Sonne die Welt verließ und alles Dunkelheit wurde, war der Reisende erschöpft und fürchtete sich vielleicht auch ...«

'Abdeslem hatte kurz zuvor den Raum verlassen und kam nun zurück, aber anstatt sich wieder an seinen Platz zu setzen, quetschte er sich schamlos zwischen das neue Mädchen und den Nachtwächter. Ich sah, daß 'Aischa nicht erfreut war.

»... Lampenlicht, das aus einem Fenster schien«, fuhr Si Fulan fort und hob dabei leicht die Stimme, um die sehr unanständigen Laute zu übertönen, die Bu Dschama mittlerweile in Richtung des Diwans am anderen Ende von sich gab. »Der Reisende trat ein. ›Ich wünsche mir von Gott und von dir‹, sagte er zu der

Witwe, ›etwas zu essen und zu trinken und ein Lager für die Nacht, denn ich bin den ganzen Tag ohne Nahrung gewandert.‹«

»Gib mir ein *halwa*«, zischte mir Bu Dschama zu, ohne jedoch hinzusehen. Ich langte nach der Platte, und er nahm zwei. Eins stopfte er sich kurzerhand in den eigenen Mund, das andere schob er ungefähr in meine Richtung, immer noch ohne hinzusehen. Aus Höflichkeit aß ich es und wandte mich dann, auf dessen Zwikken hin, wieder zu Si Fulan. Er schien ob meiner geteilten Aufmerksamkeit leicht verärgert zu sein und ließ es seiner Stimme anmerken, obwohl es überhaupt nicht zum Kontext paßte:

»›Ach, ich habe nichts als die Hühner, die du hier siehst‹, erwiderte die Witwe und deutete in die Runde, ›und die drei gekochten Eier, die gerade auf dem Feuer garen.‹ ›*Merci beaucoup*‹, meinte der Reisende, und er nahm und aß die drei Eier.«

Ich sah mit Interesse, daß 'Aischa den Nachtwächter zu sich gewunken hatte und daß er nun zum Diwan zurückkam, dem neuen Mädchen auf den Oberschenkel klatschte und in dem Moment, wo sie unter dem Klaps zurückzuckte, rasch in die Lücke neben ihr schlüpfte. Es war stickig in dem Raum, aber ich fühlte mich sehr wohl. Tatsächlich fühlte ich mich wundervoll und fand, daß auch das neue Mädchen wundervoll aussah, warm, und so große braune Augen – ob sie tatsächlich braun waren? Auf die Entfernung war ich mir nicht ganz sicher – jedenfalls groß. Ich glaube, ich fing an, Bu Dschama davon zu erzählen. Ich wollte irgendeinen Plan machen, aber Si Fulan war wirklich auf ermüdende Weise penetrant.

»Du mußt zuhören. *Vous êtes obligé à m'entendre!*«

»Er will nicht zuhören«, sagte die *fiancée* kalt zu ihm. »Er sieht sich die kleine *qahab* an.«

*»Qahab«,* murmelte Bu Dschama zufrieden.

»Am nächsten Tag dankte der Reisende der Witwe, sagte Lebewohl und setzte seine Reise nach Marrakesch fort, und nach einigen Jahren wurde er reich und angesehen, wohingegen die Witwe arm blieb.«

»Schön«, sagte ich, ohne zu überlegen.

»Schön? Was soll das heißen?« Si Fulan war empört.

»Es tut mir leid«, sagte ich. »Ich wollte sagen ›Schlimm‹; es tut mir sehr leid.« Ich weiß nicht, was über mich gekommen war. Mir war zumute, als würde ich wahrscheinlich gleich zu lachen anfangen, und ich versuchte zu ergründen, an welchem lustigen Umstand das lag. »Ich kann nicht mehr denken«, sagte ich, oder irgend etwas des Sinnes.

»Du mußt nur zuhören«, sagte Si Fulan streng. »Du hast zuviel *halwa* gegessen. Daran liegt es.«

Mein Verstand wurde immer klarer. Ich sah genau, was für einen Plan ich machen mußte. Ich glaube, ich drückte die *fiancée* ein bißchen, um sie dafür zu trösten, daß sie so mager und reizlos und das neue Mädchen so schön war, und da ich für einen Augenblick nicht aufpaßte, bemerkte ich nicht, daß sich Bu Dschama auf Händen und Knien davongemacht hatte. Erst als ich mich umdrehte, um ihm meinen Plan zu umreißen, sah ich, daß er verschwunden war. Er war schon mehrere Meter weit gekommen, und mein Blut war in Wallung. Verrat! Ich sprang auf, raste durchs Zimmer und holte ihn zurück. Ich war in diesem Moment natürlich sehr stark.

»Er weint«, sagte die *fiancée* mit einem Nicken zu Bu Dschama hin verdrießlich, und das stimmte. »Ich habe diese Tränen satt. Männer«, sagte sie. »*Männer*. Schon ein kleines Stückchen *halwa* ist stärker als ein Mann.«

Si Fulan hatte die ganze Zeit weitergeleiert und bemerkte plötzlich, daß ich nicht zugehört hatte. Er war sehr wütend.

»Du verpaßt das Beste!« rief er. »Hast du gehört, wie ein Feind des reichgewordenen Reisenden zu der Witwe geht und sie dazu bringt, sich beim Pascha zu beklagen? Hast du das gehört?«

»Nein. Es tut mir leid. Ich war eben wohl sehr beschäftigt. Worüber hatte sie sich denn zu beklagen? Und worüber hast *du* dich zu beklagen, Si Fulan?« Meine Stimme klang sehr laut.

»Pst«, sagte er besänftigend. »Ich über nichts. Aber die Witwe. Der Feind des reichgewordenen Reisenden bringt sie dazu, sich beim Pascha zu beklagen, und zwar so: ›O Herr, denkt an meine verlorenen Reichtümer! Denkt an meine drei kleinen Eier, aus denen Hühner geschlüpft wären, und denkt an die Eier, die auch sie gelegt hätten, und an die zusätzlichen Hühner, und das all die Jahre hindurch, wo dieser reiche Mann in Marrakesch reich ist und ich arm in meiner elenden Hütte hause. Denkt nur!‹«

»Jetzt kommt das Beste«, sagte die *fiancée*.

Täusche ich mich? Hat sie Französisch gesprochen? Konnte sie es?

»Schön«, sagte ich höflich. Das neue Mädchen schien seitwärts am Nachtwächter vorbei zu 'Abdeslem aufzublicken, und 'Abdeslems Arm war über die Schultern des Nachtwächters hinweg bis zu ihrem Hals ausgestreckt, was für alle Beteiligten mit Sicherheit nichts Gutes bedeuten konnte. »Sag lieber 'Aischa Bescheid«, flüsterte ich Bu Dschama zu, aber unglücklicherweise schlief Bu Dschama. Wir mochten ihn nicht stören.

»›Wo ist der Beschuldigte?‹ rief der Pascha!« Si Fulan legte sich mächtig ins Zeug. »... ›Wo ist denn der Beschuldigte?‹ Ein Mann trat sehr artig vor und sagte: ›Mit Eurer Erlaubnis, der Beschuldigte schickt mich und läßt sagen, er kann heute nicht kommen.‹ ›Und warum?‹ fragte der Pascha. ›Weil er auf seine Felder gegangen ist‹, erwiderte der Artige. ›Was macht er auf den Feldern?‹ ›Ich glaube, Monsieur, er pflanzt gekochte Bohnen, auf daß er in den kommenden Jahren reichen Ertrag erntet – reicher noch als von gekochten Eiern!‹ Daraufhin lachte der Pascha von Herzen und wies die Klage ab.«

Bu Dschama war aufgewacht und sagte: *»Halwa.«*

»Gib ihm nichts«, grollte die *fiancée.* »Er ist schon ganz erledigt vom *halwa.*«

Si Fulan strahlte mich durch den Nebel an, der in den letzten paar Minuten aufgekommen war. »Jetzt sag mir, wie dir die Geschichte gefallen hat, Monsieur«, sagte er, aber so nett er war, ich hatte irgendwie keine Lust, mit ihm zu reden. Ich hatte Lust, mit dem neuen Mädchen zu reden. Ich erinnere mich nicht mehr genau an die Abfolge der Ereignisse – ob es vielleicht jetzt war, daß ich in Husarenuniform einen langsamen, romantischen Walzer tanzte; jedenfalls war da irgendwo ein Pferd, und feurige Blitze – wahrscheinlich aus den Nüstern des Pferdes. Und Bu Dschama benahm sich sehr daneben, wie, weiß ich nicht mehr, irgend etwas mit der *fiancée*, glaube ich, aber das war möglicherweise auch später, und es war gar nicht Bu Dschama. Viel später. Bei der Zeit bin ich mir nicht sicher...

Heute morgen bin ich spät aufgewacht, quicklebendig aber desorientiert. Leider muß ich sagen, daß die *fiancée* da war und daß sie mich sogar geweckt hat. Ich mag sie wirklich nicht sonderlich und kann mir nicht vorstellen, wie es eigentlich kam, daß sie in meinem Haus war, aber das war sie, und als sie mir meinen Pfefferminztee brachte, gab sie ein schmatzendes Kußgeräusch von sich und sagte: *»Min daba kull sbah nesaub-lek atay, yak?«*, was bedeutet, daß diese *fiancée*, aus der ich mir nicht das geringste mache, die Absicht hatte, mich hinfort jeden Morgen mit einer Kanne Pfefferminztee zu wecken. Ich sah mich nach Si Fulan um, aber er schien nicht da zu sein.

»Wo ist Si Fulan?« fragte ich sie in mißbilligendem Ton.

»*Yikun fid-dar diyaluh . . .* Er ist wohl zu Hause. Ich bin jetzt *deine fiancée.*«

Bei Tageslicht sieht sie gräßlich aus – ich freilich auch. Ich wußte nicht recht, was ich machen sollte. Und was war mit Si Fulan? Ob ihm das gefallen würde? Ich mußte mich unauffällig mit 'Aischa beraten, vielleicht auch mit 'Abdeslem. Die beiden wußten bestimmt, wie man mit einer solchen Situation fertig wurde. Nebenbei, was war eigentlich mit dem ›neuen Mädchen‹ passiert?

»Gib mir Geld, dann kaufe ich *svenj*«, sagte die *fiancée. Svenj* sind kleine, ringförmige *beignets,* und ich kann gar nicht sagen, wie sehr mich der Gedanke daran anwiderte. Aber ich dachte außerdem, daß es vielleicht leichter sein würde, wenn sie erst einmal aus dem Haus war – zum Beispiel auf diesem Liebesgang. Also gab ich ihr Geld.

»Die *svenj,* die ich am liebsten mag, gibt es an einem

Stand gegenüber von dem *tabac* an der Dschama al-Fna«, sagte ich ihr. Irgendwie schien meine Zunge nicht so gut um die arabischen Worte herumzukommen, wie es der Fall sein müßte. Gestern nacht hatte es da überhaupt keine Schwierigkeiten gegeben.

Sie besaß die Unverschämtheit zu schmollen: »Was für ein langer Weg ...«

»Ach was, mein Schatz«, sagte ich. »Du hast schön kräftige Beine.« Die hat sie wirklich. Sie hatte, vermutlich zur Hausarbeit, ihre Überröcke geschürzt, und ich konnte ihre Beine sehen. Sie nahm das Geld und ging.

Sobald ich die Eingangstür zufallen hörte, sprang ich aus dem Bett und rannte nach unten. Bu Dschama lag schlafend in der Eingangshalle. Auf dem Boden. Es reichte allmählich. Ich ging auf die Gasse hinaus. 'Abdeslems Kohlenladen hatte zu. 'Aischas Tür war ebenfalls geschlossen, aber ich ging hinüber und klopfte. Nachbarn kamen vorbei und lächelten mir zu, und einer lachte laut heraus. Dann machte 'Aischa auf.

Dem Himmel sei Dank für 'Aischa! Sie ist wunderbar. Sie sagte, die *fiancée* könne ich ihr überlassen – und Bu Dschama ebenfalls, und damit wäre es wohl ausgestanden, aber ... sie preßte die Lippen zusammen.

»Weißt du das mit 'Abdeslem?«

»Nein. Was ist mit ihm?«

»Und das mit der kleinen *putain*, die mit dem Nachtwächter gekommen ist? Das weißt du nicht?«

»Woher denn?«

»Das Mädchen ist schon bei der Polizei des Paschas, weil sie überhaupt keine amtliche Genehmigung hat und bestraft werden muß. Und 'Abdeslem ist ... tja, 'Abdeslem ... Ich habe ihm ein paar kleine Getränke geben müssen ... du weißt doch, was für Getränke ...?

Ja, ich dachte mir schon, daß du's weißt. Getränke, und ein paar ganz spezielle Pülverchen und . . . eine Berberfrau hat mir geholfen und mich beraten. Es war erforderlich, 'Abdeslem festzuhalten wie ein Huhn, das gestopft werden soll. Freunde haben netterweise mitgeholfen. Wenn du heute Kohlen brauchst, *cher* Monsieur Peter, muß ich dich bitten, zu dem *brave homme* am Ende unseres *darb* zu gehen. Es sieht so aus, als wäre 'Abdeslems *boutique* von außen verschlossen . . .« Sie ließ langsam einen an einer Schnur hängenden Schlüssel baumeln. »Hat dir die *diyafa* gefallen, ja? Bu Dschama macht auch gutes *halwa* – er nimmt dazu das *haschisch* aus seinem *bilad*: er behauptet, es ist besser. Aber meins ist auch gut, ja?«

Ich bin fest entschlossen, niemals zu rennen, sondern stets langsamen, gemessenen Schritts zu gehen, und wenn es mir beliebt oder ich tatsächlich gezwungen bin, nach rechts oder links zu schauen, so werde ich das ruhig und gelassen tun. Ich werde meine hektische, europäische Reaktionsweise der eines ›Blauen Mannes‹ angleichen, der auf einem Kamel durch die mauretanischen Wüsten reitet. Ich werde mich keinesfalls hetzen lassen – warum sich beeilen? Alle Anzeichen um mich herum deuten darauf hin, daß immerdar JETZT ist. Man kann nicht in die Zukunft springen, und wenn man noch so sehr hetzt. Genau wie die Mauren werde ich mich mit mir im Zentrum meines Universums begnügen und das Sichweiterdrehen dem Universum überlassen.

Die letzten paar Tage waren aufreibend. Die *fiancée*. 'Aischa hat gewiß ihr Bestes getan, und vielleicht bin ich an den Geschehnissen mit schuld, denn als ich in mein Zimmer zurückkehrte, um in der tröstlichen Gewißheit zu schlafen, daß nun alles in ihren Händen lag, vergaß ich, den Schlüssel in der Eingangstür herumzudrehen, und vergaß außerdem, daß die *fiancée* ihre eigenen Pläne hatte. Sie kam mit einem halben Dutzend auf einer Schnur aufgereihter *svenj* zurück und war in meiner Eingangshalle, ehe 'Aischa sie kriegen konnte. Dann hörte ich, wie sie sich unten – in der Eingangshalle – prügelten, und Bu Dschama wachte anscheinend aus seiner Ohnmacht auf und begann ebenfalls, wild um sich zu schlagen, und so fanden sich eine Menschenmenge und ein paar Angehörige der Polizei des Paschas ein, und – nun, ich habe nicht vor, noch weiter darüber nachzudenken. Es kostete mehr Geld, als ich mir leisten kann, denn die *fiancée* schraubte ihre Forderungen erheblich höher, als man nach einem Blick auf sie hätte vermuten können. Und so weiter. Sie wurde schließlich weggebracht, und ich konnte sie kreischen hören, während ich wieder ins Bett stieg. Meine männlichen Nachbarn sagen, ich hätte mich beispielhaft verhalten, aber die Frauen (außer 'Aischa) ergriffen zunächst aus Prinzip für die *fiancée* Partei. Mittlerweile haben sie sich wieder beruhigt, wie ich zu meiner Freude sagen darf.

Bu Dschama sagt, er will nur ein paar Tage bleiben, und ich würde sagen, daß die paar Tage schon vorbei sind.

'Abdeslem ist wie vom Erdboden verschluckt. Keiner weiß, wo er hingegangen ist, und das ist der eigentliche Grund dafür, daß 'Aischa in letzter Zeit zu sehr mit ihren eigenen Angelegenheiten beschäftigt ist, um ihre Freunde zu sehen. An eben dem Tag, an dem sie ihn eingeschlossen hatte, fand man seine Ladenfront aufgebrochen. Keiner hat etwas gehört oder gesehen, und man glaubt, daß 'Aischa sich bei der Dame beschwert hat, die die Pülverchen geliefert hatte. Wir nahmen den Laden in Augenschein, und einige waren wohl enttäuscht darüber, daß auch die Kohlenvorräte weggeschafft worden waren. Natürlich fällt der Verdacht auf den Nachtwächter – nicht, daß er die Kohlen gestohlen hat, sondern daß er mit 'Abdeslem unter einer Decke steckt. Aber da das ›neue Mädchen‹ *protegée* des Nachtwächters war und 'Abdeslem ... Oder haben wir alles mißverstanden? Half der Nachtwächter dem ›neuen

Mädchen‹ in der Nacht von 'Aischas *diyafa* bloß die gesellschaftliche Leiter hinauf? Hatte 'Aischa wirklich eine ziemlich beträchtliche Vorauszahlung geleistet, um 'Abdeslems schwindende Zuneigung zurückzugewinnen? Händigte 'Abdeslem dem ›neuen Mädchen‹ großzügigerweise einen Teil dieses Geschenks aus? Ein paar von den Nachbarn vertreten diese Theorie, aber ich weiß nicht. Der Nachtwächter gibt sich in der Tat sehr beunruhigt über alles, denn er sagt, das ›neue Mädchen‹ sei ebenfalls nicht aufzufinden. »Und wer bezahlt jetzt?« fragte er.

Die Tage vergehen in diesem endlosen ›Jetzt‹, und ich bin mit dem Schreiben ein gutes Stück vorwärtsgekommen. Bu Dschama ist vor einiger Zeit gegangen. Er hat einfach das Haus verlassen und ist nicht wiedergekommen. Er ist wirklich sehr nett – machte überhaupt keine Umstände, machte sich in mancher Hinsicht – beim Kochen, Wasserholen etc. – sogar nützlich. In der ›Küche‹ hat er allerdings eine ziemliche Schweinerei angerichtet. Er mußte sein *haschisch* zubereiten, das sehe ich durchaus ein, und man braucht nun einmal alle möglichen klebrigen Zutaten, damit es gelingt, Zucker und Gewürze, und eine Menge bleibt auf dem Boden und an den Wänden kleben. Er brachte mir immer Stücke davon, aber ich glaube wirklich, ich komme ohne aus.

Ein wenig Geld ist eingegangen, was angenehm ist. Von Zeit zu Zeit zwinge ich mich, meinen Kontostand zu überprüfen. Das macht mir kein Vergnügen, selbst wenn es mir erlaubt, sechs Monate vorauszublicken – außer das rein negative Vergnügen zu beschließen, für diesen Zeitraum nicht mehr darüber nachzudenken.

Aber es macht mir leicht Kummer. Mein Guthaben ist in letzter Zeit betrüblich dünn. Ich dachte erst neulich, daß ich etwas dagegen unternehmen muß. Es hat ständig abgenommen, ohne daß mir das bewußt geworden wäre.

Wie kann ich Geld verdienen und trotzdem weiter leben? Das ist mein Problem. Leben heißt Muße, und Muße ist genau das, was eine Arbeit einem verweigert. Die Mauren wissen das und arbeiten ganz nach Lust und Laune, je nach dem, ob ihre Mägen leer oder voll sind; aber von diesem Glückszustand bin ich noch ein großes Stück entfernt. Es ist ihnen gleich, was passiert, und sie sind ohnehin überzeugt, daß Gott ihre Zukunft bestimmt, wie es Ihm beliebt. Also müssen sie nicht nach Erfolg streben, und genau das macht das Leben unter ihnen so wunderbar erholsam. Für sie kann nichts, was einem widerfährt, schändlich sein, denn alles, ob gut oder schlecht, kommt von Gott. Bei uns gilt es irgendwie als schändlich, arm zu sein, so sehr wir auch das Gegenteil beteuern, denn Armut bedeutet Versagen. Daher das verzweifelte Bemühen, den Anschein zu wahren, und wenn das nicht glückt, der Versuch, sich nicht unterkriegen zu lassen und dann, schon ziemlich mutlos, sich bloß noch über Wasser zu halten. In Marrakesch kann man abwechselnd arm und reich sein, und niemand scheint den Unterschied zu beachten, es sei denn am Rande. So wird etwa die Kleidung schäbiger, und dann ist man plötzlich neu eingekleidet. Wenn das passiert, wird von den anderen erwartet, daß sie einem zu der neuen Kleidung gratulieren – *›... bisahtik ... al-kiswa ...‹*

Aber einstweilen ist etwas Geld eingegangen. Ich habe so wenig Talent für Geld, daß ich nie Erfolg damit haben werde. Man braucht Talent dafür, genauso wie man für Malerei, Musik oder Schriftstellerei Talent braucht. Nur ein kleines bißchen vom *feu sacré* muß man haben, um Geld zu lieben und es zu verdienen.

Seit kurzem ist es viel heißer geworden. Der Hochsommer ist vorbei, auch mein Geburtstag am 12. Juli: ich hätte wahrscheinlich gar nicht daran gedacht, wenn mir meine Angehörigen nicht eigens aus diesem Anlaß geschrieben hätten.

Gestern abend hatte ich Gelegenheit, *la poule paralysée* mit eigenen Augen zu sehen. Mademoiselle de V. hatte mich zu *›une petite réunion de nos amis‹* eingeladen, und ich sagte mit Vergnügen zu. Wir kennen einander eigentlich kaum, und es war eine freundliche Geste von ihr, mich in ihre Gästeliste aufzunehmen.

Ich stelle fest, daß mir ihre Eingangstür bereits bekannt ist. Es ist die kleine, zerkerbte Holztür mit der verkehrtherum aufgemalten Fünf darüber (oder ist es eine seitenverkehrte Zwei?), die mir aufgefallen ist, als ich durch ein abgelegenes *quartier* der Stadt radelte. Die Tür ist in eine riesige Mauer eingesetzt, die die Gasse, welche sie säumt, noch schmaler wirken läßt, als sie ist. In Wirklichkeit bietet die Gasse zwei aneinander vorbeifahrenden Radfahrern plus einem flach an die Mauer gedrückten Fußgänger Platz. Ich ging mit Maurice D---- zu dem Haus.

Die Tür war in Erwartung unserer Ankunft angelehnt und mit einer maurischen Laterne als Hintergrundbeleuchtung versehen. Durch die Mauer zwängt sich tief geduckt eine Eingangshalle, und der *›riad‹* dahinter war ein Tümpel von Dunkelheit mit nur einer einzigen Lichtquelle – einer weiteren Laterne, die niedrig in einem Baum hing. Mademoiselle de V. saß mit ihren anderen Gästen unter der zweiten Laterne, und zwar so, daß nichts von dem Licht, das durch die Buntglasblenden schien, direkt auf sie fiel. Sie blieb im Schatten, bis sie uns kommen hörte, dann stand sie auf, um uns zu begrüßen, und trat barfuß über den holprigen Boden vor, von dem sie vermutlich jeden kleinen Stein kannte. Als sie in den Lichtkreis der Laterne in der Eingangshalle kam, war ich hingerissen von ihrer Schönheit, der sanften, gelassenen Schönheit eines Porträts aus dem achtzehnten Jahrhundert, sehr förmlich, sehr unillustriertenhaft; die ruhigen blauen Augen mit den völlig unakzentuierten Wimpern und Brauen, die reine Haut, der Knochenbau, die Ruhe und Heiterkeit, die davon ausgingen. Es hat nichts mit einer Coca-Cola-Werbung gemein. Daß ihr Haar sich leicht von den Spangen löst und dies auch gestern abend getan hat, hat nicht das geringste zu sagen.

Sie führte uns durch den *riad*. Er hat etwas Verborgenes, Labyrinthhaftes. Dann wurde ich den anderen vorgestellt, und wir nahmen Platz und unterhielten uns. Wir saßen auf Hockern, die um einen niedrigen, runden, fezförmigen Tisch gruppiert waren. Es stand ein seltsam eklektisches Sammelsurium von Glasgeschirr herum, manches davon sehr schön und vermutlich aus ihrem ›Museum‹. Außerdem gab es eine Flasche ›Old Lady's Gin‹ und eine Flasche Cinzano. Aus irgendeinem Grund nahm Mademoiselle de V. an, daß ich wußte, wie man aus diesen Bestandteilen ohne Eis einen Cocktail mixte, und bat mich, es zu tun. »Man hat vergessen, mir Eis zu bringen«, sagte sie. Beim Sprechen betont sie jede Silbe mit vollem Lautwert, fast als würde sie die Worte buchstabieren. *»On a oublié de m'apporter de la glace.«* Es heißt, sie spricht Russisch, Türkisch, Arabisch, Holländisch und Deutsch genausogut wie Französisch – eine exotische Liste, in der Faktoren ihrer Herkunft und frühen Jugend ihren Niederschlag finden. Wir unterhielten uns über ›Kunst‹, ›Literatur‹ und ›Musik‹; zumindest die anderen unterhielten sich: mir fällt nie etwas ein, was ich dazu sagen könnte, deshalb konzentrierte ich meine Aufmerksamkeit auf die Geräusche des *riad* jenseits des farbigen Lichts, das der Laterne entströmte. Ich hörte Vögel, die grausamerweise nicht schlafen konnten, und das Rascheln von Kleingetier in der Vegetation. Wo war das Haus? Vielleicht in den tiefen Schatten verborgen, die die Umfassungsmauern des *riad* warfen. Und wo war Mademoiselle de V.s Mutter? Von ihrer Mutter wußte ich nur, daß sie über achtzig und früher eine große Schönheit gewesen war. War sie in einem Haus verborgen, das seinerseits verborgen war? Möglicherweise weil ich schwieg, dachte Mademoiselle de V., ich langweilte mich, obwohl das nicht der Fall war. »Möchten Sie sehen?« fragte sie mich. Sie war von ihrem Hocker aufgestanden.

Sie hakte die Laterne los. Wir gingen uns freilich nicht das Haus und ihr *›petit musée‹* ansehen. *»Nous allons faire le tour de la propriété«*, sagte sie den anderen, und wir überließen sie im Stockdunkeln ihrem Gespräch. Es schien sie keineswegs zu überraschen. Maurice D––––s Stimme tönte hinter uns her, während Mademoiselle de V. mit mir im Gefolge in ihrer Aura von Laternenlicht losging: *»Comment cela s'explique-t-il, selon vous ...?«* fragte er gerade jemanden. Maurice D–––– wird geduldig zuhören und dann vermutlich das letzte Wort haben, *selon lui*. Ihre Stimmen wurden nach und nach von der Dunkelheit verschluckt, und wir hörten gar nicht, welche Frage aufgeworfen wurde.

Laternenlicht vermittelt eine Geborgenheit, die bei einer Taschenlampe fehlt. Vielleicht liegt es daran, daß der schützende Strahl einer Laterne einen vollständigen Kreis bildet, während eine Taschenlampe das Licht zu einem Kegel bündelt, so daß man dreihundert Grad bedrohlicher Düsterkeit ausgesetzt bleibt.

*»Tout d'abord la poule bressane«*, verkündete Mademoiselle de V.

*»Et la dinde?«*

»Selbstverständlich! Beide. Sie brüten zusammen.«

Sie schliefen, die beiden Geschöpfe des Schicksals, hinter ihrem Steinhaufen am anderen Ende des *riad*. Ich hatte sie mir im Sonnenschein ausgemalt, strahlend, lebhafte Schönheiten im Edelsteinglanz ihrer Farben. Außerdem hatte man mir nicht erzählt, daß der junge Hahn vom Lande (der, der seine Zuneigung von der *poule paralysée* auf den wohlgeborenen Neuling übertragen hatte) dazu übergegangen ist, sich in den Halsfedern der Truthenne zur Ruhe zu betten. Aber so war es. Er schien sich sehr behaglich zu fühlen.

*»N'est-ce pas, que c'est gentil?«*

»Sehr *gentil*.« Aber ich dachte an das arme, gelähmte Haushuhn, und das ahnte Mademoiselle de V. wohl, denn sie fuhr fort:

*»L'affligée ne vient jamais jusqu'à ce coin.«*

Ich fragte: »Schläft sie allein, die Kranke?«

Warum kam sie nicht bis zu dieser Ecke? Das wollte ich wissen. War es Furcht? Haß? Einkerkerung?

»Ganz allein.« Mademoiselle de V. stupste die *poule bressane* an, damit sie sich aufrappelte und ich sie besser sehen konnte. Sie verschwand fast unter der Truthenne. Ein Kopf und ein Knopfauge zuckten zu uns auf, und ich bewunderte sie. Ich sagte auch etwas Schmeichelhaftes über die Truthenne.

»Sie hat vier Eier, und die Truthenne hat zwei«, sagte Mademoiselle de V. stolz. »Jetzt ist es bald soweit.«

Sie gluckten einander leise zu, als wir gingen. Der Hahn war gar nicht aufgewacht.

Überall Tauben und Katzen, die Tauben zu mehreren, wie sie zu schlafen versuchten, manche in einer Palme, andere in an der Wand aufgehängten Körben, die wie Rattenfallen aussahen. Die Katzen kauerten einzeln unter einem *laurier-rose*, hinter einer *jarre*, und eine in einer Nische über der Eingangshalle. Weitere Katzen lauerten, wo der Strahl der Laterne sie kaum erfassen konnte.

»Das ist Daisy.« Sie sprach den Namen *Da-ih-sie* aus. »Da-ih-sie ist sehr *sensible* für die *consonance ›ssss-uh‹*!« Diese *consonance,* so erfuhr ich, bewirkt, daß Daisy einem auf die Schulter springt und sich am Hals reibt. »Das ist merkwürdig, nicht wahr?« fragte sie. Ich pflichtete bei.

»Die *consonance ›ssss-uh‹* – was bedeutet sie nur? Wissen Sie das, Monsieur?«

Ich lachte und sagte, ich wüßte es nicht, aber mein Lachen betrübte Mademoiselle de V. Oder kann es sein, daß sie mich auslachte? Sie sagte, sie sei sicher, daß ich wüßte, was es bedeutete, und es nur nicht sagen wolle. Ob die Bedeutung vielleicht – nun ja, *plutôt déplaisant, grossier* – vulgär sei? Ich bat sie, mir zu glauben, daß ich nicht die leiseste Ahnung hätte, fühlte mich aber verpflichtet zu fragen, wie man diese *consonance* und ihre Wirkung auf Daisy festgestellt habe. Sie konnte sich nicht erinnern. Eines Tages hatte es zufällig jemand gesagt, und seither sagte sie es gelegentlich, um Daisy bei Laune zu halten. Dann erzählte sie mir mehr von den Katzen, von denen es derzeit insgesamt sieben zu geben scheint. Sie stammen alle von einem Patriarchen namens Titan ab, der mittlerweile wie von Zauberhand, aber jedenfalls endgültig, verschwunden ist. Titan paarte sich – begünstigt durch den Einfluß des Mondes und durch menschliche Nachlässigkeit – zuerst mit Daisy und später mit der einen oder anderen aus ihrer beider Nachkommenschaft. »Und jetzt sind die kleinen Brüder und Schwestern allesamt gleichzeitig Cousins und Tanten«, fuhr sie fort, als konstatiere sie eine Naturgegebenheit; »wie die Pharaonen.«

*»Ssss-uh!«* sagte ich, aber es war doch nicht Daisy. Ich folgte Mademoiselle de V. durch den *riad*, dessen Palmwedel mir ins Gesicht schlugen.

Wir näherten uns einem kleinen, verzierten Pavillon. Ich wußte, was mir jetzt bevorstand.

*»L'affligée«,* murmelte Mademoiselle de V. Sie kniete vor einem kaputten Holzgitter. In der Dunkelheit konnte ich sehen, daß sie traurig lächelte. Dann streckte sie die Hand durch eine Lücke im Gitterwerk und wühlte herum. Man hörte ein zorniges Quäken und Flügelschlagen, aber sie zuckte nicht zurück. Sie zog die Hand heraus. Es lag ein Ei darin.

*»Regardez, monsieur«,* sagte sie. »Jeden Tag. Und immer diese weichen Schalen.«

»Vielleicht braucht sie Schrot.«

»Hier liegt überall Schrot zum Aufpicken«, erwiderte sie verdrießlich. »Sie muß nur herauskommen und ihn aufpicken. Aber sie kommt einfach nicht mehr heraus. Nein. Es hat etwas anderes zu bedeuten.«

»Sie könnte herauskommen, wenn sie wollte, nicht wahr?« sagte ich. »Kann ich sie wenigstens sehen?«

»Ja. Wenn Sie sie nicht stören. Schauen Sie!«

Sie hielt die Laterne einen Moment lang dicht an das Holzgitter, und ich erhaschte einen flüchtigen Blick von einem Schnabel und zwei Augen, schwarz wie die Nacht, die sie umgab, und voller Bosheit.

*»La pauvre . . .«* Mademoiselle de V. stand wieder auf.

Hatte sie denn den Blick nicht gesehen?

Als wir zu den anderen zurückkehrten, sagte Maurice D– – – – zu mir: »Mayne, *selon vous,* was ist die ureigene Domäne der Prosa im Vergleich zu der des Gedichts?«

»Sie wissen sehr wohl, daß Sie mir jedes Gefühl für Gedichte absprechen«, sagte ich ihm. »Warum fragen Sie mich also?«

»Eben darum«, sagte er.

Und eben darum weigerte ich mich zu antworten, obwohl ich mir sehr wohl irgendeine Antwort hätte ausdenken können.

Der Mond ging auf. Der Himmel, der bislang nicht von der Schwärze der Mauern zu unterscheiden gewesen war, schwebte über uns, ein milchig fluoreszierendes Rechteck, bewölkt und sternenlos, das unsere Welt von der Unendlichkeit schied. Die Cocktails waren ausgetrunken. In der fernen Dunkelheit ertönte ein Quäken, und ich meinte die Stimme zu erkennen. Aber Mademoiselle de V. nahm keine Notiz davon. Sie verhielt sich so, als zankten sich die Dienstboten zu laut hinter den mit grünem Flanell verhängten Türen, die sie von der um ihren Tisch versammelten *beau monde* abschirmten. *»Une tartine, madame?«* schlug sie vor und reichte einem ihrer Gäste eine Platte.

»Warum hast du meine Grüße nicht erwidert?« wollte Idris, der *simsar*, wissen, als er die Terrasse des Cafés betrat. *»Je te salue et tu fais comme si tu n'a rien vu! Qu'est-ce que c'est que cette saloperie, hein?«* Idris spricht immer französisch mit mir. Tatsächlich hatte ich ihn mit seinen beiden Freunden näherkommen sehen und so getan, als sähe ich ihn nicht, weil ich eine Passage beenden wollte, an der ich gerade arbeitete.

»Aber ich habe dich nicht gesehen, Idris. Entschuldige vielmals.«

»O doch, du hast mich gesehen! Es war unhöflich, meine Begrüßung nicht zu erwidern.«

Ich kapitulierte und gab meinen Fauxpas zu. »Sieh mal, ich war gerade beschäftigt – ich bin es immer noch; und ich dachte, wenn wir erst einmal mit dem *›labas-alaik‹* und dem *›hat-ta-inta-la-bas‹* anfangen, vergesse ich, was ich schreiben wollte.«

»Es ist ungehörig«, wiederholte er.

»Und es ist ungehörig, dazustehen, ohne mich deinen Freunden vorzustellen, Idris. Mulai Jacoub kenne ich – aber ...«

»Ach! Ach ja. Das hier ist Sidi Harun bin Achmed.« Wir beteten die Begrüßungsformeln herunter, und sie setzten sich alle an meinen Tisch. Ich wandte mich wieder an Idris.

»Versteh doch, Idris, die ganze Begrüßerei dauert so lang, und ich war beschäftigt, und du wolltest doch sowieso nur die Zeit totschlagen. Da habe ich halt so getan, als hätte ich dich nicht gesehen.«

»Sehr ungehörig für einen Moslem«, sagte er. »Wenn du ein Moslem wärst ...«

»Aber du machst es doch genauso. Ich hab's doch gesehen.«

Er bedachte das einen Moment und sagte: »Wenn ich mit dem Fahrrad vorbeifahre, ist das etwas anderes. Aber eben ...«

»Und? Wo ist da der Unterschied?«

»Der Unterschied ist, daß ich dir etwas sagen wollte. Etwas, was dir sehr von Nutzen ist. Wahrscheinlich sage ich es jetzt nicht.«

Si Harun – Sidi oder Si, das ist dasselbe – war dem Gespräch mit gewissen Schwierigkeiten gefolgt, aber er merkte, daß Idris einen Punkt erzielt hatte, und unterstützte ihn durch mehrmaliges Nicken.

»Woher sollte ich denn wissen, daß du mir etwas zu sagen hattest?« fragte ich Idris.

Er ignorierte die Frage und sagte: »Doch ich werde es sagen, weil du ein *berrani* bist und dich noch nicht richtig auskennst. *Eh bien,* wir haben vor, im Aguedal ein Fest zu veranstalten, *Inscha'Allah.* Dort wird es kühl sein. Wasser, Bäume.«

Der Aguedal ist ein riesiger, mit einer Mauer umgebener Obstgarten am Südrand der Stadt, sicherlich drei oder mehr Kilometer lang und anderthalb Kilometer breit. Er wurde im zwölften Jahrhundert von einem Almohadenfürsten angelegt. Der größte Teil ist mit Olivenbäumen bestanden, aber es gibt auch Orangen und Zitrusfrüchte, zwei große künstliche Seen und einen verfallenen Sommerpalast. Das alles weiß ich aus eigener Beobachtung und aus dem Reiseführer, und ich bin schon fast so weit, daß ich eine ganz bestimmte Ecke darin als mein Privateigentum betrachte. Der Aguedal ist naturgemäß ein beliebter Ort für Picknicks.

»Das wäre schön«, sagte ich. »Wann soll es stattfinden?«

»Zuerst sprechen wir über das Fest«, bemerkte Idris.

»Du mußt wissen, daß es ein *nzaha b-et-tenzel* werden soll, wo jeder Sidi Harun Geld gibt, damit er das ganze Essen einkaufen kann ...«

Sidi Harun unterbrach: *»... al-lahm, al-chudra, at-tum, al-ghilla, at-tadschin ...«*

*»Atay, al-garro«,* ergänzte Moulai Jacoub. *»Je te prends une cigarette, monsieur, merci beaucoup.«* Er bediente sich aus meinem Päckchen.

*»... et tout cela«,* sagte Idris mit ausladender Handbewegung. »Du wirst so freundlich sein und zweihundert Francs beisteuern.«

Ich sagte: »Ich glaube, ich bringe lieber etwas mit. Wenn ich so eingeladen werde, bringe ich zum Beispiel normalerweise Hühner mit.« Ich dachte natürlich an 'Aischas *diyafa.* Genaugenommen ist das das einzige Mal gewesen, daß ich so eingeladen worden bin.

Mulai Jacoub machte ein erstauntes Gesicht. *»Mais c'est une nzaha b-et-tenzel,* was wir veranstalten! Und mir scheint, du sprichst von einer *nzaha bil-farida*, und das ist etwas ganz anderes!«

»Ach so. Wieviel steuerst du denn bei, Idris?«

»Mulai Jacoub steuert ebenfalls zweihundert Francs bei«, sagte Idris, und Mulai Jacoub grabschte nach seiner Hand und sagte: »Du irrst dich, mein Freund. Hundertfünfzig. *Tlatin reál, yak?* So war es abgemacht, Idris!«

*»'Andik al-haqq, ya Moulai. Tlatin reál.* Und für dich, Monsieur Peter, *deux cent francs.«*

»Und du, Idris?« fragte ich.

»Ich? Fünfundsiebzig Francs, weil ich ärmer bin. Sidi Harun gibt kein Geld, weil er keins hat. Aber er ist ein guter Koch, also wird er seine Kochkunst beisteuern, *Inscha'Allah.«*

Ich sagte: »Also gut. Sagt mir Bescheid, wann es stattfindet.«

»Wir wissen natürlich noch nicht, wann. Bald, *Inscha'Allah*. Bei dieser Hitze wird es angenehm sein, im Aguedal eine *nzaha* zu machen. Sidi 'Ali kommt auch, also können wir für die Hinfahrt kostenlos seine *calèche* benutzen. Die Kutsche ist Sidi 'Alis Beitrag.«

Wir redeten noch eine Weile über die *nzaha*, dann standen die drei auf, um zu gehen. »Denk bitte daran, was ich dir über das Beantworten der *›la-bas‹* deiner Freunde gesagt habe, Monsieur Peter«, sagte Idris.

Ich lachte. »Ich werde dich nicht beachten, wenn du mit deinem Fahrrad fährst, und wenn du zu Fuß bist, bekommst du deine *›la-bas‹* oder auch nicht, ganz wie es mir beliebt.«

»Was!« rief er, setzte sich wieder hin und bedeutete den anderen, das gleiche zu tun. »Erlaube mir, dir das zu erklären, damit du keine Fehler mehr machst.«

Sodann erklärten sie es. Ich glaube, es verhält sich damit folgendermaßen:

Natürlich dauert eine Begrüßung lange, aber es ist sehr unhöflich, sich ihr zu entziehen. Falls beide Beteiligten fahren, sei es in *calèches* oder auf Fahrrädern, reicht es manchmal aus, eine Handbewegung und eine leichte Verbeugung zu machen. Falls nur einer fährt, darf er aus- oder absteigen oder auch nicht, wie es ihm beliebt. Sind aber beide zu Fuß und können sich nicht aus dem Weg gehen, gibt es kein Entrinnen. Man sollte nur dann so tun, als habe man den anderen nicht bemerkt, wenn es auch überzeugend wirkt. Eigentlich kommt mir alles genau wie in Europa vor, außer daß es länger dauert. Problematisch wird es, wenn einer von beiden Eindruck machen will, denn dann kann er sich an der Hand des anderen festhalten, einfach nicht mehr loslassen und die ganze Sache noch einmal durchbeten. Dabei sollte er dem anderen die ganze Zeit tief in die Augen schauen. Wenn gewünscht, ist es zulässig, sein Gegenüber zu tätscheln.

»Und Umarmungen?« fragte ich sie.

Mulai Jacoub erläuterte die Regeln. »Normalerweise ziemt es sich nicht für einen Christen zu versuchen, einen Moslem an einer höheren Stelle als der Hand zu küssen.«

Daraufhin sah Idris mich an, lachte brüllend und schlug Sidi Harun auf die Schulter.

Ich sagte mit fester Stimme: »Komm du mal nach London und versuche, einen Christen zu küssen, egal wo!«

»Nein, nein!« rief Idris und sank, von hilflosem Lachen geschüttelt, an Sidi Haruns Hals zusammen. Dann beruhigte er sich so weit, daß er sagen konnte: »Ich habe nicht über die Christen gelacht, sondern über Sidi Harun«, worauf er erneut zusammensank. Schließlich fuhr er etwas ruhiger fort: »Es ist nämlich so, daß mein kleiner Harun al-Raschid gar nicht höher kommt als bis zur Hand!«, und sie brachen alle zusammen in Gelächter aus, auch Sidi Harun.

Mulai Jacoub hatte ich schon mehrmals getroffen. Er ist ein enger Freund von Idris, ein kleiner, rundlicher, liebenswerter Mensch. Aber heute bin ich zum erstenmal Sidi Harun begegnet, und die Sache mit ihm ist die, daß er ein winzig kleiner Zwerg ist. Er ist deswegen kein bißchen gehemmt. Gott der Herr hat gewollt, daß er diese Größe hat, und alle nehmen sie ganz selbstverständlich als gegeben hin. Alle sehen ein, daß es bisweilen beschwerlich für ihn sein muß, und helfen ihm auf unterschiedliche Weise. So geben ihm viele Geld, weil er so klein ist und von daher die meisten Arbeiten, die ihm etwas einbringen würden, nicht tun kann. Kutscher nehmen ihn von einer Seite der Dschama al-Fna zur anderen mit, um ihm den Fußmarsch zu ersparen, wenn sie zufällig gerade vorbeikommen. Sidi Harun nahm es keineswegs übel, daß Idris lachte. Im Gegenteil, er war entzückt und sagte: »Und wenn ich nicht bis zur Hand komme, beiße ich vielleicht ins Bein!«

Wieder bogen sich alle vor Lachen, und von den Nachbartischen kamen Leute und wollten wissen, worum es ginge, und auch sie bogen sich vor Lachen, als sie es hörten.

Mulai Jacoub gewann als erster seine Fassung wieder. Er sagte, er müsse die Regeln, die er aufgestellt hatte, berichtigen. »Ich habe es falsch gesagt. Christen sollen Moslems natürlich begrüßen, aber sie dürfen sich nicht unterstehen, sie zu umarmen. Wenn das Händeschütteln vorbei ist, darf ein Christ leicht seine Fingerspitzen küssen, so –Bwch! –, als würde er die Finger küssen, die von der Berührung des anderen geehrt worden sind, *ti comprends*?«

»Machst du das dann auch, Mulai Jacoub?«

»Ich mache das dann auch.« Jetzt kam er zu den Regeln für Moslems. Wenn ein Moslem einem anderen Moslem begegnet, der höher steht als er – beispielsweise einem ›Mulai‹ –, sollte er umgehend dessen Hand küssen. Schulter, Hals oder Wange sind anderen höherstehenden Personen oder Verwandten vorbehalten. Es wäre sehr unschicklich – und anmaßend –, nach einem Körperteil des Höherstehenden zu schnappen, der dem Küssenden aufgrund seines Standes nicht zukommt.

Es scheint also, daß es zwei Gründe dafür geben

kann, die Hand – oder die Wange – vor einem drohenden Kuß zurückzuziehen: entweder um den Küssenden vor der Selbsterniedrigung zu bewahren, oder um ihn für seine Anmaßung zu tadeln. Ich denke mir, daß an dem erstaunten bzw. angewiderten Blick abzulesen ist, welche Situation jeweils vorliegt, aber abgesehen von diesem persönlichen Kommentar stammen die Regeln von Mulai Jacoub.

»Er hat es dir ganz falsch gesagt«, meinte Idris.

»Ich habe es ihm richtig gesagt. Keiner küßt dich, Idris«, entgegnete der Mulai streng, »weil du weder Mulai noch schön bist. Woher willst du es also wissen?«

Der Lebensrhythmus hier in der Stadt hat sich im Laufe der letzten ein, zwei Wochen deutlich verändert. Die Atmosphäre ist immer trockener geworden und das Thermometer gleichzeitig gestiegen. Die ganze Zeit hat die Sahara geduldig jenseits der Gipfel des Atlas gelegen und den geeigneten Moment abgepaßt, und keiner hat einen Gedanken an sie verschwendet. Aber jetzt fällt uns ein, daß wir in letzter Zeit keine Besucher aus der Wüste mehr bekommen. Es treffen keine Karawanen mehr ein. Und wenn wir aufblicken, bemerken wir, daß der Schnee auf den Bergen vollständig geschmolzen ist.

*»Quarante degrés«,* sagte die französische *boulangère* vergangene Woche zu mir und fächelte sich dabei mit dem *Petit Marocain* Luft zu. *»On va voir. D'ici une quinzaine, on va voir.«*

Die Leute sind nicht mehr wie vorher im Sonnenschein unterwegs und gehen noch später zu Bett. Die Nächte sind jedoch weiterhin kühl, und erst seit drei

Tagen lasse ich in der Hoffnung, Durchzug zu machen, die Tür zwischen meinem Zimmer und der ›Küche‹ sowie das Fenster offen. Die *boulangère* sagt, die meisten europäischen Einwohner der Neustadt seien nach Frankreich oder an die Atlantikküste abgereist – die, die es sich leisten können. Die Dschama al-Fna ist von etwa mittag bis sechs Uhr halb leer, und die Cafés lassen ihre Leinwandrouleaus herunter, so daß es nicht mehr angenehm ist, auf der Terrasse des Café de France zu sitzen und zu schreiben. Ich arbeite so gut es geht zu Hause am Koffer. Aber wenn der Abend kommt, ist es himmlisch (jedenfalls kommt es mir so vor), und ich habe mir angewöhnt, nach dem Essen auf der Dschama al-Fna herumzuschlendern, oft in Begleitung von Maurice D----. Wir trinken einen Kaffee zusammen und schlendern dann immer auf und ab und unterhalten uns. Manchmal erzählt er mir von China und Indochina, und ich erzähle ihm von Orten, die ich kenne, und beide geben wir uns Mühe, Interesse an dem zu zeigen, was der andere zu sagen hat. Aber eigentlich erzählt er gut, und ich höre gern zu. Dann ist die Reihe an mir, seine Aufmerksamkeit zu beanspruchen.

Er ist ein merkwürdiger Mensch. Sein Intellekt ist rein französisch und zudem von hohem Rang – und sein Temperament orientalisch. Er hat mir erzählt, wie er vor etwas über einem Jahr zu Besuch hierher kam und sich in der Gewißheit, daß er sich hier niederlassen mußte, binnen weniger Wochen ein Haus gekauft hatte. Er fragte mich, warum ich hergekommen sei, und ich machte Ausflüchte: es kam mir vermessen vor, daß ich mir Marrakesch mit einer Nadel und verbundenen Augen ausgesucht und dann festgestellt hatte, daß ich mit meiner Wahl vollkommen glücklich war. Aber ich weiß, warum er es sich ausgesucht hat. Es hat etwas Mongolisches, das ihn unmittelbar anspricht. Ich fragte ihn danach. Ich dachte teils an den Pavillon, aber mehr noch an den *Meschuar* hinter dem Sultanspalast. Der Sultan hat einen Palast in Marrakesch, und vor dessen Zinnen liegen zwei riesige, ebene, leere Plätze. Sie sind ihrerseits von Mauern umgeben und durch eine gemeinsame, von einem überwölbten Durchgang durchbrochene Mauer voneinander getrennt. Hier zeigt sich der Sultan den Leuten, wenn er in der Stadt weilt, und man nennt sie *Meschuar*. Ihre Leere zieht mich an, und jedesmal, wenn ich zum Aguedal gehe – der Weg dorthin führt über sie –, fällt mir ihr mongolisches Gepräge auf – China, so wie es ganz im Norden ist, sage ich mir. An den Mauern entlang sind in Abständen kleine Pforten oder Schilderhäuser, gekrönt von grünen Ziegeldächern, die an Pagoden denken lassen. Aber das Ganze ist gröber, als es meiner Vorstellung von rein Chinesischem entspricht. Ebenso haben die Gesichtszüge von Berbern häufig etwas andeutungsweise Mongolisches, aber wiederum gröber, wuchtiger. Maurice D----, der so überaus mongolisch aussieht, ist trotzdem schon ein paarmal gefragt worden, ob er Maure oder zumindest ein Moslem aus einem anderen Land sei. Also nehmen die Mauren es auch wahr, und doch haben die beiden Rassen, soviel ich weiß, keinerlei gemeinsame Abstammung, und ich habe nie eine Bemerkung über dieses mongolische Gepräge gehört oder davon gelesen. Maurice gab es ohne weiteres zu, als ich ihn fragte.

»Ich fühle mich hier wohl«, sagte er. »Ich glaube, ich verstehe die Menschen und sie verstehen mich vielleicht auch.«

Erst jetzt beginne ich ihn zu verstehen.

Die Luft, die wir atmen, hat sich plötzlich in einen wildbewegten, mit grobem Sand durchsetzten Hitzewirbel verwandelt. Die Menschen verbergen die Gesichter in den Kapuzen ihrer *dschallabas* und besinnen sich jetzt auf die Sahara. Natürlich hat sich alles seit ein paar Tagen abgezeichnet. Der Himmel über dem Atlas ist trübe geworden, und wir schienen in einem kleinen Mikrokosmos von Sonnenlicht zu leben, während sich hinter uns etwas zusammenbraute. Der *Scharqi*. Er hat sich die Lungen mit dem Sand der Sahara gefüllt, sich zusammengeballt, während wir ein wenig bang warteten, und nun endlich hat er angegriffen. Er ist entsetzlich: dem *scirocco* verwandt, aber unendlich weniger zivilisiert. Eben das haben die Einwohner von Tanger gemeint, als sie sagten, ich sei wahnsinnig, im Sommer nach Marrakesch zu fahren, und bis jetzt haben sie unrecht gehabt. Gott sei Dank soll der *Scharqi* auf Zahlenmagie ansprechen und verhält sich nach der Formel 3–3–3. Die Zahlen stellen Tage dar, und nach jeweils dreien entscheidet irgendeine Macht darüber, ob der *Scharqi* weitere drei – und danach noch einmal drei – andauern soll. Heute haben wir den ersten Tag der ersten drei, und ich glaube, ich ersticke lieber zu Hause und ernähre mich von dem, was ich in der Keksdose finde, die mir als Vorratsschrank dient, als daß ich dem *Scharqi* trotze und dann vielleicht feststelle, daß alle Marktstände geschlossen sind, weil die Standinhaber weniger tapfer gewesen sind. Der *Scharqi* ist unerträglich.

Die *boulangère* setzte die Parodie eines Lächelns auf und sagte: »*Quarante-quatre hier, et quarante-cinq avant-hier.* Am ersten Tag hatten wir nur zweiundvierzig.«

Ihre Empfindungsfähigkeit ist offenbar feiner ausgeprägt als meine. Ich bin nicht imstande, zwischen zweiundvierzig und fünfundvierzig Grad zu unterscheiden, genausowenig wie ich imstande bin, Celsius in Fahrenheit umzurechnen. Ich bin nur imstande zu sagen, daß ich Gott dafür danke, daß er dem *Scharqi* befohlen hat, sich nach der ersten Dreierperiode aufzulösen. Meine Haut ist von einer dünnen Schicht überzogen, aber die Sonne scheint wieder, als hätte sie nie etwas anderes getan, und die Leute lächeln wie Menschen, die ein Zugunglück überlebt haben – zaghaft, ihrer selbst unsicher. Alle sehen sehr schmutzig aus, also werden die *hammams* heute abend voll sein.

Der *Scharqi* ist unerwartet wiederaufgekommen, und das schlimmer denn je. Da er nun seine zweite Dreierperiode und, soviel wir wissen, auch eine dritte hindurch anhalten muß, haben Maurice D---- und ich beschlossen, diese Binnenebene Richtung Atlantik zu verlassen. Nach Safi sind es mit dem *autocar* nur zwei Stunden, und wir fahren bei Tagesanbruch los.

*»Nous ferons du camping«,* sagte Maurice D----. *»Je m'occupe de tous les arrangements. Alors,* machen wir eine Liste . . .«

Das Anbranden der Wellen und ihr langes, seufzendes Zurückweichen erzeugt ein Grollen und Schlürfen in der Dunkelheit vor uns. Ich schreibe beim Schimmer einer kleinen Petroleumlampe aus dem neunzehnten Jahrhundert, die zu Mauricens Campingausrüstung gehört. Sie heißt *›la lampe Pigeon‹*. Eigentlich handelt es sich um ein Nachtlicht für Kinderzimmer aus der Zeit des Zweiten Kaiserreichs; von eleganter Form, aus Messing, mit einer kalligraphischen Inschrift. Sie hat einen Glasschirm, der in einer von einem Lilienmuster durchbrochenen Metallkrone sitzt. Die Spindel, die vor so langer Zeit dazu diente, den Docht auf- und abzuwickeln, funktioniert nicht mehr. Heute nacht hat Maurice dafür eine Sicherheitsnadel. *›La lampe Pigeon‹* wirft ein winziges, gelbes Licht, das kaum einmal flakkert, da der Wind sich gelegt hat. Sie illuminiert unsere begrenzte Welt – insbesondere Maurice (der, nur mit einem Batiktuch bekleidet, chinesischer denn je aussieht), die Unterseite des Felsens und mich. Ich trage eine karierte Unterhose.

Wir haben ein Zelt mitgenommen – es ist so leicht und praktisch, daß es sich zu einem Packen zusammenrollen läßt, der nicht viel größer ist als ein großer Toilettenbeutel. Es ist aus Nylon, Wände und Boden sind in einem Stück gearbeitet. Aber der Sand an diesem Strand ist weich wie ein Federbett und bietet Zeltheringen keinen Halt – jedenfalls war das bei Sonnenuntergang so, als der Wind übers Meer gepeitscht kam, die hauchdünne Hülle des Zelts aufblies, als wir es aufzubauen versuchten, und die Heringe schneller herausriß, als wir sie einschlagen konnten. Genaugenommen hat Maurice sie eingeschlagen, während ich, alle Viere von mir gestreckt, im Zelt lag, um mit Händen und Füßen die Ecken in Position zu halten. In diesem wildgewordenen, sich bäumenden, außer Rand und Band geratenen Ballon von einem Zelt hatte ich bald so deutlich den Eindruck, den Wind in meinem Bauch zu haben, daß ich herauskommen mußte.

Wir waren nicht imstande, das Ding aufzustellen, und haben deshalb beschlossen, daß eine Spalte zwischen zwei überhängenden Felsen mit dem gefalteten Zelt als Unterlage es genauso täte. Diese Spalte erleuchtet *›la lampe Pigeon‹* jetzt mit ihrem schwachen, gelben Schimmer. Der Wind hat sich gelegt, aber er lauert vielleicht irgendwo, und es ist zu dunkel, als daß noch einmal an Zelte zu denken wäre. Und warum auch? Wir haben uns endgültig damit abgefunden, und es wird weniger drückend, während die Nacht voranschreitet. Die Hitze war den ganzen Tag entsetzlich, und als wir uns in dem kleinen Hafenstädtchen Safi nach einem Zeltplatz umzusehen begannen, hieß es dort, es sei seit Menschengedenken nicht heißer gewesen. Das war heute morgen, vor dem *déjeuner*. Jetzt ist es Nacht, und der Mond wird bald aufgehen.

Maurice sagt, es sei sehr poetisch. *»Le site est plein de poésie«*, sagt er, und er hat recht. Die kleine Bucht mit ihren beiden schützenden Vorsprüngen, das glatte Gelb des Sandes, die Klippen, die in senffarbenen Riefen mit einem Schuß metallischem Mauve wie von Taft hinter uns aufragen – diese seltsamen Farben von vor ein, zwei Stunden, die wir noch in Erinnerung haben, aber nicht mehr sehen können, weil sie vom Purpur der Nacht verschluckt worden sind. Die Stelle ist voller *poésie*.

Ganz nahe bei uns kommt eine Kaskade von Grün die Klippen herabgestürzt und bricht an einem Punkt etwa fünfzehn Meter über dem Strand plötzlich ab. Das muß Wasser bedeuten, frisches Wasser. Morgen früh werden wir auf Erkundung gehen. Jetzt ist es zu dunkel. Über das ›Abendessen‹ werden wir uns kein Kopfzerbrechen machen; wir haben keinen Hunger. Dessenungeachtet bin ich überaus durstig – die ganze Marschiererei und Zeltplatzsucherei, beladen mit Rucksäcken, mit der *batterie de cuisine*, mit unseren *matelas pneumatiques,* mit Mauricens zweibändiger Ausgabe von Spenglers *Declin de l'Occident,* seiner dreibändigen Ausgabe von Malraux' *Psychologie de l'Art,* einem Edward Lear für mich und mit dem sinnreichen Petroleumkocher aus den Beständen der amerikanischen Heeresverwaltung, ganz zu schweigen vom Gewicht der Vorräte und von der Hitze, der grausamen Sonnenhitze. Ich hätte zumindest gern einen Kaffee, aber Maurice hat gerade mit gleichmütig chinesischer Miene gesagt, Kaffee hielte einen wach. Es ist offensichtlich, daß er keine Lust hat, nach dem Kocher zu suchen, der irgendwo in den Schatten hinter uns ist. Er weiß, daß mein Vorurteil gegen Petroleumkocher mich davon abhält, ihn anzuzünden, selbst wenn ich ihn finden kann. Vielleicht komme ich mit *vin rosé,* warm und ungenießbar, oder mit Wasser aus. Maurice hat alles vorausgesehen. Er sagt: »Wir müssen das Wasser aufheben, für alle Fälle . . .« Ich weiß, was er meint, obwohl noch keiner von uns seine Furcht eingestanden hat, daß die Frischwasserquelle schlecht sein könnte. Keiner von uns wird es eingestehen, bis uns die Fakten wie Dschungeltiger ins Gesicht springen. Wir haben natürlich die erste Regel von *le camping* mißachtet: die Wasserversorgung sicherzustellen. Egal. Jetzt läßt sich da ohnehin nichts machen. Heute nacht kommen wir aus dieser abgeschlossenen, wunderschönen Bucht nicht weg. Morgen wird Zeit genug sein, über solche Probleme nachzudenken. Im Moment hoffen wir, schlafen zu können.

»*C'est comme ça, le camping*«, erzählt mir Maurice, wie um mich zu trösten. »*Un mélange de délices et d'ennuis ...*« Der Mond geht jetzt auf. In zwei Tagen wird er voll sein. Wir sind ermüdet: eine gute, gesunde, körperliche Müdigkeit, natürlich. Maurice hat sich mit einem Taschentuch die Augen verbunden und es sich zum Schlafen gemütlich gemacht.

Ein neuer Tag. Zweifellos wird es später heiß werden, aber vorläufig ist es kühl und herrlich. Ich habe aus der Felsspalte herausgeschaut und stelle zu meiner Freude fest, daß die Bucht so schön ist, wie wir die ganze Zeit mit fester Stimme sagen. Hinter den Klippen ist die Sonne aufgegangen, so daß der Sand noch im Schatten liegt, aber die Wellen werden, wo sie brechen, von einem Strahlen erfaßt, einem langen, wogenden, halbmondförmigen Strahlen. Ein Feston aus Wrackteilen und kleinen Stückchen, bei denen es sich anscheinend um Kohle handelt, markiert die Stelle, bis zu der die Flut in den Nachtstunden gekommen ist, und aufgrund eines merkwürdigen Zufalls stehen unsere Felsen mitten zwischen zwei Bögen dieser unregelmäßigen Hochwasserlinie. Obwohl wir gut geschlafen haben, gab es einen Zeitraum, wo der Wind Sandschleier in die Felsspalte wehte, und später, gegen ein Uhr, fühlten wir uns eine Stunde lang durch das Meer bedroht. Wir blieben wach und warteten, zum Protestieren zu müde, darauf, daß wir ertrinken würden, aber die Wellen gingen wieder zurück. In dieser Stunde hatte ich Zeit zu lernen, daß eine Luftmatratze, die gerade ausreichend aufgepumpt ist, um das verteilte Gewicht eines ausgestreckten Körpers zu tragen, nicht ausreichend aufgepumpt ist, um denselben Körper zu tragen, wenn dieser auf dem Steiß balanciert. Im Sitzen war es so, als säße ich auf dem, was sich gerade unter der Matratze befand – in diesem Falle Fels. Wir schliefen wieder, als die Flut zurückging. Jetzt, in der Morgenkühle, haben wir bereits unser Frühstück gemacht und verzehrt – Kaffee, Porridge (den Maurice ›Quakaire‹ nennt), Brot und Butter, die von Sandkörnchen glitzert. Der von Maurice furchtlos in Betrieb genommene amerikanische Kocher funktionierte reibungslos. ›Quakaire‹ braucht eine Menge Wasser, und unsere Notvorräte sind fast aufgebraucht. Gleich werde ich versuchen, mit einem Leinwandeimer bewaffnet die Klippenwand zu ersteigen und an die Quelle heranzukommen.

Ich habe die Klippenwand erstiegen. Es stellte sich heraus, daß dort, wo die herabstürzende Linie von Grün fünfzehn Meter über dem Strand endet, eine Felsplatte ist, die von dem um ihren Rand wachsenden Bambus verborgen wird. Mitten auf der Platte liegt ein Tümpel, der sich langsam mit Wasser füllt, das von oben herabgetröpfelt kommt. Jemand hatte einen Teil eines Bambusblattes so in die Lehmschicht der Klippe gesteckt, daß das Wasser an dem Blatt entlangfließt und sich als pipettendünner Strahl über dessen Spitze ergießt. Etwa dreißig Zentimeter unter dem Blatt hatte derselbe Mensch als Auflage für seinen rostigen Becher ein paar Bambuszweige waagrecht in den Lehm gesteckt. Das war jemand, der die Felsplatte vor mir erreicht hatte. Es war ein alter Maure, und er mußte schon eine ganze Weile hier sein, denn er hatte bereits Zeit gehabt, eine zerlumpt aussehende Jacke von militärischem Schnitt, ein Hemd und eine aus lauter Flicken zusammengestükkelte *dschallaba* auszuwaschen. Diese Kleidungsstücke hingen zum Trocknen im Bambus. Jetzt machte er sich gerade an die Hosen. Er hatte sie naß gemacht und über einen Stein am Rande des Tümpels gebreitet und stampfte nun rhythmisch etwas von dem Schmutz aus ihnen heraus. Als Seife benutzte er eine fleischig aussehende Pflanze, die ich am Fuße der Klippe hatte wachsen sehen. Bei jedem Aufstampfen schnaubte er mit zusammengebissenen Zähnen, und er war mit Ausnahme seines Turbans splitternackt. Er begrüßte mich gleichwohl sehr höflich und nahm sofort seinen Becher weg, damit ich unseren Eimer füllen konnte. Ich habe ihn allerdings nicht füllen können, weil das zu lang gedauert hätte und ich außerdem schon an den ersten paar Zentimetern sah, daß das über das Blatt gewonnene Wasser fast so schlecht war wie das Wasser, in dem der Alte seine Hosen wusch. Wir tauschten Details unserer Lebensgeschichte aus (so ist er ehemaliger Soldat, *Classe* 1914), und er sagte, das Wasser sei trinkbar, sollte aber durch ein Tuch geseiht werden, um die Verunreinigungen herauszufiltern. »So«, sagte er und demonstrierte es mit dem Ende seines Turbans. Er war mit den Hosen fertig geworden und hatte sich unterdessen an eine winzige *dschallaba* gemacht.

»Danke«, sagte ich und deutete dann auf die *dschallaba.* »Von deinem Sohn?«

»Nein.« Er seufzte, schaute hinab auf die runzligen Verheerungen der Zeit und fügte bitter hinzu: »Meine Frau taugt nichts.«

Ich sagte ihm, wie leid mir das tue, und er sagte, Gott habe es so gewollt und nun sei es ein bißchen spät.

»Unsinn!« rief ich aus. »Sieh dir Abraham an!«

»Ibrahim war ein Prophet«, sagte er resigniert und kam dann wieder auf die Frage des Wassers zurück. »Vom Blatt ist es gut. Das sieht man. Schau her! Natürlich muß ich den Turban auf jeden Fall waschen.«

Ein dicklicher roter Rückstand befleckte jetzt das Turbanende. Seltsam. Ich hatte nicht erwartet, daß es so rot sein würde. Maurice glaubt, daß das Abkochen Wasser von sämtlichen Verunreinigungen befreit. Er fügt hinzu, in China gelte die Regel, daß die Wasserblasen beim Kochen von Teewasser nicht größer sein sollten als Garnelenaugen. Aber als ich mir dieses Wasser ansah, wußte ich nicht recht, ob Garnelenaugen sich als groß genug erweisen würden.

Ich dankte dem Alten und kletterte mit dem Eimer wieder zum Strand hinunter. Ich dachte: ›Wenn wir es durchseihen und stehen lassen, noch mal durchseihen, abkochen und noch mal abkochen, dann ist es vielleicht bis zum Mittagessen . . .‹

Wir dösten in der Sonne und badeten. Das Meer war eiskalt. Als es heißer wurde, dösten wir im Schatten unserer Felsen und badeten noch einmal. Eine Gruppe maurischer Frauen tauchte auf und suchte sich um den Vorsprung herum einen Weg. Für Strandbummler wirkten sie sorgfältig angezogen, und als sie näherkamen, konnten wir sehen, daß bis auf die größte, deren Gang auf eine alte Frau schließen ließ, keine einen Schleier trug. Sie schienen uns nicht zu bemerken, als sie sich zwanzig Meter von uns entfernt niederließen und auszogen. Es war ein verwirrendes Schauspiel. Sie hatten so viele Kleidungsstücke, sämtlich formlos, so viel Schnickschnack, so viele Gürtel und Spangen und sonstigen Krimskrams. Wie sich herausstellte, trug eines der Mädchen unter ihrem ganzen Staat einen Büstenhalter und Nylonhöschen sowie zahlreiche Armbänder – aus Gold. Die anderen beiden jungen Dinger schlangen sich einfach ein Stück Tuch um die Hüften und ließen ihre Brüste unbedeckt – große, schwellende Gauguinbrüste. Sie gaben ihre Kleider alle der alten Frau, die dasaß und über sie wachte. Wären die Mädchen Europäerinnen gewesen, hätte ich ihr Alter auf zwanzig bis fünfundzwanzig geschätzt: da sie Maurinnen waren, waren sie wahrscheinlich erheblich jünger.

Dann badeten sie. Sie rannten alle drei Hand in Hand kreischend bis zum Rand des Wassers, warfen die Köpfe hoch, drehten sich um, klapsten einander spielerisch, hüpften zurück, taten so, als würden sie stolpern, fielen auch hin, wurden leicht von einer Welle benetzt, quiekten erneut und wurden erneut benetzt, klammerten sich schutzsuchend aneinander und warfen nicht einen Blick in unsere Richtung, es sei denn, um sich zu vergewissern, daß wir zusahen. Natürlich sahen wir zu. Ich blickte Maurice an.

»Sind das Huren oder kleine, arglose Jungfrauen?«

»Es sind kleine Jungfrauen«, sagte er. »Und das muß ihre Kinderfrau sein.« Er benutzte das englische Wort ›nurse‹ und sprach es so aus, als würde es *neeurse* geschrieben.

Ich pflichtete ihm bei. »Es sind kleine Gauguin-Jungfrauen.«

Dann plötzlich fing die Kinderfrau zu kreischen an. Die Mädchen blickten sich in höchst überzeugender Angst um und sahen, wie auch wir, zum erstenmal zwei kahlrasierte Maurenköpfe hinter einem Felsen hervorspähen – kahlrasierte Köpfe mit Schnurrbärten. Die drei Mädchen schlossen sich sofort zu einem Kreis zusammen, schlangen einander die Arme um die Nakken und knieten ganz still in der Brandung. Bei einer lugte die linke Brust unter dem Arm hervor, wurde aber rasch wieder zurückgestupst. Drei Wuschelköpfe, drei Rücken, drei dralle Popos. Einer der Kahlrasierten pfiff. Die Mädchen erzitterten, kreischten unisono (wer wußte denn schon, welche von ihnen vom Schicksal bestimmt worden war?), die Mauren lachten, und die Kinderfrau kam keifend herangeeilt, so schnell sie ihre Beine trugen, und warf, wie ein Fischer sein Netz auswirft, einen *haik* über all dies schaudernde Fleisch. Nun waren nur noch die drei Popos zu sehen. Es war ein sehr bewegender Anblick. Unterdessen war noch ein Maure aufgetaucht, ein ziemlich großspuriger in einer *dschallaba*, unter dessen linker Achselhöhle ein Dolch baumelte. Er sagte etwas zu der alten Frau, was sie beeindruckte. Dann machte er eine Handbewegung zu den Kahlrasierten hin, die sich wieder hinter ihrem Felsen versteckten. Uns warf er einen kalten, warnenden Blick zu und stolzierte davon. Ich kann mir nicht vorstellen, woher er gekommen war. Die alte Frau suchte die Kleider ihrer Schützlinge zusammen, und sie stapften davon, den Strand hinunter. Wir sahen, wie der Großspurige noch einmal mit ihnen redete und ein Streit entstand, aber der Mann blieb Sieger. Die Mädchen hatte offensichtlich aller Mut verlassen.

»Meinst du, es sind doch keine Jungfrauen?« gab ich Maurice zu bedenken. »Und der Mann da ist derjenige, der die Einnahmen kassiert?«

Über die Wahrheit konnten wir nur Vermutungen anstellen. Auch die abschließende Episode enthüllte sie uns nicht. Die Mädchen kamen verstohlen zurück und sprachen uns durch die Schichten von Kleidern, Schleiern und Gürteln hindurch an, die sie wieder angelegt hatten. Der großspurige Maure war gegangen – oder er hatte sich versteckt, wenn er nicht endgültig gegangen war. Sie sagten uns, er habe behauptet, eine Amtsperson, ein Polizist zu sein, und zu ihnen gesagt: *»Défendu!«* Was war verboten? Keiner von uns wußte es.

Ich sagte auf arabisch, so verständlich ich konnte: »Ich glaube, es ist vielleicht verboten, am Strand seine Brüste und Popos zu zeigen.«

Sie schrieen entsetzt auf. »Niemals, niemals!« heulten sie. »Ich doch nicht!«

»Doch, *du*«, sagte ich und zeigte mit dem Finger auf sie, »und *du*. Und die nassen Höschen der Dritten haben auch nichts geholfen. Es war sehr unanständig.«

»Niemals, niemals«, heulten sie, und eine klimperte mit ihren Armbändern und fügte hinzu: »Das Teufelskind! Er hat mein Gold gewollt.« Ihre Augen sprühten Feuer. »Jawohl. Er hat mein Gold verlangt.«

Wo lag nur die Wahrheit?

Die Kahlrasierten schauten von ihrem Felsen aus zu. Sie sahen ganz zufrieden aus.

*»Yallah!«* sagte die alte Frau zu ihren Schützlingen. »Kommt! Männer sind raubgierige, wollüstige Tiere.«

Bevor wir letzte Nacht – der zweiten, die wir in dieser Felsspalte verbrachten – unsere Matratzen aufpumpten, bauten wir vor dem Eingang eine kleine Mauer aus Sand und vom Meer glatt geschliffenen Steinen. Sie sollte die See draußen halten, und heute morgen stellten wir zu unserer Freude fest, daß sie insofern wunderbar funktioniert hatte, als sie lediglich mit Schaum benetzt war und standgehalten hatte. Außerdem haben wir auch wunderbar geschlafen. Die Flut war noch weiter hochgestiegen als vorige Nacht, zudem mit beträchtlicher Kraft, aber eigentlich verdanken wir unsere Rettung der Tatsache, daß sie den vor uns liegenden Teil des Strandes zu ungestüm attackiert hatte, um Erfolg zu haben. Die Gewalt der Wellen hatte einen Sandwall aufgehäuft, den sie nicht überwinden konnten. Weiter vorn in der Bucht ist das vergleichsweise sanfte Gefälle bis zu einer viel weiter landeinwärts liegenden Stelle von der Flut überrollt worden. Wir haben uns dazu beglückwünscht. Andererseits funktioniert der Petroleumkocher nicht mehr. Deshalb haben wir Zweige und getrocknete Bambusschößlinge verwenden müssen, die am Fuße der Klippen herumliegen. Obwohl in meinen Augen viel sicherer, ist es weniger befriedigend als ein funktionierender Kocher und erzeugt sehr viel Rauch in der Felsspalte. Ich bin zu dem Schluß gekommen, daß das Wasser aus dem Tümpel sich nur zum Rasieren eignet. Das bedeutet, daß wir in der Stadt Trinkwasser besorgen müssen. Safi ist nur zwei, drei Kilometer entfernt, und wir brauchen auch Zigaretten, denn gestern nachmittag sind ein paar Fischer aufgetaucht und haben um ein paar gebeten, als sie ein Päckchen neben uns liegen sahen. Wäre es umgekehrt gewesen und sie hätten das Päckchen gehabt und wir hätten um Zigaretten gebeten, hätten sie uns ganz selbstverständlich so viele gegeben, wie sie hatten. Mauren sind in dieser Hinsicht erstaunlich großzügig. Wir haben also kein Recht, uns darüber zu wundern oder zu ärgern, daß sie uns nur eine pro Nase übriggelassen haben.

Es ist wieder sehr heiß. Wenn man zum Klippenrand

hinaufschaut, kann man den grauen Schleier des *Scharqi* nach Westen fliegen sehen, wo er im Atlantik ertrinkt. Bei Sonnenuntergang ruht der *Scharqi* sich aus, und die heiße Luft steigt von dem kargen, ausgedörrten Boden auf, und dann kommt der Wind von der See herangetost, um das Vakuum zu füllen. Die Natur ist manchmal sehr grausam.

Am Spätnachmittag wußte ich, daß ich unsere Felsspalte satt hatte. Ich hatte den größten Teil des Tages darin verbracht, weil es wirklich zu heiß ist, um sich in der Sonne aufzuhalten. Maurice hatte eine geschützte Stelle im Felsen gefunden, auf der er sich zum Schlafen oder Lesen ausstrecken konnte. Er wirkte völlig zufrieden. Aber mittlerweile war unser Wasser aufgebraucht. Ich las ein bißchen und versuchte zu schreiben, stellte jedoch fest, daß ich mich nicht konzentrieren konnte, und legte das Notizbuch wieder weg. Ich badete natürlich, aber der Sand verbrennt einem die Füße, das Wasser des Atlantik ist so kalt wie Winterregen, und es zeichnet sich keine Linderung unserer gegenwärtigen Lage ab. Und so sagte ich gegen sechs, als der grausamste Teil des Tages vorüber war, daß ich mich zur Stadt kämpfen würde, um Wasser zu holen.

»Keine Sorge«, sagte ich. »Ich gehe gern. Es ist zwar heiß, aber eben deshalb müssen wir auch trinken.« Ich holte unseren Korb und den Petroleumkocher. »Ich werde sehen, ob ich den reparieren lassen kann. Ich mache so schnell ich kann, aber warten Sie nicht auf mich, wenn Sie Hunger bekommen.«

Tatsächlich hatte ich nicht die Absicht, zum Abendessen zurück zu sein. Ich war ein bißchen verärgert darüber, daß Maurice offenkundig genoß, was mir zu schaffen machte. Ich hatte ihm sogar gesagt, daß es für

Chinesen annehmbar sei: Gott habe ihnen eine Haut geschenkt, die das Gegrilltwerden nicht übelnähme, und es sei vollkommen unnötig, daß er sich mit Sonnenschutzcreme einrieb. *»J'aime l'odeur«,* sagte er gelassen. Ich fand, daß er sich in diesem Fall ruhig auch das Wasser aus dem Tümpel für Tee nach chinesischer Art abkochen konnte, falls er vor meiner Rückkehr Durst bekam.

Es wäre ein herrlicher Spaziergang gewesen, wenn die Hitzeglocke nicht gewesen wäre – über den Vorsprung hinweg und einen langen Strand entlang, der zwischen dem Vorsprung und der äußersten Hafenmole angeschwemmt worden ist. In der Stadt war es stickig. Ich kaufte ein paar Flaschen von einem Tafelwasser namens ›Jony‹, Zigaretten und *thon à l'huile* für das Frühstück. Außerdem ging ich zur *autocar*-Haltestelle und ließ für den nächsten Tag zwei Plätze im Nachmittagsbus nach Marrakesch reservieren. Das hatte ich nicht mit Maurice besprochen, aber *Scharqi* hin oder her, ganz gleich ob drei, sechs oder neun, ich möchte nach Hause. Dann deponierte ich mit freundlicher Erlaubnis eines *garçon-de-café* meine sämtlichen Einkäufe unter dem Ausguß und zog los, um mir zum ersten Mal die Stadt anzusehen. Am Tag unserer Ankunft hatten wir uns sofort auf die Suche nach einem Platz zum Zelten gemacht. Mir eine neue Stadt anzusehen, ist allerdings etwas, was ich gern allein tue, denn ich will keine Begleiter, die mir alles mögliche erzählen oder darauf bestehen, Einheimische um Auskunft zu bitten. Das Städtchen ist bezaubernd, vom Äußeren her sehr portugiesisch, und lebt zum Teil von den reichlich vorhandenen Sardinen. Die Sardinenschwärme, die früher vor der Küste Portugals umherschwammen, sind nach und nach bis hinunter nach Safi vorgedrungen, und es gibt Anzeichen dafür, daß sie noch weiter nach Süden ziehen. Im Gefolge dieser Schwärme sind kleine Häfen und Konservenfabriken entstanden, die eines Tages zwangsläufig stilliegen werden. Safi ist so klug gewesen, sich andere Einkommensquellen zu erschließen. Unter normalen Umständen muß die Stadt von Leuten wimmeln, die in Bars etwas trinken, aber nicht an dem Abend, den ich damit verbrachte, allein umherzuwandern. Tatsächlich gefiel mir mein Spaziergang überhaupt nicht.

Ich blieb zum Abendessen in der Stadt, aß in einem billigen Restaurant und trank dann auf dem Bürgersteig noch einen Kognak zu meinem Kaffee. Ich glaubte immer noch, daß es kühler werden würde, wenn die Dunkelheit kam. Aber das war nicht der Fall, und als es schließlich ganz dunkel war, holte ich meinen Korb und machte mich auf den Weg zu der Felsspalte. Es war mittlerweile Nacht, wenngleich noch zu früh für den Mond, und ich ärgerte mich über mich selbst, weil ich mich so unfreundlich davongemacht und es nicht genossen hatte. Außerdem ärgerte ich mich über das entsetzliche Gewicht der ›Jony‹-Flaschen.

Der Pfad über den Vorsprung, der sich bei Tageslicht so deutlich abgezeichnet zu haben schien, war im Strahl meiner Taschenlampe praktisch nicht zu erkennen. Von dem kleinen *cap* aus konnte ich *›la lampe Pigeon‹* als Fünkchen in der Ferne sehen. Jetzt wurde es deutlich kühler, eine feuchte Atlantikkühle, die mir nicht behagte.

Während ich mich am Strand entlangbewegte, wurde *›la lampe Pigeon‹* stetig heller, und plötzlich erkannte ich, daß sie von einem ziemlich hoch in der

Klippenwand gelegenen Punkt aus leuchtete und wahrscheinlich gar nicht *›la lampe Pigeon‹* war. Ich fragte mich, was passiert war. Ich blinkte mit meiner Taschenlampe undefinierbare Signale. *›Pigeon‹* antwortete nicht. Als ich ganz nahe war, entdeckte ich Maurice, von der Lampe erleuchtet, auf einem Absatz, der aus der Klippe vorsprang. Es war eine ziemliche Kletterei zu ihm hinauf.

»Ein Mann ist vorbeigekommen«, sagte Maurice, als ich mich zu ihm gesellt hatte. »Er hat mich gefragt: ›Hast du die Absicht, hier zu schlafen?‹, und in die Grotte gedeutet. Und ich habe geantwortet: ›Aber gewiß.‹«

Ich richtete meine Taschenlampe in die Dunkelheit und sah, daß unser gesamtes Gepäck auf den Absatz transportiert worden war. »Aber warum das alles?« fragte ich Maurice. Ich hatte natürlich leichte Schuldgefühle und wollte durch meinen Tonfall zu verstehen geben, daß er seine Energien nutzlos verpulvert hatte.

»Heute nacht ist Vollmond. Das hat der Mann gesagt. Außerdem hat er gesagt: ›Der Mond wird das Meer in deine Grotte bringen und dich vernichten.‹ Da habe ich die Sachen hier heraufgebracht. Hübsch, *n'est-ce pas*?« Er blickte in die Runde. »Meinen Sie, es gibt hier Skorpione?«

Ich glaubte es nicht, war aber nach wie vor gereizt und sagte deshalb mit nüchterner Stimme: »Wahrscheinlich.«

Maurice sagte: »Ich habe schon gegessen. Ich habe nicht auf Sie gewartet, weil ich wußte, daß Sie den Abend in der Stadt verbringen wollten. Ich hoffe, Sie haben gegessen und den Spaziergang genossen.«

Mittlerweile sind wir wieder in Marrakesch. Jeder sagt uns, was für ein Glück wir gehabt hätten, daß wir hatten weglaufen und dem *Scharqi* entkommen können – der sich diesmal wirklich ausgetobt zu haben scheint. Natürlich kann man es nach den am Abend beobachteten Wetterbedingungen nicht genau wissen, aber Maurice, der behauptet, luftdruckempfindlich zu sein, sagt, daß es morgen wieder schön sein wird. Der Himmel ist klarer, wie ich sehe.

Die Rückfahrt war scheußlich. Das *autocar* war überfüllt, und jemand hatte einen Sack Fische auf das Dach geladen, deren Saft an den Fenstern heruntertröpfelte und sehr übel roch. Die Hitze war noch immer derart, daß das Benzin in der Zuleitung ständig bis zur völligen Verflüchtigung verdunstete, so daß der Fahrer anhalten und feuchte Lappen darumbinden mußte. Aber wir sind zurückgekommen, und außer einem offenbar auf französisch geschriebenen Brief, dessen Unterschrift ich nicht eindeutig entziffern kann (ich vermute, sie lautet 'Abdeslem), bin ich wieder ohne Sorgen. Der Brief scheint eine Bitte um eine große Geldsumme zu sein, dringend, wichtig. Er schlägt ein Treffen vor.

Der Brief ist tatsächlich von 'Abdeslem, obwohl ihn offensichtlich jemand anders für ihn geschrieben hat. Er lautet:

> Onnui abominable a porte felous cent real sans faute je te prie immediatément je serez place riad larous quatr heure exacte demain inchallah ta camarade fidèle . . .

und dann kommt diese seltsame Unterschrift. Aber er ist von 'Abdeslem, das weiß ich mittlerweile. Ich aß auf der Dschama al-Fna zu Abend und schlenderte hinterher noch eine Weile mit Maurice herum, und als ich schließlich wieder nach Hause kam, saß der Nachtwächter neben meiner Tür. Er verwickelte mich in ein Gespräch, zunächst über den *Scharqi* und wie er uns, *al-hamdu lillah,* wieder verlassen zu haben scheine, dann über andere Sachen und endlich über das, was er die ganze Zeit auf dem Herzen gehabt hatte.

»Dein *courrier*? Hast du ihn im Haus liegen sehen?«

»Aber ich bekomme alle meine Briefe *poste restante.*« Ich sagte nichts von dem Brief, der durch Boten, ohne Briefmarken überbracht worden war.

»*Ah, oui.* Aber ich meine, ich hätte *courrier* kommen sehen. Ist nichts da?« Er lugte neugierig zu mir auf, und ich beschloß, ihn auf die Probe zu stellen, falls er etwas wußte. In der Nachbarschaft heißt es noch immer, er und 'Abdeslem hätten im Hinblick auf das ›neue Mädchen‹ unter einer Decke gesteckt, obwohl niemand irgendeinen Beweis beigebracht hat.

»Da ist nur ein kurzer Brief. Aber da ich die Unterschrift nicht lesen kann, werde ich deswegen nichts unternehmen.«

Ich sah sofort, daß er alarmiert war. »Aber du kannst schreiben – das sagt jeder! Kannst du nicht auch lesen?«

»Ich kann lesen, aber nicht diese Unterschrift.«

»Ist sie auf französisch?« (Wir sprachen Französisch miteinander.) »Ich bin *ancien militaire,* weißt du. Möchtest du, daß ich sie dir vorlese? Außerdem kann ich nicht nur Französisch lesen, sondern auch schreiben ...« Er hielt jäh inne, als hätte er vielleicht schon zuviel gesagt.

»Du kannst versuchen, sie zu lesen, wenn du möchtest. Ich wäre dir sehr verbunden.«

Ich holte den Brief, und wir zündeten ein Streichholz an, um ihn lesen zu können. Der Nachtwächter las die Unterschrift ohne die geringste Schwierigkeit. Er las sodann auch den Text, den er ohne Zweifel selbst geschrieben hat.

»Was meinst du, was das bedeutet?« fragte ich ihn.

»*Eh bien.* ›Onnui abominable‹. Das ist klar. Es ist so, wie es da steht: *ennui abominable. Le pauvre* 'Abdeslem ist in großen Schwierigkeiten. Und dann, daß Geld erforderlich ist, das ist auch ganz klar. Fünfhundert Francs – das sind die *felus cent reál*. Sofort. Und dann das Treffen. Kennst du Riad l-'Arous? Das ist nicht weit. *Ce n'est qu'à deux cent mètres d'ici.*«

»Ich habe sehr wenig Geld, weißt du. Ich glaube nicht, daß ich ...«

»... für deinen *Freund*? Deinen *camarade fidèle* – sieh her, da in dem Brief steht es alles – *ta camarade fidèle* 'Abdeslem! Aber Monsieur, das wäre eine unerhörte *haschuma*!« Eine *haschuma* ist eine Schande, in diesem Fall offensichtlich die Art von Schmach, mit der sich bedeckt, wer seiner Pflicht nicht nachkommt. »Morgen um vier. Das ist alles. Ah, das ist doch die einfachste Sache von der Welt! Es ist ein *Nichts*, worum er seinen besten Freund bittet!«

»Tja, wir werden sehen. Vielleicht.«

*»Tu jures . . .?«*

»Nein. Ich verspreche nichts, aber ich werde darüber nachdenken.«

»Du wirst dich *naturellement* nicht mit 'Aischa beraten.«

»Nein.«

*»C'est de la sorcellerie, j'en suis sûr.«*

Ich ging mit fünfhundert Francs in der Tasche zu dem Treffen, und 'Abdeslem verspätete sich um eine halbe Stunde und sah aus wie ein alter Mann, der alle Hoffnung verloren hat.

»Also, worum geht es, 'Abdeslem?« fragte ich.

Kurz gesagt, er ist behext worden; von einer Komplizin 'Aischas, die die speziellen Pülverchen und insbesondere die Zauberformeln geliefert hat. In seinem Kopf dreht es sich um und um. Das ›neue Mädchen‹ ist, wenn auch auf andere Weise, ebenfalls behext worden, von derselben Person und auf 'Aischas Verlangen. 'Abdeslem ist in großer Not. Es wird Geld kosten. Deshalb hat er sich an seinen besten und treuesten Freund – mich – um Beistand gewandt. Ich ließ das unwidersprochen.

»Es ist eine seltsame Geschichte, Monsieur Raoul«, sagte er.

»Ich bin nicht Monsieur Raoul, sondern Monsieur Peter.« Ich fragte mich, wer wohl Monsieur Raoul war.

»Du hast recht. Monsieur Raoul ist ein anderer Herr. Ich habe ihn einmal kennengelernt und ihm mein Foto gegeben. Ich habe auch eine Postkarte von dem Herrn bekommen. Möchtest du sie sehen? Ich habe sie bei mir.«

»Ich möchte dir keine Umstände machen.«

»Das macht keine Umstände – *schi bas ma ka'in.*«

Ich packte ihn am Arm, während er nach seiner Brieftasche wühlte. »Hör zu, 'Abdeslem. Es gibt andere, wichtigere Umstände, um die wir uns kümmern müssen. Wenn ich dir helfen soll, mußt du mir genau sagen, worin der *ennui* besteht.«

»Ach ja, *das*...« Und er sank plötzlich wieder zusammen und wurde einmal mehr zu einem alten, mit unerträglichen Kümmernissen beladenen Mann. *»Une sorcière«,* flüsterte er dunkel. »Und dann ist da noch 'Aischa. Hast du gehört, was sie getan hat?«

»Ja. Wie bist du herausgekommen?«

»Eines Tages werde ich es erzählen. Aber heute erzähle ich dir von anderen Sachen. *Al-'ain! Darabatni al-'ain al-qabiha!* Es ist der böse Blick!«

»Von wem?« Ich glaube, es ist wichtig, das zu wissen.

»*Ma n'aref!* Ich weiß nicht! Aber er ist *excessivement mauvais.* Ach, Monsieur Peter, *je souffre, je souffre, comme je souffre*! Gott allein kann mir helfen, Gott ist am größten. Und du kannst das Geld geben, bitte. Fünfhundert Francs.«

»Aber wofür ist das Geld, 'Abdeslem? Das muß ich wissen.«

Er knöpfte blitzschnell den Kragen seines Hemdes auf und holte ein kleines Blechamulett hervor, das an einer Kordel hing. »Siehst du das? Zweihundert Francs, und es hat überhaupt nichts genützt! Und das?« Er stieß den Arm vor, so daß die Manschette ein paar Zentimeter zurückrutschte und einen Bindfaden mit einer Troddel daran enthüllte. »*Egalement!* Aber durch die Gnade Gottes etwas billiger. Aber jetzt gibt es da eine Frau«, fuhr er in sehr vertraulichem Ton fort, »die mir etwas geben kann, was das Übel nicht nur wegnimmt, sondern dorthin zurückversetzt, wo es herkommt, mit Schmerzen wie von Feuer. Fünfhundert Francs ... nein, nein, Moment bitte, Monsieur Peter, Moment bitte! Hör zu, es wirkt doppelt – als wären es *deux sorcelleries* für nur zweihundertfünfzig Francs pro Stück! Verstehst du? Es nimmt von *hier* weg ... und versetzt *dorthin* ...«

»Und das Mädchen? Das ausgesprochen hübsche Mädchen, das zu 'Aischas *diyafa* gekommen ist? Was ist mit ihr?«

»Das Mädchen ist schon von dem bösen Zauber geheilt. Ein Mann, der Geld hatte – ein Herr von der Polizei, glaube ich –, hat dafür Sorge getragen. Aber leider gibt es keinen Menschen mit *felus* für mich, und deshalb muß ich allein leiden, meine Freunde *sertiyin,* meine ...«

»*Sertiyin*? Wie war das mit deinen Freunden? Das Wort kenne ich nicht.«

»*Serti* ist der, der flieht, der *harami.*«

»Ach so. Aber ich möchte mehr wissen, bevor ich Geld geben kann. Bring mich bitte zu der Frau, die sagt, sie kann helfen, wenn du bezahlst.«

»Das wird sie nicht wollen, weil du *Nasrani* bist.«

»Wenn das so ist – – –«

»... aber wenn du möchtest«, sagte er hastig, »frage ich sie. Ich werde sagen, es ist *spécial.* Gib mir hundert Francs jetzt und komm morgen wieder, dann werden wir sehen.«

»Ich werde wiederkommen, *Inscha'Allah*, sobald du mir sagen kannst, daß alles geregelt ist und ich bei der Aufhebung des Zaubers dabei sein darf.«

Er schaute sehr düster drein, als er sich mir zuwandte. »Und wenn das Übel sich vor diesem Tag vollendet?«

»Wenn es dich umbringt, meinst du? Glaubst du das denn?«

»Dann ist es deine Schuld. Dann hast du den Tod eines Moslem auf dem Gewissen, Monsieur Peter.«

»Du kannst mich jetzt zu der Frau mitnehmen, wenn du willst.«

»Jetzt? Das ist eine Sache für die Nachtstunden, und jetzt ist es erst vier Uhr!«

»Dann bestimme du die Nacht.«

»Ich werde bald kommen und sie bestimmen.« Er fing an, mit den Augen zu rollen und zu jammern: *»Ya willi! Ana makschuf! Ya willi, willi, willi, willi ...«*

'Aischa ist heute morgen mit einem neuen Plan vorbeigekommen. Sie weiß, daß ich mich, so gut es geht, selbst bekoche, weil sie mich mit meinen Einkäufen vom Markt zurückkommen sieht; und natürlich nimmt sie an, daß ich maurisches Essen mag.

»Gefällt es dir, *faire la cuisine*?« fragte sie mich, und ich sagte, ich hätte zwar nichts gegen das Kochen, aber ich täte es nicht gern, zumal in meiner ›Küche‹, die nicht einmal eine Plattform auf dem oberen Treppenabsatz ist.

»Ich kann es sehr schlecht«, gab ich zu. »Und außerdem nimmt es zuviel vom Vormittag weg.«

»Aha«, sagte sie. »Und wenn ich dir das *déjeuner* mache? Würde dir das gefallen?«

Das würde es in der Tat. Ich glaube nicht, daß ich von 'Aischa etwas zu befürchten habe. Ich mache ihr kein Herzklopfen, und sie weiß ganz genau, daß bei mir kein Geld zu holen wäre, selbst wenn ich durch einen Zauber dazu gebracht würde, sie zu begehren. Deshalb erschien mir der Vorschlag sehr vernünftig. Es liegt auf der Hand, daß zwei Leute sich von sehr viel weniger als dem doppelten Betrag für einen ernähren können, deshalb sollten wir beide dabei sparen: zumindest sie.

»Ja. Das würde mir gefallen. Was würdest du deinem *pensionnaire* berechnen, 'Aischa? Bloß *déjeuner*, sonst nichts.«

»Ich mache das *calcul*«, sagte sie und fügte dann plötzlich, wie um mich aufs Glatteis zu locken, hinzu: »Wie geht es 'Abdeslem?«

»'Abdeslem?« Ich wußte nicht, daß sie wußte, daß ich ihn gestern gesehen hatte. Wie schnell Neuigkeiten in dieser Stadt die Runde machen! »Er hat seine *ennuis,* wie es scheint.« Ich hielt inne, überlegte einen Moment und sah ihr dann in die Augen. »'Aischa! Was haben du und deine Freundin ihm angetan?«

»*Rien.* Das habe ich dir doch gesagt. Einfach nur die Tränke. Um ihn abzukühlen.«

»Nein. Da war noch mehr.«

»Ein kleines bißchen mehr. Eine kleine Spezialität, ein Pulver, um ihn für eine Weile zu beruhigen, *peut-être.*«

»Noch mehr. Noch etwas anderes.«

»*Rien.*« Sie winkte einem vorbeikommenden Nachbarn zu und versuchte, ihn ins Gespräch zu ziehen, aber der Mann war in Eile und tat so, als sähe er sie nicht. Ich packte 'Aischa an der Schulter und drehte sie herum, so daß ich ihr ins Gesicht sehen konnte.

»Noch etwas, 'Aischa! Jedenfalls hat die andere noch etwas getan, auf dein Verlangen. Das stimmt doch?«

Sie schwieg und biß sich auf die Zunge. Dann machte sie den Mund auf und sagte: »'Abdeslem ist es nicht wert, daß man an ihn denkt.«

»Weißt du, daß das ... das Mädchen, das auf deiner *diyafa* war, frei ist?«

»Zwina? *La fiancée de Si Fulan*? Ah, was für Ärger du mir machst, Monsieur Peter! Das arme, schöne Mädchen ...«

»Genau. Ich spreche nicht von *la fiancée*, sondern von dem schönen Mädchen, von der anderen. Hast du gehört, daß sie schon längst von den bösen Wünschen frei ist, mit denen sie belegt wurde?«

Sie spuckte aus. »Das ist bloß eine *putain*, die eine Lektion erhalten und sie gelernt hat. 'Abdeslem hat eine Lektion angeboten bekommen, aber er hat sie noch nicht gelernt. Und die Frau, die ... die getan hat, was sie getan hat, um 'Abdeslem eine Lehre zu erteilen, ist sowieso schon längst in ihr *bilad* zurückgekehrt. Ich weiß nicht einmal ihren Namen. Die Frau ist mir völlig unbekannt.«

Aber 'Aischa wankte, und diesen Vorteil nutzte ich, mit mir selbst recht zufrieden, weidlich aus. »Ich gebe natürlich zu, daß es für den Behexten wichtig ist, die Identität der Person zu kennen, die ihn behext hat. Aber angenommen, 'Abdeslem glaubt, daß du es warst, 'Aischa? Das ist natürlich unmöglich, aber Behexte sind leichtgläubig. In diesem Fall, und angenommen, du wärst so freundlich, den Zauber aufzuheben, indem du – tja, ich weiß nicht genau wie, aber vielleicht indem du beispielsweise das *cous-cous* mit einem Olivenzweig anstatt mit der Hand eines Toten umrührst (was genau, könnten wir bestimmt herausfinden) –, wäre er dann nicht möglicherweise dankbar und würde dich ewig lieben? Was hältst du davon?«

Einen kurzen Moment lang starrte sie in Gedanken die Gasse entlang. Dann sagte sie: »Ich fürchte, er wird wegen dieser Tränke nie mehr *sincèrement* lieben können, Monsieur Peter.«

»Fang jetzt bitte nicht an, Schwierigkeiten zu machen, ich bin nämlich sicher, daß man *irgend etwas* tun kann. Wenn du nichts weißt, dann *renseigne-toi*! Es gibt Frauen in der Stadt, die sich auskennen. Erkundige dich schnell, ehe es zu spät ist, 'Aischa!«

Sie strich sich mit der Hand über die gerunzelte Stirn. »Dir zuliebe, Monsieur Peter, aber nicht 'Abdeslem zuliebe, werde ich mir die Sache vielleicht überlegen. Ich werde mich erkundigen.« Sie brachte sogar ein farbloses Lächeln zustande, das aber plötzlich wieder erlosch. »Aber in ein, zwei Tagen ist *Ramadan*! Wir müssen bis zum *Schawwal*-Mond warten!«

»Ist *Schawwal* der Mond nach *Ramadan*? Aber warum nicht im *Ramadan*? Es wäre eine gute, edle Tat, an der du dich versuchst! Keine schlechte! Bestimmt schickt es sich ausgezeichnet für den *Ramadan*-Mond. Es geht um nicht mehr und nicht weniger als die Wiederzusammenführung eines Mannes und seiner Liebsten!«

*»Je me demande si . . .«*

»Ich beglückwünsche dich zu deiner Entscheidung, 'Aischa.«

Plötzlich geht mir auf, daß der Neumond erst in knapp vierzehn Tagen fällig ist. Ich muß 'Aischa daran erinnern, in der Hoffnung, daß sie sich so rasch wie möglich ›erkundigt‹, falls sie wirklich nicht weiß, wie man

'Abdeslem von seinen *ennuis* erlösen kann. Außerdem muß ich irgendwie mit 'Abdeslem Verbindung aufnehmen. Möglicherweise weiß der Nachtwächter, wo er zu finden ist, obwohl er vorgibt, es nicht zu wissen.

Alle Beteiligten sind äußerst unkooperativ. 'Aischa sagt, sie habe das Rezept noch nicht herausbekommen, und der Nachtwächter gibt noch immer vor, nicht zu wissen, wo 'Abdeslem steckt (obwohl ich sicher bin, daß er mit ihm in Verbindung stehen muß). Und schließlich hat es 'Abdeslem natürlich versäumt, Verbindung mit mir aufzunehmen. Zehn Tage sind vergangen, und demnächst beginnt der *Ramadan*.

Ach was, was soll ich mich darüber aufregen? Nur habe ich mich leider mehr oder weniger verpflichtet, die von 'Abdeslem ausgesuchte *sorcière* zu bezahlen, wenn ich ihn und 'Aischa nicht wie geplant wieder zusammenbringen kann.

Ich werde die Dinge laufen lassen...

Der *Ramadan* hat mit dem Neumond angefangen – einer kleinen Piniennuß von einem Mond, der der Sonne so rasch über den Horizont hinabfolgte, daß er nur insofern von Bedeutung war, als er den Fastenmonat einleitete. Vom Morgengrauen – von dem Moment an, wo es möglich wird, zwischen einem weißen und einem schwarzen Faden zu unterscheiden – bis zum Sonnenuntergang wird von jedem Moslem, der das Pubertätsalter erreicht hat, völlige Enthaltsamkeit verlangt. Fast jeder hält sich strikt daran. Zu dieser Jahreszeit – Hochsommer – muß das schwer zu ertragen sein. Den *Scharqi* haben wir sicher hinter uns (obwohl er wiederkommen kann), aber das Thermometer zeigt immer noch um die dreiundvierzig, vierundvierzig herum an: trocken, sengend, eine schwere Bürde. Es ist so heiß, daß man nicht einmal zu schwitzen scheint: die Feuchtigkeit trocknet sofort, und das Hemd fühlt sich spröde wie Papier an. Für die Dauer der achtundzwanzig Tage des Mondzyklus dürfen Moslems sechzehn von vierundzwanzig Stunden weder essen noch trinken noch rauchen – und müssen in der Theorie, die der Praxis oft nahekommt, alle bösen oder unwürdigen Gedanken aus ihrem Kopf verbannen. Unter dieser Belastung erhitzen sich gegen Abend die Gemüter. Ständig muß man auf der Straße Leute besänftigen und trennen, die kurz davor stehen, sich zu prügeln.

Manche Leute – zum Beispiel Idris, der *simsar* – verlassen einfach den ganzen Tag nicht ihr Haus. Er sagt, er fände es leichter zu ertragen, wenn er schläft. Weniger Glückliche müssen ganz normal weiterarbeiten. Überdies hatte 'Aischa, als sie vor mehr als vierzehn Tagen vorschlug, mich mit *déjeuner* zu versorgen, vergessen, daß sie selbst während des *Ramadan* kein *dèjeuner* würde zu sich nehmen können, deshalb mußte das Vorhaben zurückgestellt werden. Vielleicht werden wir später darauf zurückkommen.

Ich bin mehrfach gefragt worden, ob ich das Fasten einhalte, offensichtlich weil die Existenz von Drückebergern wie mir im *darb* äußerst ärgerlich ist. Das einzige, was die Kasteiung des Fastens für die Marrakeschis erträglich macht, ist die Tatsache, daß es ein gemeinschaftliches Märtyrertum ist. Ich vermeide es, während der verbotenen Stunden auf der Straße zu rauchen oder zu trinken, wo andere mich sehen können.

Idris' rundlicher Freund Mulai Jacoub hofft, bis zum

Ende der Fastenzeit fünf bis sechs Kilo abzunehmen. »Du wirst sehen«, meinte er selbstzufrieden und saugte die dicken Backen ein, um vorzuführen, wie er aussehen wird. Aber Idris selbst macht sich eher darüber Sorgen, daß er nicht rauchen darf.

»Weißt du, Monsieur Peter, daß ich mein Fasten sogar dann gebrochen hätte, wenn der Rauch von jemand anders in meine Nase geriete?«

»Aber man darf sich doch den Mund mit Wasser ausspülen, oder?«

»Natürlich – und das Wasser spuckt man wieder aus: man *muß* es ausspucken! Aber wie kann man den Rauch ausspucken, wenn er eindringt? Wenn ich mein Fasten gebrochen habe, muß ich für jeden Bruch einen Tag zusätzlich fasten.«

»Ich bin so ausgetrocknet wie ein kleines, verdorrtes Blatt«, teilte Mulai Jacoub uns mit. »Deshalb rühre ich mich nicht und halte die Füße in einen großen Eimer Wasser.«

»Und wenn sie die Trompeten blasen – hast du die Trompeten gehört? – und die Kanone so wie eben losgeht, bin ich vom Fasten so erschöpft, daß ich fast nicht imstande bin, die *harira* zu trinken.« Das war wieder Idris, aber der Mulai unterbrach:

»Wenn *du* fasten würdest, Monsieur Peter, könntest du oft zur *harira* zu mir nach Hause kommen. Bei mir zu Hause ist die *harira* besser als das hier.«

*»Harira?«*

»Das hier! Die Frühstückssuppe, natürlich! Bei mir zu Hause ganz ausgezeichnet. Aber du fastest ja nicht.«

Sie waren beide sehr mit sich zufrieden. Es war noch zu Beginn des Mondzyklus, und wir saßen alle auf einer Bank auf der Dschama al-Fna und tranken aus Schalen besagte *hahira*-Suppe. Es muß gegen acht gewesen sein, und die Dämmerung brach rasch herein. Überall um uns herum drängten sich Leute mit ihren Schalen, und vor uns stand ein riesiger Kessel, aus dem der Suppenkoch die Portionen ausschöpfte. Niemand schien es eigenartig zu finden, daß ein Christ unter ihnen war.

Idris fuhr fort: »Wenn die Kanone losgeht, zuerst die *harira* und dann, kurz danach, eine Zigarette. *Je t'offre une cigarette. Tiens!* Aber wenn ich zuviel Rauch in meinen leeren Körper sauge, dreht sich mir der Kopf, und ich falle um und werde ohnmächtig. Kann nicht mehr aufstehen!«

»Und bald kommt das Abendessen!« Mulai Jacoub stellte seine Schale neben sich auf den Boden. »Sehr bald. Aber nach der *harira* müssen wir unsere Bäuche eine Zeitlang ausruhen lassen. Während der Fastenzeit muß man den Bauch wie ein Kind behandeln.«

Wir saßen ein Weilchen herum und gingen dann zusammen über den Platz. An diesen *Ramadan*-Abenden ist er so überfüllt, daß man sich kaum bewegen kann. Die kühlere Abendluft und die Erleichterung, wenn das Fasten unterbrochen ist, treibt alles ins Freie. Gegen neun wünschten mir Mulai Jacoub und Idris eine gute Nacht.

»Wir gehen zum Essen nach Hause«, sagte Idris.

»Ich gehe auch essen. Kommt ihr hinterher noch einmal?«

»O nein. Wir müssen uns um unsere Frauen kümmern.«

»Frauen sind während des *Ramadan* besonders unersättlich«, bemerkte Mulai Jacoub. »Und wir müssen mit ihnen fertig sein, ehe die Trompeten wieder blasen.«

Die Trompeten sind lang, gerade und durchdringend, und sie blasen wieder gegen 3 Uhr morgens, da wir Hochsommer haben. Das Leben ist also eine ziemliche Hetze. Wer rituell unrein ist, muß sich dem *hammam* unterziehen, und dann folgt eine gewaltige Mahlzeit, um sich für die Fastenstunden vollzustopfen, die der Morgenkanone folgen. Viele ältere Leute bleiben wach, aus Angst, daß sie so fest einschlafen, daß die Trompete sie nicht weckt und sie infolgedessen die zweite Mahlzeit versäumen. Für die Jüngeren ist es selbstverständlich, daß sie aufbleiben. Daher ist die Dschama al-Fna die ganze Nacht bevölkert.

Wenn die Marrakeschis gelernt hätten, ihre Emotionen zu sublimieren, oder den Versuch für nötig hielten, wären diese *Ramadan*-Nächte weniger strapaziös für sie. Wie die Dinge liegen, trüben weder Sublimierung noch Neurosen ihr Leben. Das Kind wird beim rechten Namen genannt, und es ist weder schön noch abstoßend, sondern gehört einfach zu den Dingen, die sich ständig ergeben und mit denen man sich ad hoc befassen muß. Aber den ganzen Monat *Ramadan* hindurch darf man das Kind während der sechzehn Tagstunden mysteriöserweise nicht beim Namen nennen, und so ist eine Menge aufzuholen, wenn die Abendkanone losgeht, und die Luft schwirrt plötzlich von Emotionen. Ich muß sagen, daß es noch sehr gesittet zugeht, daß niemand vergewaltigt wird und daß Damen, die sich davor fürchten, nur höflich ablehnen müssen, um die Demütigung zu erleben, daß der Unhold sich vollkommen ungerührt jemand weniger Heiklem zuwendet. In dieser Hinsicht sind die Herren hierzulande nicht sehr galant. Sie sind jedoch klug und lassen Frauen und Töchter nicht aus dem Haus.

Die Instandsetzung und Renovierung von Maurice D----s Pavillon hat in den letzten Monaten erstaunliche Fortschritte gemacht, und obwohl während des *Ramadan* wahrscheinlich nicht viel herumkommen wird, hofft er, binnen ein, zwei Wochen nach dem Fest, das mit dem Neumond fällig ist, mit allem fertig zu sein. Er hat mich ständig in Grundsatz- oder Detailfragen um Rat gebeten, natürlich ohne die leiseste Absicht, anders zu verfahren, als er es bereits geplant hatte. Infolgedessen habe ich alle möglichen verrückten Extravaganzen vorschlagen können, und das hat uns beiden Spaß gemacht und nichts geändert. Der Pavillon wird wunderschön, finde ich. Maurice hat einen sehr sicheren und sehr geschulten Geschmack. Was das Interieur angeht, redet er viel von *espace neutre*, in dem ein, zwei *objets rares* so aufgestellt werden können, daß sie voll zur Geltung kommen. Nichts wird auf die Hand des Inneneinrichters hindeuten, jedenfalls hofft er das.

Am Ende seines Obstgartens hat er seine Werkstatt nebst Lagerraum – voller Sachen für den Pavillon, sobald dieser so weit ist, daß er sie aufnehmen kann: antike maurische Truhen, ein paar schöne Exemplare berberischer Keramik, die zunehmend schwieriger zu finden ist, hispano-moreske Stücke, Holzschränke, bemalt mit strengen Arabesken in Form von Blumen und Kalligraphien, die durch die Patina schimmern, welche die Jahre ihnen verliehen haben. Außerdem beschäftigt er sich mit einer von ihm so genannten *panoplie* maurischer Musikinstrumente, die schon von der Form her schön sind und deren Zusammenstellung erheblich schwieriger ist, als man sich vorstellen würde. Sie verursacht ein solches Theater, daß ich mich manchmal frage, ob sie je bis zu der breiten, weißen Wand im oberen Zimmer kommen wird, für die sie vorgesehen ist.

In einer Ecke des Obstgartens stehen, von Orangenbäumen beschattet, sehr viele Topfpflanzen – irgendwelche Lianen, Jasmin, Papyrus und welche, die ich ›Elephantenohren‹ nenne – für den Pavillon. Zu meiner Belustigung sah ich auch Süßkartoffeln: sie liegen in Wasser, in jenen nach unten verjüngten Öllampen, wie sie in Moscheen verwendet werden, und entwickeln lange, kriechende, mit Blättern bedeckte Triebe.

Ich fragte mich, ob sich ein solches Geschäft in Marrakesch tatsächlich würde halten können, und äußerte meine Zweifel, wie es Freunde bei solchen Gelegenheiten tun.

»*On verra.* Ich werde mich nach besten Kräften bemühen«, sagte Maurice. »Und wenn es mir Geld einbringt, *tant mieux. Mais dans tous les cas* glaube ich, daß es mich am Leben halten wird, und das ist das Leben, das mir gefällt. Ich habe einen Majordomus eingestellt«, fuhr er fort. »Er ist aus Fes und ist *ancien militaire.* Ich gebe ihm maurische Kleidung, die nicht allzu operettenhaft wirkt, und er hat sich um das Wohlergehen der Kunden zu kümmern. Für die, die am Nachmittag kommen und sich hinsetzen möchten, wird er außerdem *thé et cornes de gazelle* servieren.«

»Sie werden den Tee trinken und nichts kaufen.«

»Im Gegenteil, sie werden für den Tee bezahlen, und unten werde ich in einer kleinen *boutique* die besten Scheußlichkeiten aufbauen, denen Leute, die keine *objets authentiques* mögen, niemals widerstehen können. Sie werden sehen, *mon cher.*«

Ich glaube, er weiß, was er tut.

Wir gingen die Dschama al-Fna auf und ab, und es

war weit nach Mitternacht. Von *Ramadan*-Nachtschwärmern umringt, machten die Gaukler und Geschichtenerzähler gute Geschäfte, aber zwischen diesen quirlenden Gruppen lag schwarz und flackernd erleuchtet das Pflaster des Platzes. Es war recht kühl – ich trug sogar einen leichten Pullover –, und der Himmel über uns war sehr fern. Zuweilen bliesen die Trompeten irgendwo in der Stadt ein paar vereinzelte Signale – nicht die große Blechkakophonie, die in ein, zwei Stunden die Nachtluft zerreißen würde, um die Leute auf die nahende Morgendämmerung aufmerksam zu machen.

»Jetzt wäre die richtige Zeit für den Aguedal«, sagte Maurice. »Wenn er leer und dunkel ist und sich nur Sterne im Wasser spiegeln. Haben Sie ihn schon einmal bei Nacht gesehen?«

»Nein.«

»*Pourtant les anglais ont un sens profond de la nature*. Sie wissen vielleicht nicht, was sie ist, aber sie empfinden sie tief. Sagen Sie nicht, sie haben es vergessen! Gefallen Bäume und Leere und Wasser den Engländern nicht mehr?«

Obschon er in seiner letzten Woche durch ein Wiederauftreten des *Scharqi* scheußlich war, ist der Fastenmonat nun vorbei. Um sein Ende zu feiern, hat Idris ein paar von seinen Freunden zum Fest *Id as-sighir* in sein Haus geladen, und ich bin auch hingegangen. Es war ganz anders als 'Aischas *diyafa*, aber ungeachtet seiner ruhigen Förmlichkeit gleichwohl vergnüglich. Ich kannte mehrere, aber keineswegs alle Gäste, und es gab, soviel ich bemerkte, kein *haschisch*.

In mancher Hinsicht bedaure ich es, daß das Leben

ans Tageslicht zurückgekehrt ist. Es hatte etwas Zauberisches, wie der *Ramadan*-Mond groß wurde und dann langsam zu dem fahlen Splitter schwand, der kurz vor der Dämmerung aufging. Ich werde die Trompeten vermissen und tiefer schlafen. Es ist immer noch von einem demnächst im Aguedal stattfindenden Picknick die Rede, aber es werden natürlich keine Termine genannt. Es heißt nur immer, es soll ›sehr bald, sehr bald, *Inscha'Allah*‹ veranstaltet werden. Harun soll an dem letztlich festgesetzten Morgen zu mir kommen, um meinen Beitrag zu kassieren. Dann wird er zum Markt eilen, um Fleisch, Hühner und alles andere zu kaufen, und nach allgemeiner Überzeugung wird von da an alles wie am Schnürchen klappen.

Die Hitze ist auch nicht mehr so schlimm. Es heißt, der Sommer sei für einen dritten *coup de shergi* schon zu weit fortgeschritten, und ich vergesse allmählich, daß wir überhaupt je gelitten haben, auch in den schlimmsten Momenten.

Zu meiner Überraschung fand heute das Picknick im Aguedal statt. Es klappte tatsächlich alles wie am Schnürchen, außer daß Sidi 'Ali, der *calèche*-Fahrer, nicht benachrichtigt worden war, so daß die Gesellschaft am *calèche*-Stand eine halbe Stunde warten mußte, bis er von seiner wo auch immer hinführenden Fahrt zurück war. Mehrere andere Fahrer, die natürlich merkten, was da im Gange war, erboten sich, für ihn einzuspringen, aber Harun, ein geschäftiger Pygmäe, hatte die organisatorische Leitung inne und blieb fest: Sidi 'Ali oder keiner.

Harun saß neben dem Fahrer auf dem Bock und trug als Sonnenschutz einen sehr großen Strohhut des Typs, der, glaube ich, *taraza* heißt und mit bunten Wollbommeln behängt ist. Uns andere hatte er hinten untergebracht: Mulai Jacoub, Idris, jemand anderen, an den man noch in letzter Minute gedacht hatte, und mich. Der Neuzugang wurde mit Blanchette angeredet. »Verstehst du die *plaisanterie,* Monsieur Peter?« fragte Mulai Jacoub. »Monsieur Blanchette heißt so, nämlich weiß, weil er schwarz ist, verstehst du?«

Blanchette lachte. »Ich hoffe, das *makla* ist gut.« *Makla* ist Essen. »Wieviel hast du bezahlt, Idris? Harun hat mich fünfzig Francs zahlen lassen, aber zuerst hat er fünfundsiebzig verlangt.«

Wir alle lächelten uns wegen Haruns Schlitzohrigkeit zu, und er muß gehört haben, was gesagt wurde, denn er drehte sich auf seinem Sitz um und schlug mit einem Topfdeckel, an dem er sich festhielt, nach uns.

Wir plauderten miteinander, und Blanchette (der laut Idris ein großer Frauenheld und, weil so schwarz, angeblich lüstern ist) pfiff und zischte jeder Frau nach, an der wir vorbeikamen. Manche blickten auf und manche nicht, aber ich glaube, daß – ganz gleich in welcher Stadt – selbst die Frauen, die nicht auf Pfiffe reagieren, einfach wissen möchten, wer da pfeift.

Ich kannte den Weg gut: zu dem Tor bei der Kasbah hinaus, die Straße entlang, die der Stadtmauer folgt, in eine Gasse hinein, die so lang und schmal ist wie ein Eisenbahngleis, der *Meschuar* und dann der Aguedal. Die Störche kehren in ihr Winterquartier zurück, wie ich feststellte. Ihre Nester sind den ganzen Sommer über auf Türmen und Bastionen erhalten geblieben. Ihre Schnäbel machen *tack-tack-tack-tack-tack-tack*, und die maurischen Kinder singen ein Lied darüber. Es sind glückverheißende Vögel, die sehr beliebt sind. Für jemanden, auf dessen Haus sie zu nisten beschließen, ist das sehr schön.

Wir waren mittlerweile im Aguedal und trappelten gemächlich den langen, geraden Fahrweg zwischen den Oliven entlang – so altehrwürdige Oliven, verkrümmt und altersgeschwärzt wie Bäume in einem Märchen. Mit welcher Präzision sie vor so langer Zeit gepflanzt worden sind! Während wir vorbeitrappelten, sah ich ihre Reihen mit jedem Meter, den wir vorwärtskamen, wie die Stäbe eines Fächers zu neuen Mustern von Gartenwegen auseinanderklappen. Zwischen ihnen waren wie in sorgfältig bemessenen Abständen Stiere an Bäume angebunden. Auf ihren Rücken saßen kleine weiße Nonnenwebervögel, und manchmal stemmte sich ein Stier, der nicht so schläfrig war wie die anderen, zuerst mit den Hinterbeinen, dann mit den Vorderbeinen hoch, stand da und schwang seine Wamme, als wäre sie ein Samtrock.

»Ich habe gehört, daß *les espagnols* mit solchen Stieren kämpfen«, rief Harun zu uns herab.

»Die Stiere dort sind kleiner und wilder«, sagte ich.

»Ich werde mit Ziegen kämpfen!« rief er begeistert und schwenkte seinen Topfdeckel. Es war wie bei einem Schulpicknick. »Und sie dann kochen und aufessen.«

Mulai Jacoub schaute besorgt unter den Kutschsitz: »Wo ist der *nafich*? Wo ist er?«

*»Ma tichaf schai!«* schrie Harun. »*Ich* bin derjenige, der sich erinnert! Hier!« – und er bückte sich und zog plötzlich ein irdenes Kohlebecken unter seinen Füßen hervor. »Ich bin für alles zuständig, *auch* für das Erinnern! Du nur für das Geld, *ya* Mulai!«

Einige Zeit später hatten wir uns unter einem Feigenbaum niedergelassen, an einer Stelle mit einem Wasserlauf und einer symmetrisch angelegten, gefliesten Terrasse, wie die eines Patios ohne Umfassungsmauer, die man hatte verfallen lassen. Die Terrasse war mit Zickzackleisten aus türkisfarbener Fayence eingefaßt. Etwa zwanzig Meter entfernt war zur Bewässerung der Obstbäume ein moderner Kanal gebaut worden. 'Ali hatte sein Pferd etwas abseits angebunden: die Kutsche selbst war weit weg abgestellt, allerdings so nahe wie möglich an diesem vergessenen Lustgarten. Harun war bereits mit seinen Vorbereitungen beschäftigt. Wir saßen herum und warteten auf das Essen. Natürlich dauerte es lange, und Mulai Jacoub hatte zu reden angefangen, was ebenfalls lange dauert. Er ist reizend, aber manchmal wird er zu langatmig, wobei er lediglich darauf besteht, daß man dem zuhört, was auch er, wie Si Fulan in der Nacht von 'Aischas *diyafa*, ›das Beste‹ nennt.

In Europa ist ein Picknick der bewußte Versuch, das einfache Leben nachzuahmen, und es besteht in der Regel keine Notwendigkeit, auch die Unbequemlichkeit nachzuahmen. Aus den Miniaturen der Perser wird deutlich, daß sie das nicht so sahen, und das gilt auch für die Mauren, obwohl wir bei dieser Gelegenheit keine dunkeläugigen Jungfrauen bei uns hatten. Doch wir hatten Teppiche und Kissen, eine höchst komplette Küchenausrüstung, ein riesiges, dreibeiniges Kohlebecken aus Messing für den Teekessel, eine *'amara* und eine *siniya* aus Messing, um den Pfefferminztee und die dazugehörigen Utensilien darauf abzustellen, Fliegenklatschen und eine Spieldose. Mulai Jacoub ist von mittlerem Alter und wirklich rundlicher, als er sein sollte, aber er lehnte ganz nach persischer Art entspannt an einem Baum, ein absolut geeignetes Sujet für eine persische Miniatur. Er gab sich dieser *fête champêtre* hin, rezitierte Verse und erzählte Geschichten aus den Tagen, da Pferde Flügel und manche Männer gehörnte Teufelsköpfe hatten. Zur gegebenen Zeit aßen wir, beglückwünschten Harun (wie es ihm gebührte), und die Gesellschaft richtete sich bequem zum Schlafen ein.

Ich schlief nicht. Von einem der erhöhten künstlichen Seen im Aguedal geht eine Wasserrinne ab, und zu dieser schlenderte ich hin. An der Stelle, wo sie abzweigt, ist im Schatten eines Baumes eine Plattform aus Steinen errichtet worden. Die Wasserrinne führt über ein Aquädukt weiter und stürzt einige hundert Meter entfernt in die ihr von einer Wassermühle gestellte Falle. Unter dem Baum ist es kühl und schattig. Die Wasserrinne selbst ist gerade so breit, daß ich mich hineinlegen, und so tief, daß ich mir das Wasser über die Schultern rinnen lassen kann. Ich muß wohl ziemlich albern aussehen, wie ich da unbekleidet im Wasser liege und ein Buch von der Strömung weghalte, aber so habe ich es im Sommer oft gemacht, und ich genieße es. Ich liege hier im Aquädukt über dem Niveau des umliegenden Obstgartens und lese oder döse. Es ist niemand da, der mich sehen könnte, und selbst wenn jemand da wäre, würde er es, glaube ich, für eine angenehme und vernünftige Art halten, Siesta zu machen.

Als ich genug hatte, kehrte ich zu der Gesellschaft zurück und fand sie in geladenem Schweigen beim Zusammenpacken. Ich fragte nicht, und niemand verriet mir, was los war, und so marschierten wir alle schweigend zur *calèche* zurück. Erst jetzt beschloß Sidi 'Ali, sein Pferd zu tränken. Ich hatte das Gefühl, sie hätten nicht daran gedacht, auf mich zu warten, wenn ich nicht in diesem Augenblick zurückgekommen wäre. Keiner hätte das Schweigen brechen können, um vorzuschlagen, sich wieder zu vertragen. Wir machten uns auf den Heimweg. Da plötzlich, wie Stare manchmal auf ein unhörbares Kommando hin von einem Baum auffliegen, fingen sie alle gleichzeitig zu reden an, und Blanchette kämpfte sich unversehens über meine Knie hinweg und schlug den Fahrer ins Kreuz. Der Fahrer wirbelte herum und tat mit seiner Peitsche, was er konnte – nicht viel unter den gegebenen Umständen, wenngleich die Absicht mörderisch war –, und dies rief allgemeines Wutgebrüll hervor. Idris und Mulai Jacoub stürzten sich daraufhin auf Blanchette und gaben dem Fahrer so Gelegenheit, sich herabzubeugen und mit dem Griff seiner Peitsche auf ihn einzustoßen, weshalb Harun mit seinem Topfdeckel auf ihn einprügelte und Mulai Jacoub einen Zornesschrei ausstieß – obwohl ich glaube, daß er nicht einmal berührt worden war.

Ich bin lange genug hier, um zu wissen, was man tut, wenn dergleichen passiert. Jemand muß einschreiten; das ist so üblich; und der einzige, der dafür zur Verfügung stand, war ich. Also warf ich mich ins Getümmel, um meine edle Pflicht zu erfüllen. In gewissem Sinne gelang mir das hervorragend. Sie hörten mit der Rauferei auf, um mich in erstauntem Schweigen zu betrachten. Natürlich fingen sie wieder an, aber diesmal nur verbal, Beleidigungen, Gegenbeschuldigungen und dergleichen mehr. Die eigentliche Schlacht war vorbei. Sie sagten mir nicht, worum es gegangen war, und ich hielt es für das Beste, nicht zu fragen. Sie waren vom

Reden erschöpft, als wir beim *calèche*-Stand ankamen, wo wir schweigend auseinandergingen. Aber ich habe Idris zwischenzeitlich gesehen, und er hat gesagt: »*N'est-ce pas que le pique-nique était beau?*«

Nun da der Sommer zu Ende geht, beginnen die ersten Touristenschübe einzutreffen. Eine ganze Menge Mauren, die ich kenne und immer entweder für arbeitslos oder für begüterte Privatiers gehalten hatte, haben sich plötzlich in sehr schmucke neue *dschallabas* oder amerikanisch geschnittene Hemden und Gabardinehosen geworfen. Wie sich herausstellt, sind sie ›Führer‹, wenn die Saison beginnt.

Die Touristen kommen und werfen einen Blick auf die Dschama al-Fna, die Kutubiya und alle naheliegenden Sehenswürdigkeiten, und heute habe ich eine Reihe von ihnen vor dem Büro von Wagon-lits/Cook's auf Kamele steigen und unter Leitung sehr überzeugender Scheichs zu einem Ritt um die Stadtmauer aufbrechen sehen. In ihrer derzeitigen Form stören sie unser Leben nicht sonderlich: sie wollen nur schauen und wieder weggehen, nachdem sie die entsprechenden Abschnitte ihrer Reiseführer am Rand abgehakt haben. Harun sagt mir, daß die amerikanischen Touristen die besten sind und daß er sich wünscht, alle Touristen wären Amerikaner.

»Weil sie reicher sind?« fragte ich.

»Sie sind reicher, ja. Aber sie sind auch *besser*: denn die anderen, die keine Amerikaner sind, reden nicht mit mir: und wenn sie mit mir reden und mir *felus* geben, lassen sie es von oben in meine Hand fallen, so ...« Und er mimte einen Mann, der in die peinliche Lage gerät, ein Almosen geben zu müssen. »Wissen sie nicht, daß das Almosengeben gesegnet und eine Pflicht ist und daß freundliche Worte und Verzeihung besser sind als Almosengeben gefolgt von Verdruß? Was für *kafir* sind solche Menschen, daß sie nicht einmal das wissen?«

»Beiß sie ins Bein«, riet ich ihm.

»Manchmal habe ich Lust dazu.«

»Später werden vielleicht viele Amerikaner kommen«, sagte ich, um ihn zu trösten. Ich glaube, es stimmt, was er sagt: Amerikaner – und aus einem Gefühl von Nationalstolz heraus muß ich hinzufügen, auch britische Seeleute – sind von Mißgebildeten nicht so peinlich berührt wie andere Leute.

Haruns Augen leuchteten erwartungsvoll. »Ja. *Inscha'Allah*, werden viele Amerikaner kommen.« Dann überwölkten sie sich wieder. »Meinst du, sie würden mich als Führer wollen, wenn ich neue Kleider trüge? Die *dschallaba* hier wird langsam ein bißchen alt, *yak*?« Er war damit beschäftigt, einen dreieckigen Riß durch Zusammenraffen auszubessern, aber der klaffte wieder auf, sobald er ihn losließ. Die armselige kleine *dschallaba* war schändlich abgetragen und alt.

»Verschwende neue Kleider nicht an Touristen, Harun. Heb dir die neuen Kleider für das *Id al-Kabir* auf.« Das Hammelfest findet sehr bald statt. Da sind neue Kleider sehr wichtig.

»Aber ich habe keine für das *Id al-Kibir*«, murmelte er traurig.

Es war unvermeidlich, daß mir irgendwann einer dieser Touristen bekannt sein würde, aber es ist eher passiert, als ich erwartet hatte. Ein Engländer, den ich Brandon nennen werde, ist mit seiner Frau angekommen. Wir begegneten uns auf dem *place*.

»Na, da soll mich doch der Teufel holen, wenn das nicht Peter Mayne ist!« rief er und trat rasch vor, als freue er sich aufrichtig, mich zu treffen. Dergleichen ist ansteckend, und auch ich war erfreut, obwohl ich ihn nur flüchtig kennengelernt hatte und dies zeitlich und vom Interesse her in weiter Ferne lag. Seine Frau kannte ich noch nicht. Sie sah attraktiv und um einiges jünger aus als er.

»Brandon! Wie schön, Sie zu sehen!«

Er stellte mich seiner Frau vor. »Wollen Sie lange bleiben? Wo wohnen Sie?« fragte ich sie.

»Im Mamounia«, sagte sie. »Wie schön, alte Freunde von Ralph zu treffen.« (Ralph! So hieß er, natürlich.) »Sind Sie auch im Mamounia?«

Ich kann mich nicht entsinnen, mich je als einen von Brandons Freunden betrachtet zu haben. Wir waren uns vor dem Krieg für kurze Zeit begegnet und hatten uns in Gesellschaft gemeinsamer Bekannter ganz gern gesehen, aber das war auch schon alles.

»Nein. Nicht im Mamounia.«

»Sie müssen mit uns zusammen essen«, sagte sie. Sie war wirklich sehr liebenswürdig, genau wie er. Vielleicht fühlten sie sich auf diesem verrückten afrikanischen *place* deplaziert und waren froh, auf jemanden zu stoßen, der, wie entfernt auch immer, mit ihrem wirklichen Leben zu tun hatte. »Es ist so amüsant, nicht wahr? So *fremd*!« Sie deutete auf eine Gruppe sudanesischer Sänger. Deren Anführer zwinkerte mir zu und trat mit einer schmuddeligen kleinen Kappe in der Hand vor. »Was soll ich ihm geben?« fragte sie mich.

»Oh!« Ich sah sie mir flüchtig an und bemerkte eine schöne, edelsteinbesetzte Brosche an ihrem Aufschlag. »Was Sie möchten. Fünfzig Francs wären großzügig.«

»Dann wollen wir richtig großzügig sein. Ralph Liebling, gib mir hundert für den Mann da, ja?«

»Hundert? Ist das nicht ziemlich viel...?« Er sah mich fragend an. »Ich meine...«

Es war natürlich bei weitem zuviel, und ich schämte mich über mich selbst, aber der Sudanese freute sich, und ich vergaß die Sache bald.

»Was haben Sie heute abend vor, alter Knabe?«

»Nichts. Nichts Bestimmtes.«

»Dann gehen Sie doch mit uns essen. Gegen acht. Okay? In der Halle vom Mamounia. Umzuziehen brauchen Sie sich nicht, das macht keiner.« Er warf einen Blick auf meine Jeans und fügte hinzu: »Einfach irgendein alter Anzug, Sie wissen schon.«

Ich ging mit ihnen essen. Ihnen zu Ehren zog ich sogar einen Anzug an, und als wir schließlich auf der Terrasse vor dem Restaurant Kaffee und Kognak tranken, war ich ihnen durchaus wohlgesinnt. Bisher hatte ich da meine Zweifel gehabt, nicht weil ich sie mochte oder nicht mochte, sondern weil sie seit Monaten meine erste Verbindung mit einer anderen Art früherer Existenz darstellten, die mit meiner jetzigen schließlich überhaupt nichts gemein hat. Er hatte mir ausführlich alles erzählt, was ihm passiert war, seit wir uns kennengelernt hatten. Ich kann nicht behaupten, daß es mich sonderlich interessierte, aber das Essen war gut gewesen, und es waren freundliche, nette Leute.

»Und jetzt, wo ich Sie ins Bild gesetzt habe, alter Knabe, erzählen Sie mir von sich.«

»Ja bitte, Mr. Mayne. Sind Sie auf einer langen Reise? Wann haben Sie England verlassen?«

»Och, ich lebe hier einfach, wissen Sie.«

»Leben? Sie meinen, auf unbestimmte Zeit?«

»Ja. Für immer, hoffe ich.«

»Wie *aufregend*! Also ich glaube, es muß schrecklich

romantisch sein, hier zu leben!« Mrs. Brandon schlug die Hände zusammen und blickte zum Himmel hinauf. Im Augenblick meinte sie es tatsächlich ernst.

»Na, wenn das nicht interessant ist! Was machen Sie? – das heißt, wenn die Frage nicht indiskret ist.«

»Na ja, ich schreibe ... und ich ... ich lebe einfach hier und ... schreibe.«

»Lieber Himmel! Also das ist neu, wie? Das wußte ich gar nicht. Und seit wann? Mal sehen, Sie haben doch für die Regierung gearbeitet: fähiger Mann außerdem, hat mir der alte Wargrave immer gesagt ...«

»Wargrave? Wer ist Wargrave?«

»Wargrave? Dann war der das vielleicht gar nicht?«

»Ich kann mich an niemanden erinnern, der so heißt.«

»Dann muß es jemand anders gewesen sein ...« Brandons Stimme verlor sich unsicher. Er hatte versucht, etwas Nettes zu sagen, und jetzt wirkte er verlegen. Ich konnte mir vorstellen, wie er hinterher zu seiner Frau sagte: »Na, das war ein ganz schöner Reinfall, was, Liebes?«

»Jedenfalls erst seit damals«, sagte ich.

»Erst seit – was? Verzeihung, alter Knabe, das habe ich nicht ganz mitbekommen.«

»Ich schreibe erst seit damals.«

»Müßten wir Ihr Werk kennen, Mr. Mayne? Ich meine, schreiben Sie Bücher und solche Sachen?«

»Ich wüßte nicht, woher Sie meine Sachen kennen sollten.«

»Jedenfalls ist das alles sehr interessant«, sagte Brandon munter: »Da müssen Sie Marrakesch doch mittlerweile sehr gut kennen. Wir müssen Mr. Mayne überreden, uns alles zu zeigen, nicht wahr, Liebling?«

»Aber gewiß! Wären Sie so nett, Mr. Mayne?«

Ich nehme an, ich sagte ›ja, selbstverständlich – – – –‹, aber mit jener Leere im Hinterkopf, die bedeutet, daß ich es unmöglich finden werde, etwas dergleichen zu tun. Brandon wurde mir, völlig zu Unrecht, allmählich zuwider.

»*Aussehen* tun Sie jedenfalls ganz zufrieden«, meinte Brandon. Er beugte sich über den Tisch nach vorn, und ich hatte das Gefühl, daß er sich etwas zu verkneifen versuchte, was er trotzdem gleich sagen würde. »Aber fühlen Sie sich nicht abgeschnitten, fehlt Ihnen nicht manchmal das alte Leben? Natürlich, ich weiß, es ist romantisch und alles, wie Doris sagt –, aber haben Sie nicht manchmal doch Sehnsucht nach all den Sachen, die Sie verpassen?«

Wahrscheinlich erwartete er, daß ich ›ja, ja . . .‹ oder gar ›nein, nein!‹ sagte, aber er hatte mich überrumpelt. Was für Sachen meinte er? Daß ich das Stichwort nicht aufnahm, ärgerte ihn, glaube ich, und er fing an zu quasseln:

»Ich meine, wo in der modernen Welt und . . . und überall *so* viel passiert – hierher zu kommen und sich hier draußen zu vergraben, im tiefen Mittelalter – obwohl die Franzosen Wunder gewirkt haben, das gebe ich Ihnen zu. Bemerkenswert. Und Lyautey. Großer Mann . . . und . . . Ja, und noch etwas! Wenn Sie zurückkommen, werden Sie sich in Ihrem eigenen Land wie ein Fremder vorkommen!« Das oder so etwas Ähnliches sagte er, glaube ich. Ich hatte schon vorher abgeschaltet.

»Ich glaube nicht, daß ich etwas verpasse, Brandon«, sagte ich.

Er klopfte mir auf die Schulter. »Wie wär's mit

›Ralph‹, alter Knabe? Nennen Sie mich Ralph! Na ja, sicher ... Für immer hier leben ...? Es ist schließlich nicht ganz das gleiche wie in Europa. Sie rosten ein, wenn Sie nicht aufpassen, und das ginge ja wohl nicht! Nichts da, um den Verstand dran zu wetzen, wie?«

»Ganz ehrlich, ich finde nicht, daß ich etwas verpasse. Jedenfalls nichts, woran mit liegt.«

Ich schaffte es irgendwie, die Sache durch Lachen zu überspielen, und wir tranken noch einen Kognak. Ich wollte nicht mit ihm über mein Leben reden, und er konnte das sicher auch nicht gewollt haben, und so lenkte ich das Gespräch ohne große Schwierigkeiten wieder auf sie und ihre Urlaubsreise. Er biß prompt an, und die Schilderung half uns über diesen und einen weiteren Kognak. Wir waren mittlerweile alle ziemlich angeheitert, aber ich wollte gehen. Ich schaute verstohlen auf meine Uhr und sah, daß es nach elf war. Und so rappelte ich mich mit entschuldigender Miene hoch: »Ich fürchte, es wird Zeit, daß ich gehe.«

»Nicht doch! Bleiben Sie noch auf einen Schlummertrunk. Die Nacht ist noch jung.«

»Nein, wirklich. Ich glaube, ich muß ...«

»*Warum* denn? Na los – setzen Sie sich wieder hin, verstanden? A-ha-ha! Sie können uns noch nicht allein lassen! Behaupten Sie bloß nicht, Sie würden sich um diese Zeit noch ans Schreiben machen!« Er lächelte anzüglich. »Ich glaube allmählich, da ist noch was anderes, alter Knabe. Nämlich so eine kleine Französin, wie?« Er gab mir tatsächlich einen Rippenstoß. »Ober!«

Und dann, als noch ein Kognak kam, unterzog er mich einem scherzhaften Verhör. Der Kognak half mir keineswegs, sondern machte mich stur. Warum sollte ich ihm meine Privatangelegenheiten erzählen, und sei es nur im Scherz? Warum? Ich weigerte mich. Er würde es ohnehin nicht begreifen. Aber er gab keine Ruhe und versuchte auch noch seine Frau in das Spiel einzubeziehen, und schließlich verlor ich den Kopf und rief: »Hören Sie zu! Wollen Sie wirklich wissen, warum ich hierher gekommen bin, um hier zu leben? Wollen Sie's wissen? Ja? Weil mir plötzlich aufgegangen ist, daß ich ein analphabetischer Intellektueller bin! Darum!«

Sie sahen sich erstaunt an.

»*Und* zivilisationsgeschädigt«, fügte ich scharf hinzu.

»*Zivilisationsgeschädigt ...?* Was meinen Sie denn damit, alter Knabe?«

Mrs. Brandon klopfte ihrem Mann nervös aufs Handgelenk: »Ich glaube, Mr. Mayne meint, daß ein Leben als Intellektueller nicht ausreicht, Liebes.«

Dumme, bemühte Frau! Und nette, liebe Frau, die nur helfen wollte – aber mir war nicht mehr zu helfen.

»Jawohl!« fuhr ich viel zu laut fort. »Zivilisationsgeschädigt! Und das sind Sie auch! Wir sitzen in unserer brillanten kleinen Welt des Fortschritts und der Prophylaxe fest und erkennen nicht, daß die einzige Möglichkeit, sie erträglich zu machen, darin bestünde, einen Intellekt zu besitzen und entsprechend zu leben. Aber wir haben keinen Intellekt, Sie und ich! Und was sind wir damit? Einfach Dummköpfe mit Versicherungspolicen gegen Leben oder Tod und Instinkten, die mit Isolierband umwickelt sind!«

Sie lehnten sich zurück und sahen einander mit bedächtigem Kopfschütteln an, und ihre Blicke sagten ›Verrückt ... verrückt ... verrückt ...!‹ Dann hatte Mrs. Brandon einen Geistesblitz. Natürlich hatte sie jegliche Sympathie, die sie vorher für mich empfunden haben mochte, restlos verloren. »Sie sind also zur Natur zurückgekehrt, Mr. Mayne.«

Das machte dem Unsinn allerdings ein Ende. Nach ihren Worten hörte ich mich wie ein gehemmter Nudist an. Und in diesem Augenblick betrat Maurice die Terrasse. Ich kann mir nicht vorstellen, was er da gewollt haben kann, aber da war er, ein Rettungsring.

»Maurice!« rief ich.

Er sah sich um und winkte.

»Ein alter Freund«, sagte ich glücklich, indem ich mich an Mrs. Brandon wandte. »Ich wußte gar nicht, daß er in Marokko ist.«

»So wie wir, was?« Brandon versuchte zu lächeln.

»Na ja, nicht ... Doch, genau wie Sie.« Ich hatte das Gefühl, die Brandons keinen Moment länger ertragen zu können. »Ob Sie mich wohl für sehr ungehobelt hielten, wenn ...«

»Nein, äh ... keineswegs, Mr. Mayne ... Wenn Sie meinen, Sie sollten. Keineswegs.« Sie schluckte und fügte mit einer Stimme, aus der sie die Kälte nicht heraushalten konnte, hinzu: »Wie klein die Welt ist.«

»Ja, nicht wahr? Also? Wenn Sie mich wirklich nicht für ... ich denke, ich ... Es war sehr nett von Ihnen, Mrs. Brandon. Ich habe den Abend sehr genossen. Danke, Brandon – Ralph, meine ich. Ich rufe an, ja? Dann machen wir ...«

Ich bewegte mich rückwärts von ihnen weg, wütend auf mich selbst, doch auch erleichtert, daß ich sie nie mehr wiederzusehen brauchte.

Ich ging zu Maurice, nahm ihn beim Arm und lotste ihn weg.

»Warum sind Sie so rot?« fragte Maurice. »Und was machen Sie hier im Anzug?«

Gestern abend bei Sonnenuntergang sah ich plötzlich 'Aischa mit 'Abdeslem am Café de France vorbeikommen. Ich bin in letzter Zeit sehr beschäftigt und zwinge meine widerstrebenden Geisteskräfte, sich dem Roman zu widmen. Infolgedessen bin ich mit den Ereignissen in Darb asch-Schams nicht auf dem laufenden und hatte nichts von 'Abdeslems Befreiung von dem Zauber gehört, doch er sah jetzt zweifellos mehr oder weniger unbehext aus, und 'Aischas Augen über dem Rand ihres Schleiers leuchteten.

*»Tout va bien«,* rief sie mir zu und nahm 'Abdeslem auf sehr besitzergreifende Weise beim Arm, während sie vorbeigingen. 'Abdeslem erwiderte meinen Gruß und lächelte sogar leicht. Dann gab 'Aischa ihm wohl irgendeine Anweisung, denn er nickte schwach und blieb stehen, sie gestikulierte auf ihn ein, und er ging, vor sich hinmurmelnd, weiter, während 'Aischa sich umdrehte und triumphierend auf mich zukam.

»Du hast ihn also von dem Zauber befreit, 'Aischa«, sagte ich. »Wie hast du das gemacht?«

»Möchtest du's wissen?« fragte sie. »*Tout ce qu'il y a de simple.* Ich habe mich zur *pharmacie* begeben.«

»Der Vogel Strauß, nehme ich an . . .?«

»Der Vogel Strauß – pah! Der ist für andere Sachen. Nein. *La pharmacie.* Die größte *pharmacie*, die in der *Ville Nouvelle.* Die beste!«

»Aber 'Aischa! Wissen Europäer denn genug über solche Sachen?«

Sie tat meinen Einwand mit einer Handbewegung ab. »Ich habe sie gebeten, mir ein Medikament zu geben, das einen Mann zum Erbrechen bringt. Das teuerste. Das hier haben sie mir gegeben.« Sie holte ein kleines Fläschchen hervor, das zu zwei Dritteln leer war. Ich zog den Korken und roch daran. Ich denke, es war wohl Brechwurz.

»Wie hast du ihn dazu gebracht, es zu nehmen?«

»Wie? Erst habe ich dem Nachtwächter gewisse Versprechungen gemacht. Zur gegebenen Zeit, als die Versprechungen erfüllt waren, hat er 'Abdeslem gerufen. Dann habe ich 'Abdeslem gesagt, daß eine Berberfrau das Medikament geliefert hat, um ihn zu heilen. Er war in einem solchen Zustand, *le pauvre jeune homme* (es geht ja jetzt schon viele, viele Wochen so), daß er alles genommen hätte. Und *pfff!* Er hat sich erbrochen, und das Übel war weg!«

»Und jetzt ist er wirklich wieder gesund?« Das war ein ziemlich enttäuschendes Ende. Ich hatte auf etwas Dramatischeres gehofft – und darauf, selbst bei der Séance zugegen zu sein.

»Fast gesund. Und zutiefst dankbar. Ich für mein Teil habe ihn wissen lassen, daß sich das Übel wahrscheinlich nicht wieder in ihm einnistet, solange er *honnête et bien* ist. Bald wird er seine Kohlen-*boutique* wiedereröffnen. Monsieur Peter, ich denke, es ist jetzt wieder angebracht, daß du deine Kohle so wie früher bei 'Abdeslem kaufst.«

Maurice sagt mir, daß eine gewisse Madame T., die ich vor einiger Zeit bei Mademoiselle de V.s *réunion* kennengelernt habe, gezwungen ist, aus familiären Gründen nach Frankreich zurückzukehren, und ihr Haus in Marrakesch somit leer steht. Ihr gefällt der Gedanke nicht, es so zurückzulassen, und sie wäre dankbar für einen *gardien* in den Monaten ihrer Abwesenheit. Er hat meinen Namen ins Gespräch gebracht.

»*Cela vous intéresserait,* Peter?« Er weiß, daß Darb

asch-Schams nicht gerade perfekt ist, und hat mich mit der Information, daß Madame T.s Haus fließend Wasser hat, in Aufregung versetzt. »Und da es mietfrei ist, können Sie sich vielleicht eine Hausangestellte leisten.« Ihre Hausangestellte läßt Madame T. offensichtlich nicht zurück, da sie krank ist, aber sie kennt ein Maurenmädchen, das sich um mich kümmern könnte, wenn ich will.

All das ist schon mehrere Tage her, und mittlerweile habe ich Madame T. (die bezaubernd ist) und ihr Haus (das ebenfalls bezaubernd ist) aufgesucht. Das Haus ist zwar klein, aber es hat fließend Wasser und ein Wasserklosett – im türkischen Stil – und über dem Klosett eine Dusche, und sogar eine hinter einem Wandschirm verborgene Badewanne, die sich allerdings im Schlafzimmer befindet. Ich gab dem Bett einen Knuff, als Madame T. gerade nicht hinsah, und stellte zu meiner Freude fest, daß es einen Federrost und eine Federkernmatratze hat. Der Gedanke, hier einzuziehen, sagt mir in jeder Hinsicht zu. Der Vorschlag brachte es mit sich, daß ich mit meinem Vermieter in Darb asch-Schams reden mußte, und aufgrund irgendeines wunderbaren Zufalls scheint er ganz froh zu sein, daß ich das Haus räume, weil er es Verwandten überlassen möchte. Mein Auszug kommt also allen Beteiligten gelegen. Natürlich werde ich das Mädchen einstellen, das Madame T. vorgeschlagen hat. Ihr Lohn wird von der gesparten Miete nahezu abgedeckt, und dann kann sie das Einkaufen, Kochen und Waschen übernehmen, und ich werde mehr Muße denn je haben.

Es wird traurig sein, von Darb asch-Schams Abschied zu nehmen, denn ich habe meine Nachbarn liebgewonnen, aber ich habe einen guten Tausch gemacht, und die Nachbarn können mich schließlich besuchen. Sie sagen jedenfalls, daß sie das tun, und das alles hinterläßt einen sehr angenehmen Nachgeschmack. Außerdem bin ich überglücklich darüber, den Koffer als Schreibtisch los zu sein.

Morgen werde ich umziehen. Ein Mann mit einem Handkarren, der am Ende von Darb asch-Schams wohnt, hofft, so Gott will, mit diesem um acht Uhr morgens vor meiner Tür zu stehen, um mein Gepäck zu befördern. Wir werden den Handkarren gemeinsam zu dem neuen Haus schieben, das in einer Seitenstraße von Riad as-Seitun in Rufweite der Dschama al-Fna liegt. Fünfzig Francs, sagt er, weil wir Nachbarn sind und mein neues Haus ganz in der Nähe der Stelle liegt, wo er seinen Handkarren ohnehin hinschieben muß, um auf Kundschaft zu warten. 'Aischa wird heute abend kommen, um beim Putzen meines derzeitigen Hauses zu helfen, und sie hat außerdem eine Art Kuchen gebacken. Sie sagt lachend, daß sie nichts Starkes hineingetan hat, denn ich wäre schon einen Kilometer weit weg, wenn mit dem Einsetzen der Wirkung gerechnet werden könnte.

»Wenn es ein Getränk und kein Kuchen wäre«, erklärte sie, »dann würde die Entfernung keine Rolle spielen. Das Getränk *beendet* etwas. Die rosa Kuchen setzen etwas *in Gang*, und wer sie ißt, soll zwar einen ganz bestimmten anderen Menschen begehren, aber dazu ist es nötig, daß dieser andere Mensch ganz in der Nähe ist, damit er das Begehren auch auf sich zieht. Sonst haben die Kuchen vielleicht die falsche Wirkung. Du brauchst also nichts zu befürchten, Monsieur Peter.«

Ich für meinen Teil habe 'Aischa einen meiner zwei Blecheimer geschenkt (keine Ausflüge zur Wasserstelle mehr, dem Himmel sei Dank) und 'Abdeslem ein Hemd, nach dem es ihn schon lange gelüstet. Seit Aufhebung des Zaubers ist 'Abdeslem sehr gefügig und mit allem zufrieden. Besagtes Hemd ist schon seit vielen Jahren in meinem Besitz, und ich finde, daß ich mittlerweile zu alt dafür bin. Der Nachtwächter hat sein Auge auf einen alten Pullover geworfen – oder einen Plastikbecher, sagt er. Mit dem Einbruch kühleren Wetters macht er sich in den stillen Nachtstunden oft Tee, und er hat derzeit nur eine *›Petits Pois,* NORA‹-Büchse, aus der er ihn trinken kann.

Ich ziehe in ein viel eleganteres Viertel, und das hat Darb asch-Schams beeindruckt. Der Handkarrenbesitzer hat den anderen versprochen, sich zu merken, wo mein Haus ist, damit er es ihnen sagen kann, und so hoffen sie, es finden und mich besuchen zu können, sobald ich Zeit gehabt habe, mich einzurichten.

Der Olivengarten – das bedeutet der Name – erweist sich als großer Erfolg. Strenggenommen liegt Madame T.s Haus nicht im Olivengarten selbst, sondern in einer davon abgehenden Gasse, die sich in zahlreichen Windungen dahinschlängelt, bis sie meine Haustür erreicht. Noch ist der Olivengarten mehr als eine Straße gleichen Namens, ohne Bäume, ohne Früchte, bloß eine belebte kleine Straße. Dessen ungeachtet gefallen mir Madame T.s Haus und der Patio sehr, das bequeme Bett, die Küche, der wohlgefüllte Wäscheschrank und das Wohnzimmer, wo ich meine Mahlzeiten einnehmen und schreiben kann, ohne dem Elend ausgesetzt zu sein, ein Durcheinander wegzuräumen, um Platz für das nächste zu schaffen. Das kleine Maurenmädchen, das sich um mich kümmert, Brika, ist brauchbar, aber ein ›schlichtes‹ Gemüt. Ich mußte zwecks einer Art Sicherheitsüberprüfung ihrem Vater vorgestellt werden, und er scheint entschieden zu haben, daß ich es tue. Seine Entscheidung basiert auf Bürgschaften und Garantien von Idris und anderen. 'Abdeslem hat mir bereits einen Besuch abgestattet, und ich habe den Verdacht, daß er hauptsächlich dazu diente, die arme Brika in Augenschein zu nehmen. Sie gefiel ihm nicht – was ein Segen ist. Er hat es mir gesagt. Er sagt außerdem, daß er seinen Kohlenladen erst wiedereröffnen wird, wenn er sich wieder ganz bei Kräften fühlt. Er will sich ein Weilchen erholen und ist von dem Gedanken eingenommen, jeden Tag eine gewisse Zeit auf meinem bequemen Bett zu verbringen, während ich nebenan schreibe. Ich habe diesen Gedanken abgelehnt.

»In 'Aischas Haus hat man keine Ruhe«, sagte er.

Das kann ich mir durchaus vorstellen, aber ich lerne allmählich, in solchen Dingen ohne Rücksicht auf die Wünsche anderer und ohne die geringsten Gewissensbisse zu tun und zu lassen, was ich will. Früher habe ich auch getan und gelassen, was ich wollte, und dabei Gewissensbisse gehabt, man sieht also, daß ich Fortschritte mache.

»Außerdem werde ich Arabisch mit dir sprechen«, fuhr 'Abdeslem fort, ohne von meiner Entscheidung Notiz zu nehmen. »Auf diese Weise wirst du die Sprache sehr bald gut können.«

Selbst dieser Versuchung kann ich widerstehen. Mein Arabisch wird auch so besser, und meine vordringlichste Aufgabe besteht darin, den Roman fertigzubekommen, denn ich hoffe, daß er mir vielleicht ein bißchen Geld einbringt. »Wenn mein Buch fertig ist, fange ich vielleicht wieder an, mich mit dem Arabischen zu beschäftigen, 'Abdeslem.«

»Buch . . .? Monsieur Peter, der Segen Gottes ruhe auf dir, bringst du mir bitte bei, wie man diese *makina* bedient?« Meine Schreibmaschine fasziniert ihn. Es ist nicht das erste Mal, daß er mich bittet, ihm beizubringen, wie man sie bedient, und auch nicht das erste Mal, daß er sich weigert zu glauben, daß er zuerst Lesen und Schreiben lernen muß. Die Schreibmaschine besitzt für ihn die gleichen magischen Kräfte wie ein Amulett.

Meine Tür bleibt 'Abdeslem künftig versperrt, außer er ist eingeladen. Ich will wirklich nicht, daß er sich hier im Haus ausruht, und ich traue ihm nicht bei der armen Brika. Sie ist reizlos und ›schlicht‹, aber er könnte anfangen, Mitleid für sie zu empfinden, und ich bin schließlich ihrem Vater verantwortlich.

Brika saust auf verwirrende Weise im Haus herum, die Arme voller Wäsche oder mit Eimern und Besen und dergleichen. Sie ist vielleicht nicht sehr hübsch, aber sie scheint ehrlich, reinlich und willig zu sein. Sie trägt sackartige, unter den Knien geschnürte Hosen mit rosa und weißen Streifen, aber die sind eigentlich nur in Momenten großer Anstrengung sichtbar, wenn der Wind ihrer Bewegungen ihre Überröcke aufbauscht. Ihr oberster Rock ist vorn hochgerafft und in ihren Gürtel gestopft, so daß der zweite Rock vorn als Stoffbahn zu sehen ist. Ohne daß sie im mindesten einer Meißner Schäferin gleicht, ergibt sich ein Effekt wie von Reifröcken, mit nackten Waden darunter und einem Busen darüber, der durch ein System überkreuzter Kordeln über ihrer Bluse gebändigt wird. Sie trägt die unvermeidliche *sibniya* — das Kopftuch, von dem Al-Meknasi ständig redete.

Wenn Brika ausgeht – was sie jeden Tag nach dem Frühstück tut, um Nachschub an Eis, Brot und Kerosin für den Kochherd heranzuschaffen –, zieht sie ihren *haik* an. Das ist ein Rechteck aus kräftigem, weißem Baumwollstoff. Indem sie es an einer Stelle etwa in der Mitte ergreift und hieran eine Kordel befestigt, hat sie das Anfangsstadium eines Mantels. Sie streift sich die Kordel über die Schulter, drapiert sich die weißen Baumwollfalten über den Kopf und um Brust und Hüften und hält sich einen Saum dergestalt vor die Nase, daß von der armen kleinen Brika nichts als ein strahlendes Auge und die Knöchel sichtbar bleiben. Das Schönste an ihr sind ihre Augen, sie leuchten und glimmen vor Vitalität. Das Häßlichste sind ihre Knöchel und Füße. Sie ist willig, aber derart dumm, daß weder Drohungen noch Tränen etwas ausrichten. Wie ich feststelle, kann ich den Einkauf unseres Essens nicht ihr überlassen. Ich muß selbst zum Markt gehen und etwas aussuchen. Sie kocht fast so schlecht wie ich.

Gestern abend sind Maurice und Mlle. de V. auf einen Aperitif vorbeigekommen. Ich zögere, es als ›Einzugsparty‹ zu bezeichnen. Maurice war ziemlich schweigsam, weil er vollauf mit der Eröffnung seines Pavillons beschäftigt ist. Er trinkt keinen Alkohol und nahm deshalb Kaffee, während Mlle. de V. und ich Cinzano und ›Old Lady's Gin‹ nippten. Normalerweise nimmt sie von niemandem etwas an, so tief ist ihr Bedürfnis nach Unabhängigkeit, aber ein Aperitif in einem Privathaus – ja, vielleicht. Mit Zigaretten und sogar Streichhölzern ist es etwas anderes.

*»Merci, merci!«* ruft sie und wühlt in ihrer Tasche nach ihrem Feuerzeug, als könnten meine Streichhölzer vergiftet sein. *»J'ai mon briquet. Ah! Le voilà.«*

»Und was gibt es bei Ihnen Neues, Mademoiselle?«

Sie schaute auf ihre Hände und sagte: »*Eh bien*, es gibt zwar etwas Neues, *mais . . . Assez curieux, du reste.* Soll ich es Ihnen erzählen?«

»Aber gewiß! Bitte erzählen Sie es mir unbedingt.«

*»Alors. Vous vous souvenez de la poule bressane et la dinde?«*

»Ich erinnere mich in der Tat sehr gut an sie.«

»Stellen Sie sich vor, daß die beiden jetzt einen *bouton de porte* bebrüten! *Elles couvent toutes les deux le même bouton de porte!*«

Das riß sogar Maurice kurzzeitig aus seiner Träumerei. *»Un bouton de porte?«*

»Einen Türknauf? Wie überaus eigenartig«, sagte ich. »Aber warum . . .? Von wem haben sie ihn? Was ist mit ihren Eiern passiert? Sie merken doch bestimmt einen Unterschied.« Es fällt manchmal ein bißchen schwer, sicher zu sein, daß Mlle. de V. keinen phantasievollen Scherz macht, aber sie hat die Gewohnheit, den Wahrheitsgehalt ihrer Behauptungen zu beweisen.

»Genau«, sagte Mlle. de V. *»Un bouton de porte en porcelaine.* Mit Blumen bemalt. Nach dem, was vorgefallen ist, brauchten sie wohl etwas in der Art.«

»Was ist denn passiert, Mademoiselle? Sie vergessen, daß ich überhaupt nicht auf dem laufenden bin.«

Sie blickte in den Patio hinaus. Madame T. hat drei Bananenbäume gepflanzt, die so schnell wachsen, daß man beinahe sehen kann, wie sich die Blätter aus ihren Scheiden entfalten. Später werden sie die Wäscheleine auf dem Dach verbergen: derzeit scheinen sie spöttisch auf sie zu deuten. Mlle. de V. senkte den Blick wieder.

»Sie erinnern sich doch, daß sie nebeneinander in ihrem Nest saßen und darauf warteten, daß die Jungen schlüpften? Aus Angst vor Plünderern verließen sie nie, niemals beide gleichzeitig ihr Nest. Wenn die *poule bressane* das Bedürfnis hatte, ein bißchen unter den Bäumen herumzuspazieren, blieb die *dinde* sitzen und gab acht. Es war ein wunderschöner Anblick. Aber eines Tages verließen sie beide gemeinsam das Nest . . .«

Zufällig, so Mlle. de V., spazierte sie an diesem Nachmittag selbst unter den Bäumen am Ende des *riad* herum und trat, als sie das Nest leer fand, auf Zehenspitzen vor, um nach den Eiern zu sehen, den vieren von *la bressane* und den zweien von *la dinde*. Die Vögel scharrten im nahegelegenen Gestrüpp, und sie konnte sie im Näherkommen glucken hören. Verständlicherweise machte sie jedes Lebewesen, das in der näheren Umgebung herumlief, nervös, und so kamen sie hinter ihr hergeeilt. Man stelle sich Mlle. de V.s Bestürzung vor, als sie von den sechs Eiern alle bis auf eines in kleine Stücke geschlagen fand! *»Brutalisés d'une facon atroce!«* rief sie. *»Sauf un seul!«* Auch die armen Vögel waren entsetzt. Sie flatterten und kreischten und gebärdeten sich wie verzweifelte Mütter, was sie ja auch waren.

»Ich glaube, keine von beiden konnte sich mit der Möglichkeit abfinden, daß für sie alles verloren war«, fuhr Mlle. de V. fort, »und die Folgen verstehen sich daher von selbst. Beide Mütter beanspruchten das einzige Überlebende als ihr Eigen.«

»Aber man kann doch . . .?«

»Monsieur, Sie wollen sagen, daß man das Ei einer *bressane* von dem einer *dinde* unterscheiden kann. Habe ich recht? Eben. Und Sie haben auch recht. Doch dieses Ei war vielleicht von den vier kleinen das größte, und gleichzeitig hätte es auch das kleinere von den beiden großen sein können. Es blieb Raum für Zweifel in einem Herzen, das sonst brechen müßte.«

»Konnten Sie sie denn nicht unterscheiden, Mademoiselle?«

»Selbstverständlich konnte ich sie unterscheiden, mein Blick war ja von der Tragödie ungetrübt. Es war ein *bressane*-Ei, das übriggeblieben war. Aber *la dinde* wollte das nicht glauben. Jedenfalls bin ich gezwungen, das anzunehmen.« Sie schüttelte den Kopf und lächelte. *»Quelle histoire étrange, n'est-ce pas?* Und von diesem Moment an bis zur Geburt bebrüteten sie beide dieses eine Ei *à tour de rôle.* Abwechselnd.«

»Und dann?«

»Kam das Kleine.«

»Eine *bressane*?«

»*Naturellement une bressane.* Teilweise *bressane, tout au moins*. Was haben Sie denn erwartet, Monsieur? *Un serpent?*«

»Ich hatte nicht an eine Schlange gedacht, Mademoiselle, aber nach allem, was ich weiß, würde mich im Hinblick auf Ihr Geflügel nichts überraschen.«

»Es war keine Schlange, sondern ein Küken. Und vielleicht ist das einzig Schöne an dem ganzen *récit* darin zu sehen, daß *la dinde* ihren Anspruch sofort aufgab, aber weiterhin ihre Zuneigung schenkte. Wie Sie zweifellos wissen, Monsieur, können Küken unmittelbar nach dem Ausschlüpfen laufen und Körner aufpicken. Sie wissen außerdem, daß mein *riad* viele Katzen beherbergt, darunter auch einige, denen man bei Vogeljungen nicht trauen kann. Sie verstehen? *Eh bien*, was nimmt *la dinde* auf sich? Das Amt eines *garde du corps* für das geliebte Küken! Immer wenn die leibliche Mutter, das Küken an ihrer Seite, im Kies herumstolzierte, folgte *la dinde* in diskretem Abstand und paßte auf. Einmal habe ich *la dinde* zu meinem Erstaunen über ihren beiden *protegées* in der Luft schweben sehen, *comme un immense lit de plume protecteur* – wenn sie auch nicht lange schweben konnte. Und leider half es auch nicht. Binnen zwei Tagen war das Küken nicht mehr ...«

»Doch nicht tot? Die Katzen haben es also doch erwischt?«

»Katzen? Aber nein ... Jedenfalls glaube ich das nicht. Ich *fürchte*, nein.«

»Was fürchten Sie denn, Mademoiselle?« fragte ich.

Sie beantwortete meine Frage nicht. Statt dessen fuhr sie mit ihrer Geschichte fort, die offenbar noch nicht zu Ende war. »Und so bebrüten sie jetzt voller Hoffnung oder Verzweiflung einen *bouton de porte porcelaine*. Finden Sie das nicht eigenartig?«

»Vielleicht war es das Gütigste, was Sie tun konnten.«

»Ich?«

»Ja. Ich finde, Sie haben richtig gehandelt. Die armen Vögel scheinen so oder so vom Schicksal geschlagen, nicht wahr?«

»Ich? Wollen Sie sagen, daß ich ihnen den Knauf gegeben habe? *Nullement!* Sie haben ihn entdeckt. Und ins Nest gerollt. Mittlerweile sind sie ihm innigst zugetan und haben für nichts anderes Zeit.«

»Und der Hahn? Was ist mit ihm? Was hält er von dem Knauf?«

»Der *coq* mag den Knauf nicht und ist in den kleinen *pavillon en bois* zurückgekehrt, wo er jetzt friedlich mit *la poule paralysée* zusammenlebt.«

Ich lehnte mich zurück und sagte: »Aha! Jetzt verstehe ich.«

»Tatsächlich?« fragte Mlle. de V. mit einem angelegentlichen Blick auf mich. »Natürlich tut mir *l'affligée* leid, aber ich konnte von Anfang an durchaus begreifen, daß der *coq la bressane* bevorzugte. Aber wissen Sie, daß die Berberfrau, die bei mir saubermacht, sagt, *l'affligée* sei eine Hexe? *Une sorcière.*«

Ich sagte: »Um das zu wissen, braucht man keine Berberfrau, die bei einem saubermacht.«

Mlle. de V. nickte weise. *»Parfaitement, monsieur. Je suis de votre avis.* Ich spüre es schon seit Monaten, aber jetzt möchte ich der Nachbarschaft wegen nicht ... daran schuld sein, daß *la poule paralysée* abgesehen von ihrem Gebrechen etwas zustößt. Es gibt in unserem *quartier* schon eine eindeutige *lalla*, die Nachtschwärmer erwartet, und ihre Augen leuchten im Mondlicht. *La paralysée* liefert mir *après tout* Eier – sie ist Menschen nicht übel gesinnt, glaube ich ... im Augenblick jedenfalls ...«

Da mischte sich Maurice ein, der dieser düsteren Geschichte wenig Aufmerksamkeit geschenkt hatte: »*Le bouton de porte, mademoiselle. Dîtes-moi, vous n'avez donc pas la paire ...? De quelle couleur est-ce?* Ich dachte gerade, falls Sie zwei hätten ...«

Ich sagte ihm, er solle still sein, und Mlle. de V. gab vor, nichts gehört zu haben.

Es wäre lächerlich zu behaupten, daß Brika eine sehr ordentliche Näherin ist. Sie stopft meine Socken mit Baumwollzwirn, wobei sie die Löcher zusammenzieht und mit Gegenstich zu festen, geraden Wülsten zusammensteppt. Ich habe sie gebeten, aus einem Zopf Stopfgarne (meine Socken sind aus Wolle), den ich ihr eigens für diesen Zweck gekauft habe, zumindest die richtige Farbe auszuwählen, aber sie konterte mit einer Erklärung, die ich gar nicht verstehen sollte, und ist bei ihrer Gegenstichtechnik in Kontrastfarben geblieben. Ebenso habe ich in bezug auf einige meiner Laken, die vom Gebrauch fadenscheinig geworden sind, erklärt – und zwar weitgehend pantomimisch –, sie solle sie einer Näherin geben und diese bitten, sie längs mittendurch zu schneiden und mit nach innen gewendeten Rändern mit der Maschine wieder zusammenzunähen. Es wäre eine ausgezeichnete Gelegenheit, das machen zu lassen, während ich in Madame T.s Haus wohne und ihre Laken benutze. Brika nickte, wie man etwa einem Bekannten zunicken würde, und attackierte, als ich ihr den Rücken zukehrte, die zerrissenen Stellen mit himmelblauem Stopfgarn. Ich bin daher gezwungen gewesen, selbst nach einer Näherin zu suchen, und habe die

Laken einschließlich des von Brika reparierten mittlerweile bei einer jungen Jüdin abgeliefert, die ich mit zwei anderen in einem Stand nicht weit von meiner Wohnung entdeckt habe.

Der Stand ist zur Straße hin weit offen und etwa sechzig Zentimeter über Bodenhöhe. Es handelt sich gewissermaßen um eine Wandnische von etwa vier Quadratmetern Fläche, die mit Matten ausgelegt ist. Auf den Matten sitzen die drei jungen Jüdinnen bequem im Schneidersitz und lassen ihre Nähmaschinen laufen. Zwei von den Mädchen sind hübsch – fröhlich, mit dicken Flechten glänzenden Haars. Sie haben große, schläfrige Augen wie schwarze Oliven. Vor der Nische stehen Leute herum und sehen ihnen zu, aber davon nehmen sie keine Notiz. Die dritte ist weniger hübsch – tatsächlich kann man sie überhaupt nicht als hübsch bezeichnen, es sei denn, Jugend ist an sich schön, was ich bezweifle. Sie ist ein sehr fülliges kleines Mädchen, vielleicht siebzehn, und seien wir ehrlich – sie ist reizlos.

Von den dreien habe ich mich absichtlich für die dritte entschieden, die Miriam heißt – ein guter, altehrwürdiger biblischer Name. Ich habe das unbestimmte Gefühl, je reizloser das Mädchen, desto besser die Näherin.

Miriam bedachte Brikas Flickerei mit abfälligem Zungenschnalzen, und wir kamen überein, daß das bereits reparierte Laken doppelt soviel kosten würde, um der Zeit Rechnung zu tragen, die es brauchte, die himmelblauen Wülste aufzutrennen. Außerdem habe ich Miriam eine Bahn Stoff gegeben, die ich kürzlich von einem Straßenhändler gekauft habe, damit sie mir ein Hemd näht. Sie warf einen sehr fachmännischen

Blick auf das Hemd, das ich trug, betastete den Kragen, untersuchte, wie der Rücken in die Passe eingesetzt war, und sagte, sie könne es – für soundsoviel. Ich soll ihr zum Kopieren mein Hemd geben. Sie scheint ein braves, vernünftiges Mädchen zu sein.

Währenddessen kicherten die anderen beiden und ließen ihre Maschinen surren. Sie tun das, indem sie das Schwungrad mit einer Serie kräftiger Schläge in Bewegung versetzen – die Kurbel verschmähen sie. Vielleicht hat meine Pantomime einer kleinen Kurbel, die unaufhörlich gedreht werden muß, Brika verwirrt und es ihr erschwert zu begreifen, was ich meinte. Brikas Muttersprache ist ›tschelha‹ (die Berbersprache), und ihr Arabisch ist wirr. Aber ich glaube trotzdem, daß sie mich absichtlich nicht verstanden hat.

Zwei von den Näherinnen haben Singer-Nähmaschinen. Die von Miriam ist eine alte, aber noch funktionfähige Pfaff. Wir werden sehen, was sie damit zustande bringt.

Nach dem Frühstück kam Brika in Tränen aufgelöst zu mir und sagte: »Ich kann nicht . . . Ich will ja, aber mein Kopf sagt ständig ›Nein, nein!‹«

»Was kannst du nicht, Brika?« Ich konnte sehen, wie ihr armer Kopf ›Nein, nein!‹ sagte, denn er wackelte unglücklich hin und her, aber ich wußte nicht, warum.

»Ich kann nicht arbeiten«, schluchzte sie und entfloh in die Küche. Ich wußte nicht, was ich tun sollte. Sie tat mir so leid, daß ich ihr nach einer Weile in die Küche folgte, um zu versuchen, sie zu trösten und gleichzeitig herauszufinden, was eigentlich los war.

»Du meinst, du kannst nicht für mich arbeiten? Bin ich so schlecht zu dir?«

»Nein, nein ...«

»Was ist denn dann, Brika? Wein nicht! Was ist denn?«

Aber sie wollte es mir nicht sagen. Ich bin mir nicht einmal sicher, ob sie es selbst wußte. Ich habe sie gehen lassen müssen. Gegen Brikas Kopf ist schließlich nicht anzukommen. Ich habe ihrem Vater eine Nachricht geschickt und ihm mitgeteilt, was passiert ist. Brika brachte gerade noch heraus, daß sie vielleicht zum Neumond zurückkommen wird, aber ich glaube, ich will sie gar nicht zurück, wenn ich jemand Verläßlicheren auftreiben kann, und auch das habe ich ihrem Vater erklären müssen.

Was mir vorschwebt, ist natürlich eine ältere Frau, eine dicke und gemütliche, deren Kopf ihr keinen Kummer macht. Ich werde meine maurischen Freunde bitten, jemanden zu empfehlen. Bis dahin werde ich schon irgendwie zurechtkommen. Das einzige wirkliche Problem in der Zeit, wo ich keine Haushaltshilfe habe, wird die Wäsche sein.

Heute nachmittag habe ich von Miriam die Laken und das Hemd abgeholt. Die Laken gehen noch an, aber das Hemd ist furchtbar, und ich möchte nicht darüber reden. Ich werde es wegräumen, und vielleicht gibt es eines Tages ein Geschenk für jemanden ab. Miriam hat ihr Bestes getan, da bin ich sicher, aber ... nun ja, ich denke jedenfalls lieber nicht daran, und ich fürchte, sie ahnte, was mir durch den Kopf ging, denn sie machte ein furchtbar gekränktes Gesicht. Irgendwann wird sie dieses Gesicht einem Ehemann zeigen, der sich außerstande sieht, irgendeine lieb gemeinte Leckerei zu bewältigen, auf die sie ihr ganzes Können verschwendet hat. Es war unerträglich. Ich hatte das Gefühl, ihr auf irgendeine Weise zeigen zu müssen, daß ich das Vertrauen in sie als Menschen nicht verloren hatte. Also erzählte ich ihr von Brikas Kopf und dem daraus entstandenen Problem mit der Wäsche. Daraufhin hellte sich ihr Gesicht sofort auf, und sie meinte zu meiner Überraschung, daß ihre Mutter mich vielleicht gern einmal die Woche aufsuchen würde, um die Wäsche zu erledigen, bis ich ein neues Hausmädchen bekäme. Ich müßte die Seife, das *eau de javel* und das elektrische Bügeleisen beisteuern: Madame Z. (ihre Mutter) die geschickten Hände.

Sogar in Marrakesch scheint ›sofort‹ gelegentlich ein besserer Zeitpunkt zur Erledigung lästiger Dinge zu sein als jeder andere Moment in der unbestimmten Zukunft, deshalb fragte ich Miriam nach der Adresse ihrer Mutter und suchte sie sofort auf. Sie wohnt in einer aus zwei Zimmern bestehenden Unterkunft in der Mellah. Die Mellah ist das jüdische Viertel einer maurischen Stadt, und das Wort leitet sich von der arabischen Konsonantenwurzel MLH, ›Salz‹, her. Die Form Mellah bedeutet ›Ort des Salzens‹ und hat mit dem Salzen abgeschlagener Köpfe zu tun, um sie zwecks Aufpfählung – im Falle Marrakeschs auf der Dschama al-Fna – zu konservieren. Das Salzen war Aufgabe der Juden. Hierzulande waren die Moslems immer die Scharfrichter. Jedenfalls, gesalzen werden mußten die Köpfe früher.

Madame Z. wohnt in der Mellah in diesen beiden winzigen Zimmern, von denen ich nur einen flüchtigen Blick durch die Eingangstür erhaschte. Die Gasse, die dorthin führt, ist so schmal, daß sogar Fahrradverkehr verboten ist. Sie wohnt dort mit ihrem Mann und sieben ihrer zehn Kinder, denn drei sind schon verheiratet und haben ihren Platz im Leben gefunden. All das erzählte mir Madame Z. und fügte hinzu, daß sie augenblicklich ein elftes Baby erwarte, aber nicht so augenblicklich, daß sie nicht vorher zwei wöchentliche Wäschen für mich schaffen könne. Sie ist eine sehr nette Frau und spricht ein flüssiges Französisch. Miriam ähnelt ihr unverkennbar, und ich denke, sie haben vielleicht beide die Art von Aussehen, die besser zum reifen Alter als zur knospenden Jugend paßt. Monsieur Z. lernte ich nicht kennen, aber Madame Z. sprach von ihm. Er hat ein schwaches Herz, sagt sie, und kann nicht arbeiten. Ich sehe auch nicht, warum er arbeiten sollte, solange er imstande ist, Madame Z. mit dem unschätzbaren Geschenk von Kindern zu beglücken, die es an seiner Stelle tun.

»Wir sind eine anständige Familie«, sagte sie. »Alle meine Kinder sind so erzogen worden, wie es sich gehört. Meine Miriam ist jetzt bald reif für die Ehe. Morgen komme ich zur ersten Wäsche.«

Die Vereinbarung wurde mit einer Tasse dickflüssigen, schwarzen Kaffees auf ihrer Schwelle besiegelt.

Madame Z. kam plangemäß am Donnerstag und hatte binnen Stunden alles gewaschen, vieles davon auf unserer Terrasse getrocknet und einiges gebügelt, alles mit ungeheurer Tüchtigkeit. Ich arbeitete im Wohnzimmer, sie stand an einem Zuber im Patio. Es ist eigentlich kein Zuber, sondern eine gigantische, innen glasierte Tonschale von etwa ein Meter fünfzig Durchmesser. Die stellt sie auf den Boden und scheint keine Schwierigkeiten zu haben, sich vornüber zu beugen, um die Wäsche zu kneten und zu walken. Auch hält sie das nicht davon ab, unaufhörlich zu reden. Es gibt mittlerweile kein intimes Detail des Z.schen Familienlebens, das ich nicht kenne und behalte, denn sie ist eine Plaudertasche, die Antworten von ihrem Zuhörer fordert, um sicherzugehen, daß er auch achtgibt. Von Zeit zu Zeit gebe ich Antworten:

»*Tiens, Madame Z.! . . .*«

»*Pas possible! . . .*«

»*On n'aurait jamais cru!*«

Aber sie ist eine sehr nette Frau. Abgesehen von Miriam, ihrer Tochter, ist sie, glaube ich, die erste marokkanische Jüdin, die ich wirklich kennengelernt habe. Sie ist bewunderungswürdig und steht mit beiden Beinen fest auf der Erde. Nach dem, was ich von der Mellah gesehen habe, kann es in diesen wimmelnden, stickigen Gassen keine Privatleben geben, und so hat sich Madame Z. niemals die Gewohnheit der Zurückhaltung angeeignet. Ihre Gedanken kreisen unablässig um die Keuschheit und das künftige Eheglück ihrer Töchter. Miriam ist die älteste unverheiratete und daher die nächste, die unter die Haube kommen soll.

»Ein *braves* Mädchen. Man kann ihr vorbehaltlos vertrauen. Sie finden es vielleicht seltsam, Monsieur, daß ich ihr erlaube, dort vor all diesen gaffenden Männern an ihrer Pfaff zu arbeiten. Ja? Nein? Tja, selbst wenn Sie es täten, dann *phui*! – *Je m'en fiche de ça et d'eux!* Miriam ist durchaus in der Lage, auf sich aufzupassen. Sie trägt ein kleines Messer und eine *Main de Fatima* in Gold zwischen den Brüsten. An einer goldenen Kette. Sie weiß sehr wohl, daß sie, wenn der Freudentag ihrer Heirat kommt, ihrem Mann als Mitgift nichts mitbringen kann außer ihrer Pfaff und was sie damit hat verdienen können (*en parenthèses* darf ich Ihnen sagen, daß ihre

Pfaff vor fünfundzwanzig Jahren zu meiner eigenen Mitgift gehörte – ich war mit fünfzehn Braut), *und* ihre Keuschheit. Ich habe sie so aufgezogen, daß sie weiß, daß die Tugend einer Frau unbezahlbar ist. Es ist mein fester Wille, daß sie einen Mann bekommt, der das zu schätzen weiß. Sie stimmen mir doch zu, Monsieur?«

»Von ganzem Herzen, Madame.«

»*Exactement*. Sie ist ein *braves* Mädchen. Seit ihrem vierzehnten Lebensjahr, als ich ihr die Pfaff anvertraut habe, verdient sie und besteht darauf, daß ich einen Beitrag zu unseren Haushaltsausgaben akzeptiere. Es ist rührend und durchaus willkommen. Bald wird sie, so Gott will, den Mann finden, der ihr bestimmt ist. Da gibt es zum Beispiel einen guten Nachbarn, der als *commerce* Töpfe und Pfannen flickt: der hat einen prächtigen, gesunden, rechtschaffenen Sohn ...«

Sie erzählte mir außerdem viele kleine Anekdoten über ihre Kinder, wie sie diese oder jene Belanglosigkeit vollbrachten und Vater und Mutter achteten. Madame Z. hat etwas ziemlich Erhabenes. Sie ging nach dem Mittagessen, kam aber später noch einmal, um die Kleidungsstücke zu bügeln, die beim ersten Mal noch nicht getrocknet waren.

Aber trotz Madame Z.s Vortrefflichkeit hoffe ich, bald ein neues Hausmädchen zu finden. Selbst die zweifelhafte Brauchbarkeit einer Brika hat mein Leben bereichert, indem sie mir die Freiheit gab, zu tun, wozu ich Lust hatte, und nachdem ich Blut geleckt habe, komme ich nicht mehr ohne aus. Natürlich hoffe ich auch, daß die Neue besser ist als Brika, und Idris, Mulai Jacoub, Maurice, Mlle. de V. und sogar Harun und andere sind alle gebeten worden, die Augen nach jemand Geeignetem offenzuhalten. Mit 'Aischa habe ich nicht darüber gesprochen und sie in letzter Zeit auch nicht gesehen.

Ich bin wieder dazu übergegangen, in Restaurants zu essen, um mir das Theater des Einkaufens und Kochens zu ersparen. Im Prinzip setze ich mich nach dem Frühstück zum Schreiben hin, aber ich stelle fest, daß ich die Tendenz habe, eine gute Stunde vor der Zeit zum Mittagessen zu gehen; und wenn ich dann gegessen habe, ertappe ich mich häufig dabei, daß ich in einem großen Garten in der Nähe der Kutubiya spazierengehe. Zwar kritzle ich manchmal unter einem Baum ein paar Notizen, aber viel öfter sind die Sonne und der Himmel unwiderstehlich. Wie schön die Herbstsonne ist! Die Luft ist rein und klar, und ich vergesse, daß ich schreiben sollte, und wenn es mir wieder einfällt, sage ich mir, daß ich zu Mahlzeiten im Haus und regelmäßigen Arbeitszeiten zurückkehre, sobald ich ein Hausmädchen habe, das für mich einkauft und kocht.

Gestern schien sich eine Katastrophe ereignet zu haben, und ich glaube nicht, daß ich davon berichten würde, wenn ich nicht bereits die Fortsetzung kennte, die ein Triumph ist. Sie betrifft nicht mich, sondern die Familie Z.

Gestern war Madame Z.s zweiter Waschtag in meinem Haus. Sie kam sehr spät und in völlig aufgelöstem Zustand. Ihre Haare flogen, und ihr Gesicht war streifig von Tränen, sowohl getrockneten als auch frischen. Sie war auch nicht allein. Mehrere besorgte, mitfühlende Seelen waren ihr bis vor meine Tür gefolgt, doch sobald sie drinnen war, schlug sie sie ihnen vor der Nase zu und tat so, als schwänden ihr die Sinne. Es gelang mir, sie bis zum Diwan aufrecht zu halten, und ich ließ sie darauf sinken. Sie holte tief Atem, schien gar nicht zu hören, was ich ihr zu sagen versuchte, und legte los:

»Monsieur! Ah, Monsieur! *O malédiction, malédiction!* Wie werde ich jetzt bestraft für mein großspuriges, überhebliches Gerede! Ah, eine Tragödie ...! *Quel désastre!«* Sie schlug die Hände vors Gesicht, schauderte und blickte dann wieder voll Grauen auf. »Ich kann nur kurz bleiben. Vielleicht macht mein Liebling jetzt jeden Moment den Mund auf! Aber wenn nicht, eile ich *à toute allure à la pharmacie de la Paix* und hole Riechsalz. Das Salz wird sie zum Sprechen bringen, und dann werden wir das Schlimmste erfahren! Aber ich *weiß* das Schlimmste schon! *Le pire, monsieur, c'est le pire*!«

An dieser Stelle brach sie erneut zusammen, und ich mußte sie trösten, diese starke, dralle, liebenswerte Frau in Seelenqualen. Aber sie nahm sich zusammen und suchte unter Schniefen nach einem Taschentuch. Ich gab ihr meins. *»Merci«*, flüsterte sie mit kaum hörbarer, erschöpfter Stimme. *»Vous êtes gentil. Alors* ... stellen Sie sich vor, daß meine Kleine ...« Und sie brach erneut zusammen.

»Bitte, Madame«, sagte ich. »Lassen Sie mich eine von den Frauen hereinrufen, die an die Tür hämmern. Sie wird hier bei Ihnen bleiben, und dann kann ich zur *pharmacie* eilen, um das Salz zu holen. Aber zuerst gebe ich Ihnen einen Schluck Kognak und ...«

»Nein!« schrie sie, und dann, nach kurzer Überlegung: »Aber wenn Sie mich vielleicht zur *pharmacie* begleiten ... Aber nein, denn ich werde nie den Mut haben, es Ihnen dort auf offener Straße zu sagen, doch sagen muß ich es, denn wie können Sie mir sonst helfen? Monsieur, ich brauche Ihre Hilfe.« Mit großer

Mühe faßte sich die Ärmste ein wenig. »Hier, in diesen vier Wänden, werde ich es Ihnen sagen ...«

Ich holte ihr einen Kognak, und sie nippte daran.

»Gestern abend bat mein ... mein Kind Miriam ihren Vater um die Erlaubnis, mit der verheirateten Tochter eines Nachbarn in das Filmtheater gehen zu dürfen. Es war nicht das erste Mal, daß die Erlaubnis für so ein Vorhaben gegeben wurde – die verheiratete Nachbarstochter ist über jeden Tadel erhaben, der *pellicule* ›Dumbo‹ ist harmlos, und Miriam ist, *après tout*, sechzehn. Erst sechzehn, und ...« Madame Z.s Lippen bebten. Ich tätschelte ihr die Hand. »Fahren Sie fort, *chère madame*«, sagte ich. Sie holte zittrig Atem.

»Sie machte sich fein, *la pauvre petite*, bat um den Anhänger, der meiner Mutter gehört hat, und wünschte uns *bon soir. Bon soir?* Und was dann?« Madame Z. schob ihr Gesicht an meins heran und zischte: »Es gibt allen Grund zu dieser Frage! Die Zeit für *la sortie* aus dem Filmtheater kommt, und es vergeht eine weitere halbe Stunde. Miriam ist noch nicht da. Ich werfe Monsieur Z. einen besorgten Blick zu, den er ebenso besorgt erwidert. Dann steht er auf und verläßt das Haus, um das der Nachbarstochter aufzusuchen. Die Dame ist schon im Bett, *endormie. ›Non, Monsieur Z.*‹, murmelt sie vom Fenster aus. ›Miriam ist nicht da. *Je ne l'ai pas vue depuis hier.*‹ Meinen Engel seit gestern nicht gesehen? Was ist nur vorgefallen? Ist mein Kind eine ...?«

»Niemals«, sagte ich nachdrücklich.

Madame Z. fiel wütend über mich her. »Und ob! Warten Sie ab, Monsieur. Bitte unterbrechen Sie mich nicht. Bei uns zu Hause warten wir. Wir warten eine Stunde, zwei Stunden. Monsieur Z. läuft, so schnell es sein armes, schwaches Herz nur zuläßt, zum Commissariat de Police. Dort ist nichts bekannt. Man verspricht, sofort nachzuforschen – aber wo? Ja, wo nur? Wieder zu Hause, schlafen wir, von den Aufregungen überwältigt, kurz ein, nur einen Moment. Und in diesem Moment tut es einen Schlag an der Tür – es ist *en effet* der Schlag, der uns weckt –, wir springen auf, stürzen zur Schwelle, und was sehen wir da? Unsere Miriam! Sie sitzt sprachlos da, den Kopf an den Türsturz gelehnt!«

»Madame Z.!« rief ich aus. »Was für eine schreckliche Geschichte!«

»Es kommt noch schlimmer, Monsieur.« Madame Z. hatte mittlerweile die Fassung wiedergewonnen. Vor Wut, nehme ich an. »Sie ist *ivre morte*!«

Stockbetrunken? Miriam? Miriam auf einer Sauftour?

Madame Z. nahm ihre Geschichte wieder auf. »Ich bin gezwungen, diese grausamen Einzelheiten zu berichten, Monsieur, weil Ihre Aufgabe ohne sie noch schwieriger würde. Geben Sie acht, bitte.«

Es gab nicht mehr viel zu hören. Wie es scheint, hatte man, bis alle Nachbarn aufgestanden und zusammengelaufen waren – es war nämlich schon halb zwei morgens –, Miriam ins Haus geschafft, ihr gut zugeredet, sie geohrfeigt, um sie wieder zu sich zu bringen, und Federn unter ihrer Nase abgebrannt, ohne das Geringste zu bewirken, und dann hatte jemand enthüllt, daß etwa zum Zeitpunkt ihrer Rückkehr eine ausländische Stimme in der Gasse zu hören gewesen sei, eine Männerstimme, brummig und betrunken lallend.

»Ausländisch. Beachten Sie das, Monsieur. Zweifellos Amerikaner oder Engländer. Und ...«

»Was soll ich also tun, Madame?«

Sie wirkte völlig überrascht. »Was wohl! Finden Sie den Mann! *Cherchez le monstre qui a . . .*«

»Es gibt wohl keine Zweifel, Madame, daß jemand . . . Verzeihen Sie mir, aber . . .«

»Zweifel? Ich bitte Sie, wer könnte da noch zweifeln? Außerdem ist es einer Ihrer Landsleute, und ich ersuche Sie, ihn zu finden, damit, wo schon alles verloren ist, wenigstens die Ehre gerettet werden kann.«

»Und die Polizei, Madame? Ist sie nicht mit der Tragödie befaßt?«

»Jeder ist zur Hilfe aufgefordert, Monsieur.«

Nun die Fortsetzung. Ich erfuhr sie heute morgen mit einer Erleichterung, die beinahe so tief war wie die von Madame Z.

Unter der Wirkung des Salzes – was auch immer es war –, oder möglicherweise weil der Alkoholnebel sich mit dem Verstreichen der Stunden verflüchtigt hatte, erlangte Miriam das Bewußtsein wieder. Auch sie bezweifelte nicht, daß es zum Schlimmsten gekommen war, als man ihr sagte, was ich gerade berichtet habe. Es wäre für jedes Mädchen ein schrecklicher Schlag, für Miriam war es der schrecklichste. Sie war tapfer und durch Erforschung ihres Gedächtnisses imstande, sich zu erinnern, was geschehen war und wie, wenngleich sie soviel Feingefühl hatte, nicht davon zu sprechen. Sie war jedoch gezwungen, einen Teil der Wahrheit zu enthüllen – daß sie einer Einladung nachgegeben hatte, die ihr von einem Fremden aufgedrängt worden war – jawohl, von einem Ausländer, einem gutaussehenden –, denn im Laufe des Tages meldete sich ein Zeuge, der angab, Miriam mit dieser Person beim Einkauf von

Lebensmitteln für ein kleines Abendessen gesehen zu haben.

Die Türen des Z.schen Hauses waren geschlossen, und nur die engsten Nachbarn wurden zum Familienrat zugelassen. Nach mehrstündiger Diskussion sagte eine der Nachbarinnen: »Haben Sie denn eine weise Frau zu Rate gezogen, Madame Z.?«

»Das ist wohl kaum erforderlich, Madame«, lautete die Antwort.

»Besteht denn nicht die Möglichkeit, daß kein *bleibender* Schaden ...«

»Die besteht nicht, Madame, gleichwohl ...«

Und so wurde eine weise Frau zu Rate gezogen. Sie, Madame Z. und die widerstrebende Miriam wurden in das hintere der beiden Zimmer eingeschlossen, weshalb die Nachbarn an der Türfüllung lauschen mußten. Sie mußten nicht lange warten.

»Madame«, hörte man nach einer Weile die Stimme der weisen Frau, die sich offensichtlich an Madame Z. wandte, »zwar kann ich Ihnen auch jetzt nicht versichern, daß Mademoiselle nicht mehr unberührt ist, aber ebensowenig bin ich sicher, daß sie ohne Zweifel noch immer unberührt ist. Ich kann lediglich garantieren, daß, wenn Sie die Güte haben, ein Medikament zu benutzen, dessen Geheimnis ich allein kenne, künftig niemand in der Lage sein wird, den Unterschied zu erkennen.« Und damit zog sie wohl ein Fläschchen hervor, das das geheime Medikament enthielt.

»Komm, Kind«, fuhr die Stimme der weisen Frau fort, »ich will es dir erklären ...« Sie senkte die Stimme zu einem Flüstern und erklärte es.

Plötzlich, mitten in dem Geflüster, erscholl laut, klar und triumphierend Miriams Stimme.

»Ich *verstehe*! Dann bin ich Jungfrau ... Ich bin Jungfrau!«

Es war ein kleines Wunder. So gut erzogen wie sie war, hatte Miriam sich nicht erdreistet, die weise Frau schon eher zu unterbrechen, aber nun erfuhr sie – welche mädchenhaften Ungewißheiten sie auch gehegt haben mochte – zum erstenmal genau, wie es kommt, daß alle Jungfern zunächst unberührt sind und manche es nicht bleiben. All die Jahre hatte sie sich in diesem Punkt auf ihr Gewissen verlassen, und ihr Gewissen – wenngleich vielleicht nicht ganz rein, was die vorige Nacht anging – war jetzt so rein, daß sie zur Tür laufen, sie aufreißen und den versammelten Nachbarn zurufen konnte: »Ich bin Jungfrau, ich bin Jungfrau!« Dann stürzte sie auf die Gasse hinaus, um es all denen zu sagen, die es nicht bereits wußten.

Mittlerweile weiß es natürlich jeder – zumindest jeder in der Mellah oder jeder, der die Straße auf- und abgeht, in der Miriam an ihrer Pfaff hantiert. Madame Z. selbst förderte selbstverständlich die weitestmögliche Verbreitung der Neuigkeit, denn noch wenige Stunden zuvor hatte sie alle das genaue Gegenteil glauben gemacht. Sie stattete mir eigens einen Besuch ab, um es mir zu sagen:

»Die Vorsehung ist doch gnädig«, schloß sie. »Trotzdem bin ich gezwungen, Miriam für ihre Tollkühnheit zu bestrafen, da die Vorsehung es nicht getan hat.«

Die Gasse abseits von Riad as-Seitun ist sehr angenehm, aber mir fehlt die Weltlichkeit von Darb asch-Schams. Hier sind meine Nachbarn von vornehmerem Schlag, wenn auch nicht vornehm – in Maßen erfolgreiche Kaufmannsfamilien und dergleichen. Sie grüßen mich würdevoll, wenn wir uns begegnen, aber ich glaube nicht, daß sie jemals so sehr Teil meines Lebens sein werden, wie es die anderen waren.

Mein Haus hier gleicht einer kleinen Insel, während es in Darb asch-Schams schien, daß mein Haus bloß ein von einem Flur abgehendes Zimmer, und der Flur die Straße war. Riad as-Seitun ist jedoch sehr viel friedlicher, und ich segne Madame T., daß sie mir die Verantwortung dafür übertragen hat.

Gestern abend lief ich Idris und Mulai Jacoub über den Weg. Sie haben mir einen offiziellen Besuch in Riad as-Seitun abgestattet, bloß um es sich anzusehen, aber normalerweise treffen wir uns außer Hause. Ich fand sie auf der ebenerdigen Terrasse des Café de France. Sie tranken zusammen Kaffee. Ich blieb auf dem Weg in die Bar einen Moment stehen, um mit ihnen zu reden.

»Kommt mit hinein und trinkt ein ›Stork‹ oder so was«, schlug ich vor. ›Stork‹ ist ein in Casablanca gebrautes Bier. Ich weiß, daß Mulai Jacoub niemals trinkt, weil er es mir gesagt hat, aber ich vermute, daß Idris gern ein Bier hätte, allerdings nicht auf der Terrasse, direkt vor den Augen der Passanten. Der Koran verbietet geistige Getränke, und ein *Dahir* – ein Erlaß des Sultans – verbietet sogar ausdrücklich den Verkauf alkoholischer Getränke an maurische Moslems. Der *Dahir* hängt gerahmt an der Wand jedes Lokals mit Schankkonzession, aber im allgemeinen verschließen die Behörden vor vertretbaren Zuwiderhandlungen vernünftigerweise die Augen.

»*Ts, ts!* Ich trinke kein Bier«, sagte Idris. »*Sehr* schlecht.«

»Und *haschisch*, Idris? Ist das gut?«

»Ich nehme kein *haschisch. Ts.*«

»Ich gehe jedenfalls rein. Vielleicht sehen wir uns später.« Ich drehte mich um, um hineinzugehen, und erblickte einen Mulai, den wir alle kennen und der am Bartresen vergnügt an einem Rosé nippte. »Sieh mal, Idris! Da ist ein Mulai, der Rosé trinkt! Also ist es in Ordnung.«

»Nein«, sagte Mulai Jacoub. »Außerdem ist er ein Mulai.«

›Mulais‹ sind natürlich Nachkommen der Familie des Propheten Mohammed und in gewissem Sinne nicht nur höherstehende Menschen, sondern auch privilegiert. Ein Mulai wird als *›scharif‹*, edel, bezeichnet. Der Seigneur Hamed, den ich in Tanger kennengelernt hatte, war in diesem Sinne edel, obwohl mir das damals nicht klar war.

»Also dürfen Mulais Rosé trinken?«

»Nein.«

»Dann weiß ich nicht, was du meinst, Mulai Jacoub.«

»Es ist ganz anders. Mulais sind edel.«

Es war falsch von mir, ihn bei einem solchen Thema aufzuziehen, aber ich tat es. Ich sagte: »Ich finde, wenn ein Mulai die Vorteile seiner edlen Herkunft in Anspruch nimmt, sollte er auch die Nachteile akzeptieren. Er sollte den anderen, die nicht edel sind, ein Beispiel geben.«

»Warum?«

»Das finde ich eben. Vielleicht empfinden Engländer so. Zum Beispiel haben wir in England eine Königin, und du glaubst vielleicht, daß sie uns anderen gegenüber Vorteile hat. In gewisser Weise hat sie das auch – sie muß nicht hungern oder dürsten, sie wohnt in Palästen. Aber unsere Königin, die wir auf sehr seltsame und tiefempfundene Weise lieben, kann keineswegs tun, was ihr beliebt. Sie ist weniger frei als der geringste ihrer Untertanen. Sie ist edel.«

»Es ist ganz anders«, sagte Mulai Jacoub. »Ich gebe zu, daß eure Königin edel ist, aber auf andere Weise. Sie stammt nicht aus der Familie des Propheten Mohammed, mit dem Friede sein möge.«

Idris nickte und sagte: »Verstehst du? Mulai ist sehr *spécial.*«

»Wir finden, unsere Königin ist auch *spécial.*«

»Auch wir ehren eure Königin, aber wir können nicht finden, daß sie *lalla, une scharifa*, ist, denn sie stammt nicht aus der Familie.«

Letzten Endes ist es im Grunde das gleiche – eine mystische Aristokratie. Wir in England konzentrieren unsere gesamte Anerkennung auf ein Wesen, den Monarchen, den Verteidiger des Glaubens. Die Moslems finden nichts Seltsames dabei, die entsprechende Anerkennung auf die Vielzahl der vom Propheten Allahs abstammenden Edlen zu verteilen. Deshalb entschuldigte ich mich bei ihnen.

»Ich glaube, wir haben beide recht – es geht um etwas in uns, das keine Worte braucht.«

*»Vive le roi!«* verkündete Mulai Jacoub.

Und so ging ich in die Bar und überließ sie ihrem Kaffee.

Die Tage werden immer kürzer, und mittlerweile kühlt die Luft nach Sonnenuntergang ab, was zur Folge hat, daß die Bars im Inneren der Cafés mehr Umsatz machen. Bislang sind es die Straßenterrassen gewesen, die bevölkert waren. Jetzt sind es die Bars, und sie haben eine ganze Menge maurische Gäste. Die Atmosphäre wechselt von Tag zu Tag. Im allgemeinen scheinen sich die Mauren keiner Sünde bewußt zu sein, aber manchmal laufen sie hinein, kippen zwei, drei auf die schnelle und hasten wieder hinaus. Das geschieht an Abenden, an denen gerüchtweise bekannt wird, daß die Behörden aus dem einen oder anderen Grund beschlossen haben, von ihren Befugnissen Gebrauch zu machen. Gestern abend blieb es ruhig.

Die Mauren vertragen nicht besonders viel. Zunächst einmal trinken sie zu schnell. Ich muß jedoch berichten, daß sie selbst in ausgelassenster Stimmung fast immer gutmütig sind, und das stellt dem marokkanischen Charakter ein bemerkenswertes Zeugnis aus. In der Regel benehmen sie sich anständig, teils weil es ihrem Wesen entspricht und teils, ohne Zweifel, weil sich der Barmann andernfalls weigert, sie zu bedienen. Aufgrund des gerahmten *Dahir* an der Wand hinter ihm hat er die Macht zu tun, was ihm beliebt. Deshalb lächeln die Gäste ihn freundlich an und benehmen sich mehr oder weniger. Ich zolle den Behörden und den Patrons der Cafés höchstes Lob dafür, daß sie erlauben, was sie nicht verhindern können, und die Situation so hübsch unter Kontrolle haben.

Endlich habe ich ein neues Hausmädchen, und besorgt hat es mir von allen Freunden, die sich netterweise bereit erklärt hatten zu helfen, seltsamerweise derjenige, von dem ich es am wenigsten erwartet hätte: Harun. Ich machte auf jemandes Klopfen die Tür auf, und da stand Harun mit einer kleinen dicken, älteren Maurin, die er als ›Fatima‹ vorstellte.

Harun zog mit einem Trinkgeld in der Tasche singend ab, und Fatima und ich standen da und beschnupperten einander. Ihr Gesicht unter dem Schleier ist runzlig wie eine weiche Walnuß.

Seit einiger Zeit strömen Amerikaner in die Gegend, um auf einer Großbaustelle ein Stück weit von Marrakesch entfernt zu arbeiten. Es scheinen größtenteils Jungen zu sein, die nicht sehr weitgereist sind, und sie sind eine leichte Beute für die Touristenführer, wenn sie in die Stadt kommen. Sobald sie allerdings merken, daß man sie für alles, was sie kaufen oder unternehmen, zuviel bezahlen läßt, werden sie böse und bereiten allen Beteiligten *›ennuis‹*, aber Harun freut sich über sie und glaubt, daß von den Profiten einiges für ihn abfällt.

Die ganze Woche über werden diese Amerikaner von ihrer Arbeit auf Trab gehalten, aber samstags kommen sie in die Stadt, um sich auszutoben. Dann ist das Café de France voll von ihnen, und sie tragen Kleider, über die modern gesinnte Mauren ganz aus dem Häuschen geraten. Sie machen einen sehr netten und freundlichen Eindruck, aber wenn sie betrunken werden, meinen sie, sich prügeln zu müssen. Warum, weiß ich nicht. Manchmal kann man sehen, wie durchaus gesetzte Männer ihre Brille beiseite legen und sich anschicken, aufeinander loszugehen. Das erstaunt die Mauren sehr, aber sie neigen dazu, die Besucher zu mögen, weil diese sich so bereitwillig die Sehenswürdigkeiten zeigen lassen und die Marrakeschis eigentlich nicht in ihre *›ennuis‹* und Streitereien hineinziehen.

Der Beginn der Bauarbeiten hat Bedarf an Arbeitskräften geschaffen, und so hat es einen großen Ansturm auf Stellen gegeben, größtenteils Handlangerstellen, für die man Mauren zu einem Vielfachen des in Marrakesch üblichen Lohns rekrutiert. Ein bestimmter Typus von Maure kann dem nicht widerstehen, obwohl es bedeutet, jeden Morgen um vier aufzustehen, mit der Eisenbahn so weit zu fahren, wie die Gleise an den Bestimmungsort heranreichen, und die letzten paar Kilometer in etwas zurückzulegen, was recht nüchtern als ›Transportmittel‹ bezeichnet wird. Sie kommen gegen acht Uhr abends nach Hause zurück, also haben sie wahrscheinlich jeden Franc verdient, den sie bekommen. An den Wochenenden sieht man diese Mauren mit amerikanischen Jungen auf den Straßen spazieren. Mangels einer gemeinsamen Sprache ist eine Verständigung zwischen ihnen fast unmöglich, aber ich denke doch, daß beide Seiten etwas davon haben, und die Damen im *quartier réservé* sind entzückt. Und zwar so entzückt, daß sie den Mauren, die den Jungen den Weg gezeigt haben, bereitwillig teure Gunstbeweise gewähren.

Es ist schwer für diese amerikanischen Jungen. Es gibt in dieser Stadt keine Mädchen für sie, mit denen sie ›ausgehen‹ können – nur Mädchen, die erwarten, daß man sie bezahlt und mit ihrer abendlichen Warteliste weitermachen läßt, und gegen ein solches System sind die Jungen nicht gewappnet. Sie wirken verwirrt und unglücklich, und vielleicht betrinken sie sich deshalb und machen ihrem Unglück durch Schlägereien Luft. Es ist ein Kreis, aber keineswegs ein Teufelskreis. Marrakesch muß ihnen wie ein ödes Kaff vorkommen.

Es gibt in dieser wachsenden Gemeinde von Amerikanern natürlich auch einige, die ziemlich viel herumgekommen sind und obendrein vielleicht noch eine Fremdsprache gelernt haben. Ich kenne zwei solche – Bob und Dave. Sie fühlen sich durchaus wohl, weil sie nicht erwarten, daß das Leben hier nach amerikanischem Muster abläuft. Sie haben sich für die Wochenenden ein kleines Haus in der Stadt gemietet, es sich so bequem gemacht, wie die hiesigen Ressourcen es erlauben, und es sogar geschafft, ein wenig unter die Oberfläche des Marrakescher Lebens vorzudringen. Ich lernte Bob in einer Bar kennen und bin seither zwei-, dreimal in ihrem Haus gewesen. Ich mag sie sehr. Beide kennen sie die Engländer ziemlich gut, aber manches verwirrt sie, ja bringt sie sogar in Verlegenheit. Neulich sprachen wir zum Beispiel von einem Engländer, den ich flüchtig kenne und der zum ortsüblichen Lohn auf der amerikanischen Baustelle arbeitet. Ich hatte – als Kommentar zu der Bereitschaft des Mannes, für einen Bruchteil des Lohns zu schuften, den ein Amerikaner für die gleiche Arbeit bekommt – gesagt, ich hätte gehört, daß seine Familie früher sehr wohlhabend gewesen sei.

»Hören Sie mal, Peter«, sagte Bob, »verstehen Sie mich nicht falsch, aber wenn Engländer das sagen, kriegen wir Amerikaner ein ganz ungutes Gefühl.«

»Wieso denn? Das verstehe ich nicht.«

»Na ja, fast jeder Engländer, den ich kennenlerne, scheint in seiner persönlichen Vergangenheit irgendwelche Ruhmesblätter zu haben, die er mir unbedingt auf die Nase binden muß. Aber wir sehen das nicht so: wir blicken auf die Gegenwart oder in die Zukunft. Bitte mißverstehen Sie mich nicht, aber ist das nicht ein kleines bißchen symptomatisch?«

Es ist in der Tat symptomatisch. Ich glaube, es muß noch ermüdender sein, als mit der Gegenwart zu prahlen.

Bu Dschama, der Neger, den ich vor so langer Zeit bei 'Aischas *diyafa* kennengelernt habe, kam hinter mir hergerannt und machte ein solches Getue darum, wo ich die ganze Zeit gesteckt und warum ich ihn nicht regelmäßig zu Hause besucht hätte, daß ich ihn und seine beiden Freunde, mit denen er auf der Dschama al-Fna Luft schnappte, auf einen Schwatz und vielleicht einen Aperitif nach Riad as-Seitun einlud. Sie berieten sich flüsternd und sagten dann, sie kämen gern.

Wir saßen etwa eine Stunde im Patio, unterhielten uns, tranken, was von einer Flasche Cinzano übrig war, und es war ein recht angenehmes kleines Zwischenspiel. Dann sagte Bu Dschama zu einem seiner beiden Freunde, aber mit einer Handbewegung zu mir hin: »Mohamed, dieser Herr ist *écrivain* – Schriftsteller.«

»Bist du *écrivain*?« fragte Mohamed, und Bu Dschama antwortete an meiner Stelle: »Ja.«

»*Al-hamdu lillah*! Gott sei gelobt!« sagte Mohamed. »Kannst du Französisch schreiben?«

Ich sagte ja, das könne ich.

»In diesem Fall wirst du bitte einen Brief für mich schreiben. Ich komme morgen, *Inscha'Allah*, um eineinhalb. Bist du dann da? Hast du Papier und einen Umschlag? Und Briefmarken?«

Ich bin schon eine ganze Weile nicht mehr um einen solchen Gefallen gebeten worden. Ich sagte: »Natürlich. Aber komm um zwölf oder um zwölf Uhr dreißig.«

»Um zwölfeinhalb kann ich nicht. Morgen ist Freitag. Das ist kurz vor dem Gebet. Ich komme um eineinhalb.«

»In diesem Fall«, sagte ich, »kommst du besser zum Mittagessen. Bu Dschama? Kommst du auch? Und dein anderer Freund?«

Sie berieten sich erneut und kamen überein, daß sie alle drei kommen würden, *Inscha'Allah*. Sie gingen bald danach, und damit hatte es sich.

Das war gestern. Dementsprechend begab ich mich heute zum Markt, um zu besorgen, was für das Mittagessen gebraucht wurde. Fatima macht sich gut und ist durchaus in der Lage, für ein maurisches Gericht einzukaufen, aber diesmal fand ich, es könnte ganz lustig sein, ein indisches Curry mit Pilaf auszuprobieren. Auf dem Deckel einer Dose Venkatachellum-Curry in Madame T.s Küche steht ein Rezept für Curryhuhn. Es würde für maurische Gaumen angemessen scharf und würzig und eine Abwechslung von dem ewigen *tadschin* aus Rindfleisch sein. Und so verbrachte ich eine Menge Zeit damit, Zutaten auszusuchen und zu improvisieren, wo die richtigen Rohprodukte nicht erhältlich waren. Und dann bereitete ich alles selbst zu, weil Fatima für solche Gelegenheiten nicht viel taugt. Sie weiß, was sie zu tun hat, aber sie scheint sich nicht über die Reihenfolge schlüssig werden zu können, in der die Arbeiten verrichtet werden sollten. Es kann passieren – und passiert auch –, daß sie bis mittags zwar die Haushaltswäsche erledigt und einiges an Socken gestopft hat, aber nicht dazugekommen ist, das Mittagessen vorzubereiten. Jedenfalls kochte ich heute das Mittagessen – und aß es allein. Fatima war zu ihrem Freitagnachmittag-*hammam* gegangen, und meine drei Gäste tauchten schlicht nicht auf. Ich ärgerte mich sehr, fand mich aber damit ab.

Heute nachmittag gegen drei Uhr, als ich zu Maurice

unterwegs war, ärgerte ich mich noch viel mehr und fand mich nicht damit ab, Bu Dschama und seine beiden Freunde vor einer Kaffeebude sitzen zu sehen.

»*La bas!*« rief mir Bu Dschama zur Begrüßung zu. »*Kull schai la bas?*«

»Was war los?« fragte ich so ruhig ich konnte.

»*Kifasch*? Ach so, ja ... Uns ist etwas dazwischengekommen, verstehst du, mir und meinen Freunden. Macht nichts. Wir kommen ein andermal zu dir zum Mittagessen, *Inscha'Allah*.«

»Ein andermal«, sagte Mohamed. »Genau wie der Brief.«

»Setz dich und trink Kaffee«, sagte der Dritte.

Ich setzte mich und trank Kaffee, weil ich jetzt verstehe.

Was ich jetzt verstehe und bislang nicht verstanden habe, ist folgendes:

*Inscha'Allah* ist sehr wichtig. Das weiß ich schon lange. Ist die Floskel *Inscha'Allah* – so Gott will – aber ausgesprochen, macht dem abendländischen Verstand der nächste Schritt zu schaffen, obwohl er mir nicht mehr zu schaffen macht. Was passiert dann eigentlich?

Nun, was passiert, hängt davon ab, ob man das, wovon die Rede ist, unbedingt tun muß, ob das eigene Wohlergehen, Aus- oder Fortkommen davon abhängt. Wenn es keine Bedeutung hat – was so zu verstehen ist, daß es keinen wirklichen Einfluß auf das persönliche Gedeihen oder Vergnügen hat –, mag man ganz einfach feststellen, daß irgend etwas Unvorhersehbares einen hindert, zu tun, was immer man vorhatte. Beispielsweise trifft man auf dem Weg zu einer Verabredung vielleicht einen Freund, und der Freund ist durstig und braucht unbedingt einen Pfefferminztee. Er nötigt einen, sich mit ihm in eine Teestube zu setzen. Oder es passiert sonst etwas Unvorhergesehenes. Und schon ist die Verabredung geplatzt. Derjenige, mit dem die Verabredung getroffen wurde, wird vollkommen verstehen, welche zahllosen Umstände einen daran gehindert haben können, sie einzuhalten. Wahrscheinlich ist auch er, der Ärmste, durch den einen oder anderen Umstand verhindert, so daß überhaupt niemand beim Treffpunkt erscheint.

Natürlich muß man auf alles, was jeweils vorgeschlagen wird, zusagen, denn es wäre überaus ungehörig, zu irgend etwas ›nein‹ zu sagen. Doch eine Zusage riecht schon nach Anmaßung, nach dem Versuch, in das Wirken des Schicksals einzugreifen. Die Vergangenheit ist vergangen: die Gegenwart ist lebendiger Beweis für Gottes Wille, doch die Zukunft liegt in Seinen Händen. Wie kann man vorhersagen, was Er einem bestimmt hat, wenn man seine Pläne macht? Jeder begreift, daß gerade die Tatsache der Nichtausführbarkeit solcher Pläne zeigt, daß Er niemals gewollt hat, daß man sie ausführt.

Ich habe mir diese Erklärung allein zurechtgelegt. Kein Maure würde ihrer Exaktheit zustimmen, aber mich stellt sie zufrieden, ohne meine Zuneigung zu diesen Menschen im geringsten zu beeinträchtigen. Es hat keinen Sinn, gegen Fatum oder Fakten anzukämpfen.

Fatima kam heute morgen, sehr zufrieden mit sich selbst, mit einem Huhn an. »Mein Neffe hat es mir geschenkt«, verkündete sie, »ich werde *cous-cous* davon machen.«

Es war ein schönes, fleischiges kleines Huhn, und ich

dankte ihr. »Wir essen es zum Mittagessen, und ich lade Monsieur Maurice dazu ein.«

Fatima mag Maurice.

Ich hatte die Vorstellung, wir könnten es mit dem Pilafreis füllen, den ich gestern für das Curry gemacht hatte und von dem noch sehr viel übrig war. Also ging ich mit Fatima zum Eisschrank und erklärte ihr, was sie tun sollte.

Ich glaube, sie war böse, weil sie *cous-cous* gewollt hatte, dieses fade Zeug, das sie aus Grieß machen. Deshalb tat sie so, als verstünde sie nicht. »Was? Wie?«

Ich sagte: »Na, tu einfach den Reis hinein. Füll das Hühnchen mit dem Reis. Sieh mal, in dem Reis sind Mandeln und Rosinen und lauter gute Sachen, alles fertig gekocht.«

»Ich weiß gar nichts.« Das scheint sie jedesmal zu sagen, wenn ich Unmögliches von ihr verlange. Unmöglich ist alles, was sie nicht will oder nicht bereits zu tun versteht.

»Na hör mal, das geht doch ganz leicht.«

»Wie?«

Mein Arabisch wird zwar immer besser – es mußte einfach besser werden, sonst käme ich überhaupt nicht zu Rande –, aber es ist noch immer einigermaßen beschränkt. Nicht weiter überraschend, daß mir Kochbegriffe fehlen, deshalb mußte ich improvisieren.

»Na, so schwer ist das doch nicht. Das Pilaf ist gekocht und gewürzt. Stopf es in das Huhn.«

Sie sah mich mürrisch an. »Wo?«

»In seinen ...« und ich benutzte den einzigen Begriff, den ich kannte.

Man stelle sich mein Entsetzen vor, als ich Fatima mit vor die Augen geschlagenen Händen durch die Küche wanken sah! Was war über sie gekommen? Ihr ganzer Körper bebte vor Gefühlswallungen. Gefühlswallungen? Oder war es etwa Gelächter? Es war hemmungsloses Gelächter. Sie sank auf die Knie und wiegte sich japsend mitten auf dem Boden. Dann lugte sie zu mir hin, und ich konnte sehen, daß ihr Gesicht zuckte. Sie versuchte, das Wort zu sagen, brachte es aber nicht heraus und prustete erneut los.

»*Challi-ni, challi-ni . . . !*« stöhnte sie. »Laß mich! Oh, M'suh, M'suh . . . « Dann fing sie sich kurz und seufzte. »Laß mich! *Gadi nekhemmem 'alei*. Ich denke darüber nach.«

Das Huhn war perfekt, und Maurice gratulierte Fatima sogar zu dessen Zubereitung. Sie drehte sich um und stürzte, die Hand vor dem Mund, aus dem Zimmer, und wir konnten sie in der Küche nebenan nach Atem ringen hören.

Gestern abend erlebte ich etwas mit, was mich früher schockiert haben würde. Vielleicht tut es das auch jetzt noch ein wenig. Es war bei Sonnenuntergang auf der Dschama al-Fna, und der *place* war selbstverständlich überfüllt. Ich hatte zufällig 'Abdeslem getroffen, und wir schlenderten gemeinsam dahin und plauderten. Er erzählte mir natürlich von sich und nebenbei auch von 'Aischa und schloß so die seit meinem Umzug nach Riad as-Seitun entstandenen Informationslücken. 'Aischa habe ich seither überhaupt nicht gesehen. Einmal ging ich nach Darb asch-Schams, um sie zu besuchen, aber die Tür war verschlossen.

»Sie ist gesund und kräftig«, sagte 'Abdeslem gerade, »weil sie sich an mir mästet. Sieh nur, wie dünn und krank ich geworden bin.«

»Als du behext warst, ging es dir schlechter, 'Abdeslem.«

»Was? Ach so, ja. *'Andik al-haqq*. Da ging es mir noch schlechter. Du meinst doch nicht, daß ich krank bin? Ich habe Lust, den Winter über zu schlafen wie solche Tiere wie . . . wie . . .«

»Schildkröten?« schlug ich vor.

»Vielleicht . . .« Aber da nahm plötzlich etwas anderes seine Aufmerksamkeit gefangen, nämlich zwei Mädchen in *dschallabas*, die auf dem *place* umhertrippelten, über die Schultern der um die diversen Quacksalber gescharten Männer lugten oder zu lugen versuchten und dabei über den kleinen, bestickten Schleiern, die sie trugen, mit den Augen rollten. 'Abdeslem gab ein langezogenes Husten und ein Kußgeräusch von sich. Dann sagte er: *»Ssss!«*

'Abdeslems Moral ist nicht meine Sache, aber es schien mir doch ein wenig riskant für ihn, hier auf offenem *place*, wo weiß Gott wer von 'Aischas Bekannten zusehen konnte, seinem Affen Zucker zu geben. 'Aischa ist schließlich ziemlich skrupellos, und ich denke mir, daß sie 'Abdeslem kraft des Rechts des Eroberers als ihr Eigentum betrachtet. Ich sagte etwas des Sinnes zu ihm.

»Wer hat schon vor 'Aischa Angst?« fragte er.

Die beiden Mädchen sahen ihn unsicher an, tuschelten miteinander und eilten dann weg. 'Abdeslem packte mich am Arm und zog mich mit sich hinter ihnen her. Sie waren natürlich nicht weit gegangen. Sie standen in einer kleinen Gruppe, die einem merkwürdigen, alten, bärtigen Mann zusah, der so etwas wie ein Arzt ist und als großer Spezialist für Bauchschmerzen, oder vielmehr für fast alle Schmerzen gilt.

»Sie sind aus dem *quartier réservé*«, zischte mir 'Abdeslem zu und lotste mich neben die Mädchen, wohl um seine Sache zu fördern. Ich versuchte zu erkennen, was der bärtige Alte vorhatte. Er hatte ein paar Messer zum Erhitzen auf einem Kohlenbecken liegen, und neben ihm auf dem Asphalt hielt ein Mann sein Hemd hoch, um seinen Bauch zu entblößen. Der Alte ergriff ein Messer, spuckte darauf, wie eine Wäscherin auf ein Bügeleisen spuckt, um dessen Hitze zu prüfen, nahm, mit dem scharfen Zischen, das es von sich gab, zufrieden, eine Prise von einem gräulichen Pulver und legte sie sich auf die Zunge. Dann murmelte er ein kurzes Gebet und fuhr sich plötzlich mit dem fast rotglühenden Messer über die Zunge. Uns allen stockte der Atem, seine Zunge zischte wie ein Bügeleisen, und daraufhin stürzte er sich auf den Bauch des armen Tropfs und ging daran, das Pulver darauf zu verteilen, als wäre seine Zunge ein Spatel. Dann massierte er den Bauch, und dieser war sofort kuriert. Sagte jedenfalls der Mann. Jemand anders nahm den Platz des Patienten ein. Ich starrte mit einer Mischung aus Grauen und Faszination hin, aber Gebrüll und ein heftiger Stoß in die Rippen ließen mich zu 'Abdeslem herumfahren.

Zwei Leute von der Polizei des Paschas – sie ist von der offiziellen, von den Franzosen befehligten Polizei zu unterscheiden – hatten die beiden Mädchen gepackt. Die Mädchen schrien – jeder schreit oder brüllt, wenn so etwas passiert – aber das kümmerte die Polizisten nicht: sie zerrten die Mädchen weg. Die Mädchen zappelten und strampelten, aber die Männer griffen einfach fester zu und schleppten sie fort wie Tiere zum Schlachthaus. Nicht so sehr das schockierte mich, denn es gibt schließlich ein wohlorganisiertes *quartier réservé*, wo die Mädchen machen können, was sie wollen, und es ist deshalb völlig richtig, daß man sie daran hindert, ihrem *commerce* auf öffentlichen Straßen nachzugehen; mich schockierte die Reaktion der Männer, einschließlich 'Abdeslems. Ich glaube, die Männer freuten sich, und ich glaube, ihre Freude rührt von einer tief verwurzelten Angst vor ihren Frauen her. Die Frauen sind außerordentlich rigoros. Sie lassen es sich zwar gefallen, in ihren Häusern oder, falls sie die entsprechende Sorte Mädchen sind, im *quartier réservé* eingesperrt zu sein, aber die eigentlichen Herren sind sie. Nicht nur 'Aischa ist skrupellos. Die Mauren benutzen ihre Frauen oder glauben sie zu benutzen, aber in Wirklichkeit birgt jeder Umgang mit Frauen, selbst mit Ehefrauen, Gefahren für die Männer. Männer werden behext, vergiftet, in den Wahnsinn getrieben, ihrer Lebenskraft beraubt. Leider stimmt das ohne jeden Zweifel, und ein Schauspiel, wie ich es gestern abend miterlebte, scheint die Aussicht auf Rache zu bieten, ein Beleg dafür zu sein, daß der Wurm sich krümmt, wenn er getreten wird. Die Männer lachten hämisch, während man die beiden Mädchen wegschleppte, um sie einzusperren oder mit einer Geldbuße zu belegen und wahrscheinlich auch ein bißchen zu verprügeln.

»Hast du gesehen?« fragte 'Abdeslem triumphierend.

Es hat keinen Sinn zu versuchen, nach abendländischen Maßstäben zu urteilen – sie sind untauglich.

Harun ist in letzter Zeit deprimiert, weil er bei den Amerikanern doch nicht sehr weit kommt. Sie sind freundlich zu ihm, und sie schenken ihm manchmal eine Zigarette, aber keiner von ihnen hat sich bereit gefunden, ihn als Führer zu engagieren. Die Gründe liegen auf der Hand, wenn auch nicht für den armen kleinen Harun: er beherrscht nicht einmal ein paar englische Worte, und seine Beine sind zu kurz, um mit denen, die Beine von normaler Länge haben, Schritt zu halten. Außerdem argwöhnt er, daß er nicht ›seriös‹ wirkt. Und deshalb ist er seit einiger Zeit in deprimierter Stimmung. Heute jedoch ist er ein ganz anderer Mensch. Ich fand ihn vor einem Tisch im Café de France hocken, wo Touristen ihn sehen konnten. Er hatte einen Bleistift in der Hand.

Er blickte mit wichtiger Miene auf und sagte: »Weißt du, was ich jetzt mache? Ich zeichne Bilder. Sieh mal!«

Er hatte mehrere gezeichnet – von Tieren, Männern und Frauen, die sich anhand der Anzahl ihrer Beine und anhand von Haruns Symbolen für ihr Geschlecht voneinander unterscheiden ließen. Sie waren wirklich sehr komisch.

»Was machst du damit, Harun?«

»Was ich damit mache? Na, sie verkaufen, natürlich. An die Touristen.«

»Hast du schon welche verkauft?«

»Noch nicht. Ich muß sie zuerst anmalen, verstehst du. Aber ich habe keine Farben, mit denen ich sie anmalen kann. Meinst du, du könntest mir helfen, Farben zu besorgen?« fragte er versuchsweise.

Ich erklärte mich dazu bereit.

»Zeichnen ist leicht«, meinte Harun. »Leichter, als Führer zu sein. Was soll ich jetzt zeichnen?«

»Noch ein paar von denen da, denke ich«, sagte ich zu ihm. »Die müßten sich gut verkaufen, aber laß dich nicht von der Polizei erwischen, denn eigentlich solltest du so etwas nicht zeichnen.«

»Weil ich Moslem bin?«

Orthodoxen Moslems ist es verboten, die menschliche Gestalt zu zeichnen oder in irgendeiner Form darzustellen, aber das war es nicht, woran ich gedacht hatte.

»Nein, nicht weil du Moslem bist. Sondern weil ...« Aber warum sollte ich eigentlich erwarten, daß Harun sich abendländischer Tyrannei beugt? Also sagte ich: »Ich weiß eigentlich auch nicht, warum nicht.«

»Findest du das da schön?« fragte er mich und blickte von seiner Skizze auf.

Manche Mauren zeichnen und malen, und manche haben ein durch seine Naivität bezauberndes, kleines Talent, und ganz wenige haben noch etwas mehr. Und eigenartigerweise sind die Zeichnungen, die ich gesehen habe, fast alle das Werk von Hausangestellten in Diensten von Europäern, die sie ermutigt haben. Zwei, drei maurische ›Primitive‹ haben zu Recht Geld verdient und sich einen gewissen Namen gemacht. Warum sollte Harun nicht auch davon profitieren, wenn er konnte? Seine Sichtweise war jedenfalls sehr kühn.

Eine Maurin ging vor mir her und bog in meine Gasse ein, als sie sie erreichte. Ich folgte, weil das auch mein Weg war. Sie hatte eine *dschallaba* aus cremefarbenem Gabardine an und trug Schuhe mit Keilabsatz, die darunter hinstapften. Die Schuhe waren aus rosa Plastik und zu eng, wie ich annehme. Ich meinte, die Brosche zu erkennen, mit der sie die Kapuze ihrer *dschallaba* zurückgesteckt hatte – ein vergoldeter Pierrotkopf mit roten Glasaugen –, aber ich hatte meine Gedanken woanders und wußte erst, als sie auf meine Tür zuging, wer es war. 'Aischa natürlich.

»'Aischa!« rief ich, und sie drehte sich um.

»*Al-hamdu lillah! Voici la troisième fois que je te rends visite!* Dreimal in drei Tagen, *voyons*, und dreimal bist du nicht da! Wo gehst du denn nachmittags um diese Zeit hin? Ich habe dir etwas sehr Wichtiges zu sagen, Monsieur Peter.«

»Dann komm herein, 'Aischa. Möchtest du einen Tee? Wir können welchen machen. Das Hausmädchen geht nach dem Mittagessen.«

»Hausmädchen? Ja, davon habe ich gehört. Du bist sehr schick geworden.« Aber sie lehnte den Tee höflich ab, da sie mir keine Umstände machen wollte, wie sie sagte. Sie erklärte sich jedoch bereit, aus Zuvorkommenheit mir gegenüber ein Glas Wermut anzunehmen.

»Und jetzt werde ich dir nach europäischer Sitte sagen, weshalb ich gekommen bin. Keine höflichen Umschweife zwischen dir und mir, Monsieur Peter, *n'est-ce pas*?«

»Ja. Sag mir, worum es geht. Und warum hast du mich nicht schon viel eher besucht? 'Abdeslem war da. Warum bist du nicht gekommen?«

»Mm-m... 'Abdeslem. Aber laß mich zuerst von der Sache sprechen, die ich auf dem Herzen habe. Monsieur Peter, ich möchte, daß du mich ins Café de France mitnimmst.«

Es mag schon lange her sein, daß ich 'Aischa gesehen habe, aber noch nicht lange genug, als daß ich vergessen hätte, daß ihr Verstand zu Windungen und Wendungen fähig ist, die die eigentliche Richtung unkenntlich machen. »Ins Café de France? Da habe ich dich noch nie gesehen, 'Aischa.«

»Maurische Damen pflegen nicht dorthin zu gehen, wie du sicher weißt.« Sie versteht sich auf die Technik des Auf-Zeit-Spielens, bei anderen ebenso wie bei sich selbst. »Ins Café de la Splendeur ja, zu späterer Stunde, wenn sie in Begleitung eines Herrn sind. Aber ins Café de France gehen maurische Damen überhaupt nicht, auch nicht mit Herren.«

»Das macht es natürlich schwierig. Das sehe ich ein.«

»Für *dich*, Monsieur Peter, wäre das keine Schwierigkeit – nicht einmal *la plus minuscule*. Denn du bist wie einer an den kleinen Marmortischen auf der *terrasse* dieses eleganten Cafés – ständig da, und mittlerweile von Patron und *garçons* gleichermaßen respektiert.«

»Mittlerweile? Wurde ich denn vorher nicht respektiert?«

»Wer respektiert schon einen unbekannten Ausländer? Aber *jetzt*, wo du bekannt und beliebt bist ...« Sie lächelte schmeichlerisch. »*Du* kannst im Café de France tun, was dir beliebt.«

»Gut. Und warum möchtest du dorthin?«

»Ah ... ich habe Gründe. Gründe von großer Wichtigkeit, und deshalb mußt du mir helfen.«

Sie hielt erneut inne und wartete auf meine Reaktionen. Ich versuchte, keine zu zeigen, weil ich immer noch nicht wußte, worauf sie hinauswollte. »Ich kann mir nicht denken, was das für Gründe sein könnten«, sagte ich endlich. »Schließlich bist du Aperitifs nicht sonderlich zugetan, glaube ich, und ...«

»*Au contraire*, ich bin ihnen *excessivement* zugetan, aber das ist nicht das Problem. Trotzdem könntest du so liebenswürdig sein, mir noch ein kleines Glas einzugießen. *Merci*. Oder wie wir sagen – *Barakat Allah fik*.« Sie hielt schon wieder inne. »Das Klima wird schwül, hm-m ...?«

»Nein. Das finde ich nicht. Vielleicht möchtest du

deine *dschallaba* ausziehen?« Sie fächelte sich mit einem Spitzentaschentuch. Ihren Schleier hatte sie zum Trinken bereits abgenommen. Er lag auf ihrem Schoß, ein Chiffonding mit einem Rosenmuster in Kettenstich.

»Nein. Uuh! In deinem Haus ist keine Luft.« Sie zog sich die Schuhe aus, und ich sah die Erleichterung in ihren Blick treten.

»Möchtest du mir nicht endlich sagen, was du auf dem Herzen hast, 'Aischa?«

Sie tat so, als hätte sie nichts gehört. Statt dessen ließ sie den Blick langsam durchs Zimmer schweifen und sagte: »Also, *par example*, diese *Americán* ... samstags ist die Stadt voll von ihnen. Überall sind sie, große, freundliche, freigebige Männer, und reich.« Ihre schwarzen Knopfaugen streiften mich kurz und huschten dann wieder weg.

»Heute ist zufällig Samstag, nicht wahr?« fragte ich. Mir war plötzlich aufgegangen, welchen Zweck all die schönen Kleider und Phrasen hatten.

»*Peut-être* ...« murmelte sie höflich. »Doch, ja. Gestern *al-hammam*, also ist heute Samstag ...«

»Und vielleicht bist du der Meinung, daß diese Amerikaner, von ihrer Wochenarbeit erschöpft, möglicherweise einen Moment der Entspannung verdient haben?«

»Diese *Americán* tun mir leid, *et c'est la vérité*.«

»Sie führen ein hartes Leben, aber sie werden gut dafür bezahlt.«

»Sie tun mir leid«, fuhr 'Aischa mit fester Stimme fort, »weil ich gehört habe, daß Damen ohne Skrupel ihnen die Brieftaschen stehlen, während sie ruhen. Ich schäme mich für die Frauen, Monsieur Peter. *En effet* frage ich mich, wie, *wie* ich bloß helfen kann – sollte ich zum Beispiel nicht einem oder mehreren von diesen *pauvres garçons* an den Wochenenden Asyl anbieten?«

Nun da die Wahrheit auf Umwegen allmählich zutage trat, fand es 'Aischa weniger schwierig, sie zu enthüllen. »Also, Monsieur Peter«, fuhr sie selbstbewußt fort, »wirst du mich zum Café de France begleiten. Unter Freunden ist nichts dabei, die Bar dieses Cafés aufzusuchen – zumal wenn *einer* der beiden Freunde dem *anderen* schon eine Gefälligkeit erwiesen hat, ja?«

»Grundsätzlich verstehe ich natürlich schon, aber von welcher Gefälligkeit sprichst du, frage ich mich – – –«

»Von einer Gefälligkeit betreffs einer *fiancée*, zum Beispiel, ohne die sich ein *ennui* ergeben hätte ... Unter Freunden sind solche Gefälligkeiten unmöglich zu vergessen, glaube ich, und ich füge weiter hinzu, daß ein Besuch der Bar die einfachste Sache ist – man besucht die Bar, man bietet der Dame in der *Bar* (nicht auf der Terrasse, in der *Bar*) einen Aperitif an, und vielleicht lädt man aus Freundlichkeit auch die Herren ein, die möglicherweise allein hier und da an der Bar sitzen, es könnten ja ein oder sogar zwei einsame *Americán* sein – die lädt man im Namen der *relations internationales* zu einem Glas ein.« Sie hielt inne, um Atem zu holen, und sah mich an.

»In der Bar – nicht auf der Terrasse – ich verstehe. Ich glaube nicht, daß der Patron Damen wie – äh, wie ... Normalerweise läßt er sowieso keine Damen in die Bar ein, ich meine ...«

Sie tat dieses Hindernis mit einer Handbewegung ab. »Deshalb mußt du mitkommen. Weiter. Wenn der Fremde zufällig *Americán*, ist, ergibt sich ein Problem.«

Sie streckte die Zungenspitze heraus und tippte sich darauf. »*La langue, ti comprends*? Die *Americán*-Sprache. Aber du sprichst sie natürlich.«

»Ich verstehe. Du möchtest, daß ich dir helfe, mit diesen armen, einsamen Amerikanern Bekanntschaft zu schließen, und außerdem als *homme de confiance et interprète* fungiere. So ist es doch, nicht wahr?«

Sie lächelte dankbar. »Genau! Du hast verstanden. Wie habe ich je daran zweifeln können? Zuerst hatte ich mir überlegt, daß ich dich bitte, mir die Sprache beizubringen, dann habe ich befürchtet, daß so etwas zu lange dauert, und jede vergeudete Woche ist eben eine vergeudete Woche. Dann, auf dem Weg zu deinem Haus, ist mir diese glänzende Lösung eingefallen. Ich bin zutiefst *reconnaissante, cher monsieur.*«

»Aber weißt du, 'Aischa, sosehr ich dich mag und respektiere und so dankbar ich dir für deine Hilfe in Angelegenheiten bin, die mittlerweile Gott sei Dank der Vergangenheit angehören, ich glaube nicht, daß ich tun kann, worum du mich bittest.«

»Und warum nicht? Andere Herren tun das jedes Wochenende für Damen – und zwar für Damen, die es so wenig verdienen, daß es eine *honte* ist, und ...«

»Das ist etwas anderes.«

»Das ist das *gleiche*, und für mich bist du der einzige Herr. Verstehst du denn nicht? Komm. Vergeuden wir keine Zeit mehr. Die Bar des Café de France wird schon voll sein von diesen armen, einsamen Jungen. Und am liebsten wäre mir«, fuhr sie fort, während sie aufstand, um sich im Spiegel zu betrachten und ihren Schleier anzulegen, »einen Herrn auszusuchen, der eine *fiancée* für sämtliche Wochenenden seines Aufenthalts in Marokko sucht. *Ti comprends*?«

»Und was ist mit 'Abdeslem?«

»Meine Schuhe, wenn ich bitten darf, *cher monsieur. Merci.* Aber gerade an 'Abdeslems Bedürfnisse denke ich doch die ganze Zeit. *Hélas*, er sagt, er kann wegen seiner Schwäche seinen Kohlen-*commerce* nicht betreiben, und man kann den armen *garçon* ja nicht verhungern lassen. Das ist noch ein weiterer Grund, deinen Freunden zu helfen, wie du sicher einsiehst. Wir brauchen Geld.«

»Ich verstehe. Wenn 'Abdeslem diese Lösung gutheißt, warum begleitet er dich dann nicht ins Café de France, 'Aischa?«

»Weil, *idiot* – Verzeihung – 'Abdeslem weder die *Americán*-Sprache spricht noch Alkohol gutheißen kann. Darum, und beides sind gute Gründe.« Nachdem sie meine Einwände entkräftet hatte, machte sie sich daran, meine Kleidung zu mustern. »Ist dir klar, daß diese *Americán* sehr vornehm angezogen sind? Ich finde, du solltest für diesen Besuch korrekterweise ein *costume* anziehen, meinst du nicht?«

Es wurde Zeit, eine feste Haltung einzunehmen.

»Ich kann dich nicht begleiten. Ich bedaure das sehr, aber es ist mir unmöglich. So wie 'Abdeslem Alkohol nicht gutheißen kann, so gälte es bei meinem Volk als schlecht, das zu tun, was du vorschlägst. Sehr dumm, zweifellos, aber so ist es nun einmal.«

Ihre Lippen preßten sich zu dünnen, blutleeren Wülsten zusammen. »Mm-m. Ich kann nicht verstehen, was daran schlecht ist. Du hilfst Freunden, oder nicht? Zwei Freunden – mir und 'Abdeslem, *yak*? Und wenn das schlecht ist, willst du dann damit sagen, daß du schlechte Dinge, die du tun willst, auch tust, und schlechte Dinge, die du *nicht* tun willst, *nicht* tust? Und während du dich so gemein verhältst, können deine Freunde verhungern und verdursten?«

»Es tut mir sehr leid, 'Aischa. Ich würde gern helfen, aber das kann ich nicht tun.«

»Jetzt verstehe ich«, sagte sie nach einer Weile. Sie nickte selbstgerecht, während sie sich die Kapuze ihrer *dschallaba* über den Kopf zog. »Es liegt daran, daß alle Männer *halalif* sind – *cochons. Comment dis-tu ›cochon‹ en anglais*?«

»Schwein.«

Sie nahm ihr Täschchen, ging in Richtung Tür und drehte sich dann zu mir um. »Schwein, Schwein, Schwein!« schrie sie. »*Je te laisse* – ich überlasse dich den schrecklichen Dingen, die Schweine tun! Ich möchte dich in Zukunft nicht mehr sehen!«

Mauricens *commerce* scheint einen guten Start gehabt zu haben. Das freut ihn natürlich, und es freut ihn besonders, weil er in puncto Laufkundschaft und ›Tee‹ recht behalten hat.

»Sie kommen und setzen sich hin, und es mag so aussehen, als wollten sie nichts anderes, als ihre Füße ausruhen«, sagt Maurice, »und dann tritt der Majordomus auf, umgarnt sie mit *thé à la menthe* und läßt sie am Eingang der *boutique de souvenirs* im ersten Stock auf das Wechselgeld warten; sie kommen in Versuchung, sie kaufen ein paar Sachen, und alle sind zufrieden.«

Das stimmt durchaus. Ich habe es miterlebt. Der Majordomus ist ein Erfolg, hochgewachsen und würdevoll, mit gemessenen Bewegungen und dem Gebaren eines Kammerherrn, der geschätzte Gäste des Hauses empfängt. Es herrscht eine Atmosphäre von Beschaulichkeit und Ruhe – kein Wunder, daß die Kunden froh sind, ihre armen Füße zu entlasten und sich in einem der *salons* im obersten Stock eine Weile auszuruhen.

Die *salons* wirken wie ein Teil eines Privathauses. Es gibt nichts, was nicht zum Verkauf stünde (außer vielleicht die Diwane), aber auch nichts, was nicht so aussähe, als gehörte es zu einem schönen, bewohnten Raum.

Als ich heute hinging, traf ich Maurice dabei an, wie er in einer der Eingangshallen einen Bananenbaum aufstellte.

»Ich habe ihn wegen Veränderungen im Garten fällen müssen«, erklärte er. Er baute ihn in einem Raum auf, der zu niedrig dafür war, so daß seine langen, kühlen Blätter sich zu einem grünen Zelt ausbreiteten. Von der Decke hing wie eine Laterne eine riesige, purpurrote Bananenblüte.

Der Pavillon ist voller Pflanzen, und in einem der Zimmer hat sich eine Spatzenfamilie häuslich niedergelassen. Durch ein Fenster konnte ich eine Gruppe Kunden durch den Obstgarten kommen sehen.

»Schauen Sie! Kunden.«

»Dann wollen wir weggehen.« Er ließ von dem *bananier* ab und führte mich rasch zu einem Ausgang. Es ist nicht so, daß er nicht will, daß ich Kunden begegne, sondern eher so, daß er meint, daß sie lieber alleingelassen werden. Wir gingen unter den Obstbäumen bis zum Ende des Gartens, wo er ein kleines Häuschen baut, das er später selbst zu bewohnen beabsichtigt. Es ist sehr klein, nicht mehr als zwei Räume und ein kleines Badezimmer. Einen der Räume gab es schon vorher, eingebaut in das Mauerwerk der dicken *riad*-Mauer. Er zeigte mir, wie die Arbeit voranging. Der

Umbau des alten Raums ist fast abgeschlossen. Er hat nicht vor, moderne sanitäre Installationen einzubauen, da er die östliche Methode bevorzugt.

»Ich habe einen Brief von Madame T. bekommen«, sagte er. »Er betrifft auch Sie. Sie kehrt früher, als sie erwartet hatte, nach Marrakesch zurück. Sie hofft, daß Sie das nicht allzu sehr inkommodiert.«

Ich wußte immer, daß Madame T. vorhatte, im Frühjahr zurückzukommen, und daß die Möglichkeit bestand, daß ihre Angelegenheiten es ihr erlaubten, früher zurückzukehren. Aus dem Brief geht hervor, daß sie an Weihnachten wieder hier sein wird.

Diese Neuigkeit trat mir deutlich ins Bewußtsein, als ich heute auf dem Postamt war, um meine Post abzuholen, und mein Blick dort auf den Kalender fiel. Wir haben schon den 28. November. In weniger als einem Monat muß ich aus Riad as-Seitun ausziehen. Natürlich kann ich nicht nach Darb asch-Schams zurückkehren.

Der Zustrom von Amerikanern hat sich nicht nur auf den Wochenendumsatz im Café de France ausgewirkt: er hat außerdem zu einem steilen Anstieg der Häusermieten geführt. Natürlich möchten Amerikaner, die Häuser oder Wohnungen wollen, solche in der *ville nouvelle*, wo moderne sanitäre Einrichtungen und andere Annehmlichkeiten, die sie für unabdingbar halten, vorhanden sind. Aber die Hausbesitzer in der Altstadt, wo es nichts dergleichen gibt, haben aus Prinzip die Mieten erhöht. Das weiß ich von Idris dem *simsar*. Idris beunruhigt das in zweierlei Hinsicht. Solange die Situation andauert, möchte niemand verkaufen, weil er von einem Vermögen aus Mieteinnahmen träumt, und andererseits ist niemand bereit, bei dem derzeitigen künstlichen Preisniveau ein *medina*-Haus zur Miete zu nehmen. Für mich ist die Nachricht von Madame T.s unerwartet früher Rückkehr ebenfalls ein Schock. Ich muß mir viel eher wieder Gedanken über Geld machen, als ich vorgehabt hatte.

Die Lage ist die, daß mein Kapital an marokkanischen oder französischen Francs sehr bald knapp werden wird, selbst wenn ich es fertigbringe, sehr billig zu leben; und die einzige Möglichkeit, es wieder aufzustocken, die ich sehe, besteht darin, nicht nur den Roman zu beenden, sondern auch einen amerikanischen Verleger zu finden. Dollars können nach Marokko überwiesen werden, Pfund Sterling nicht. Auf vage Weise war Madame T.s Rückkehr im Frühjahr für mich gleichbedeutend mit folgenreichen Entscheidungen. Ich muß ein kleines Haus finden, das ich zu einem für mich erschwinglichen Preis mieten kann, oder wieder in irgendein Hotel ziehen – oder gehen . . . Ich kann den Gedanken zu gehen nicht ertragen. Dann ist da noch ein *ennui*, wenngleich ein geringfügiger. Ein sehr guter Freund von mir, ein Engländer, wird nach Weihnachten nach Marrakesch kommen. Er ist ein Mensch, dessen Gastfreundschaft ich anderswo oft genossen habe, und ich hatte ihm ein Bett in Riad as-Seitun und die Sorte Essen angeboten, die Fatima in ihrem *tadschin* zusammenrührt. Er braucht meine Gastfreundschaft nicht, aber ich möchte sie ihm sehr gern aufdrängen. Jetzt sieht es so aus, als ob er dieser Bedrohung entginge.

Das lästige Problem der Geldknappheit zwingt mich, Fatimas Entlassung ins Auge zu fassen. Sie hat ein Zuhause und reiche Angehörige, die sie ernähren können, so daß eine Einsparung ihres Monatslohns und des Essens, das sie auf meine Kosten ißt, für mich im Augenblick mehr bedeutet, als deren Einbuße für sie bedeuten würde. Ich habe ihr gesagt, was ich mir denke, und wir haben ein fürchterliches Drama deswegen gehabt. Nie zuvor hat sie das geringste Anzeichen dafür gezeigt, daß ihre Arbeit ihr Spaß macht oder daß sie mich mag, aber jetzt sagt sie, daß sie mich nie verlassen wird, daß sie selbst dann bei mir bleiben wird, wenn ich sie nicht bezahle, und daß Gott zweifellos für alles sorgen wird. Das ist alles gut und schön, aber es bedeutet, daß Gott für mich sorgen muß, damit ich für uns beide sorgen kann – denn in Wirklichkeit kann natürlich keine Rede davon sein, daß sie umsonst arbeitet. Wir stritten uns fast den ganzen Vormittag darüber und schrien uns gegenseitig an, und ich trank ›Old Lady's Gin‹, um meine Entschlossenheit zu stärken, und plötzlich, nach einer ganzen Menge Gin, fiel mir ein, daß Fatima vielleicht wie anderer Leute Dienstboten Bilder malen und sie verkaufen kann. Ich fragte sie, und sie sagte ›nein‹. Aber als ich ihr ein Stück Papier und etwas Kohle gab, zeichnete sie wunderschön, jedenfalls kam es mir so vor. Es war, als hätte ich ein Baby ins Meer geworfen und das kleine Wurm hätte mich dadurch verblüfft, daß es instinktiv im Bruststil an Land zurückschwamm.

Mittlerweile habe ich ein halbes Dutzend Blätter Papier an das Nudelbrett geheftet und Fatima Anweisung erteilt, sie sämtlich nach Lust und Laune vollzuzeichnen, und die Küche nicht eher zu verlassen, als bis sie das getan hat. Inzwischen kicherte sie und war von dem Spiel ziemlich erregt.

Das Lächerliche ist, daß Fatimas Zeichnungen, die sie mittlerweile auch bunt bemalt hat, für mich genauso gut wirken wie einiges von dem Zeug, das ich in Ausstellungen gesehen habe. Tatsächlich genieße ich das angenehme Gefühl, eine Entdeckung gemacht zu haben. Das geschah natürlich mit den denkbar schlechtesten Absichten, denn wenn wir etwas verkaufen können, werde ich eine ›Provision‹ einbehalten, von der ich ihren Lohn und unser Essen bezahle. Jedenfalls habe ich gesagt, daß wir es versuchen werden – morgens Hausarbeit und nachmittags ›Kunst‹. Sie lachte wie ein Kind und sagte *»Wakhkha«*.

Es gibt Anzeichen dafür, daß die Magie auf der Dschama al-Fna der medizinischen Wissenschaft weicht, allerdings langsam – denn die Magie ist tief verwurzelt und die Wissenschaft, seien wir ehrlich, so überaus unglaubhaft. Jeder kann nachvollziehen, warum die Applikation von Löwenfett so kräftigend wirkt – obschon es in dieser Gegend keine Löwen und von daher kein einheimisches Fett gibt und Elefanten, die statt dessen herhalten könnten, laut Michelin seit etwa 400 vor Christus in Marokko unbekannt sind. Die Mauren jedoch denken über bestimmte Kriechtiere und Echsenprodukte ganz ähnlich, wie sie über Löwen denken würden: sie sind bekannt dafür, daß sie bei verschiedenen Arten von Beschwerden sehr hilfreich sind. Und dann gibt es Sachen von besonderer Form, Farbe, Geruch oder Konsistenz, die gerade durch ihre Beschaffenheit die schwindenden Lebenskräfte wieder wecken. Und es gibt bestimmte andere, häßliche Sachen, die nötigenfalls das Blut kühlen. Natürlich müssen die Sachen selbst sorgfältig zubereitet werden, und ihre Zubereitung verändert häufig ihr Aussehen, weshalb man sie so zum Verkauf darbieten muß, daß man die Extrakte oder Essenzen neben erkennbaren Teilen des Geschöpfs oder der Pflanze, von denen sie stammen, auf dem Pflaster auslegt. Aber mit der Wissenschaft ist es anders. Wie soll man die Wirksamkeit von Penicillinschimmel erkennen und somit sein Vertrauen in ein Fläschchen Pillen setzen? Wer kann erraten, was in einem Fläschchen oder Tütchen ist? Es könnte alles mögliche sein. Es könnte ihm an Sympathie fehlen. Es ist daher an den Ärzten selbst, der armen, leidenden Menschheit zu helfen, Vorurteile zu überwinden, und die Wissenschaft auf der Dschama al-Fna in großen Sprüngen voranzubringen.

Zwei der namhaftesten Straßenärzte von Marrakesch haben sich dieser Herausforderung gestellt. Sie sind übereingekommen, die Beschimpfungen und Handgreiflichkeiten, mit denen sie sich als Konkurrenten gegenseitig bedachten, zu vergessen, und haben sich, wie von Äskulap gefordert, um des Gemeinwohls willen zusammengetan. Der eine bringt ein bißchen gelbes Pulver in die Partnerschaft ein, der andere eine viskose, trübe Flüssigkeit in einer Flasche. Es gibt noch ein drittes Medikament, ein gemeinsam entwickeltes Rezept, wie sie sagen. Es ähnelt Wellhornschnecken, die in einem klaren, goldenen Medium schwimmen. Dies wird in einer großen Flasche ausgestellt, wobei sich die Schnecken mehrere Zentimeter tief an der Oberfläche des Mediums zusammendrängen. Es ist teuer und wird normalerweise nur gläschenweise verkauft, wenngleich Fürsten es sich wohl leisten können, Flaschen zu kaufen. Falls etwas verkauft wird, wird die Flüssigkeit in ein Gläschen passiert und die Flasche aus den Beständen wieder aufgefüllt.

Diese beiden Ärzte breiten ihr Angebot auf einer Matte aus. Sie haben zwei Petroleum-Drucklampen, ein Fortschritt gegenüber den Azetylenbrennern, die nach Sonnenuntergang die meisten anderen auf dem *place* beleuchten. Rechts neben der Matte stehen kolorierte Papptafeln des menschlichen Körpers von etwa ein viertel Lebensgröße, aber durchaus groß genug, um alles deutlich zu zeigen. Das ist nicht alles. Durch Aufklappen aufeinanderfolgender kleiner Pappfenster in den Tafeln ist es möglich, Schichten fremdartiger Organe bloßzulegen – Lungen und Lebern und Bronchien, Herzen, Nieren und Meter auf Meter Eingeweide. Das Publikum ist sich vollkommen darüber im klaren, daß man dergleichen in Tieren und Menschen vorfindet, aber es erregt es trotzdem. Es läßt den Atem in der Kehle stocken.

Vom Zeigestock des Arztes langsam durch die Katakomben des Körpers geführt, wird der Geist für das Folgende empfänglich gemacht. Ein Nierenstein? Eine zufällig verschluckte Brosche? Seht, was dem Unachtsamen zustoßen kann! Und so, sagt einer der Ärzte, während er den betreffenden Gegenstand auf das entsprechende Organ hält, sieht das aus. Versteht jetzt jeder, warum es so unangenehm ist? Seht nur, wie es gegen dies oder das drückt oder sticht oder reibt! Und Würmer! Schaut her! Am anderen Ende der Auslage stehen Flaschen mit ihnen, fürchterliche Dinger, so zählebig und hartnäckig. Der zweite Arzt, der der Seniorpartner zu sein scheint und bisher verächtlich geschwiegen hat, als sei er es wirklich nicht gewöhnt, zwischen all den umstehenden glotzenden Bauern auf dem Pflaster zu sitzen –, der zweite Arzt stimmt plötzlich mit seinem tiefen Baß in die Attacke auf Ignoranz und Torheit ein. Er greift nach einer der Wurmflaschen.

»Diese hier!« tönt er plötzlich und schüttelt die Flasche vor der Lampe, »diese hier wurden aus einer vornehmen Dame herausgeholt, die im Darb Dabaschi wohnt!«

»Die *Lalla Fulaniya*«, wirft der erste Arzt flüsternd ein. Die Bauern quittieren es alle mit entgeistertem Nicken. Er reicht einem davon die Flasche, damit der sie sich genauer ansehen kann. »Schau her!«

»Genau – die *Lalla Fulaniya.*« Der Seniorarzt hat sich zurückgelehnt und fächelt sich. »Und wie, fragt ihr alle, wurden sie herausgeholt?«

Alle blicken ihren Nachbarn an und fragen sich erstaunt, wie um alles in der Welt . . . Der Seniorarzt zieht ein Tütchen aus der Tasche, hält es nach vorn ans Licht, und dann – mit einer plötzlichen Bewegung aus dem Handgelenk – liegt es deutlich sichtbar auf seinem Handteller. *»Damit!«*

Es ertönt ein Raunen der Verblüffung. Es ist das gleiche Raunen, das weiter vorn auf dem *place* der Klimax des Geschichtenerzählers folgt. Sogleich nimmt der erste Arzt sein Stichwort auf. »Womit sonst?« fragt er.

»Die Wissenschaft kennt keine andere Methode. *Damit!* Mit diesem Pulver!«

»Diesem Pulver!«

»*Lalla Fulaniya* hat dieses Pulver geschluckt, und jetzt . . . hier . . . in dieser Flasche . . .« Die Flasche wird kräftig geschüttelt: »Und *hier* . . .«

»HIER SIND SIE!«

Das Tempo wird immer schneller. Die Ärzte haben kaum Zeit, Atem zu holen.

»Keine Krämpfe . . .«

»Keine Schmerzen ...«
»Und alles zu einem völlig lächerlichen ...«
»Und angesichts der Schwere des Leidens ...«
»Unbedeutenden Preis!«
»Zehn *reál*! Fünfzig Francs!«
»Fünfzig Francs! Nicht mehr!«
»Nicht weniger!«
»Ein einziger Schein über zehn *reál Marocains*!«

Technik und zeitliche Abstimmung sind brillant. Hände recken sich durch das Wogen von *dschallabas* nach vorn, Menschen drängen näher, das Feilschen beginnt. Die Wissenschaft hat tatsächlich einen Fuß in der Tür.

Es war schon merkwürdig genug, daß Fatima zeichnet, doch noch merkwürdiger, daß jemand bereit sein sollte zu kaufen, was sie zeichnet, aber aufgrund der Freundlichkeit und des Geschicks eines Zimmerjungen im Hotel Mamounia hat ein reicher, unbedarfter Tourist tatsächlich eins gekauft – für fünftausend Francs! Ich eilte nach Hause, um es Fatima zu sagen, aber sie blieb ganz ruhig. Ich glaube, sie kann sich eine derart große Summe nicht so ohne weiteres vorstellen, und da die Zahlung per Scheck erfolgte, gibt es noch keine Banknoten, die sich zum Beweis hinblättern lassen. Übrigens habe ich vergessen zu sagen, daß das Bild einen Mann darstellt, der in einem Bach badet. Fatima sagt, der Bach heißt *el-ued al-hamar* und fließt in der Nähe ihres Dorfes. Aus diesem Grund hat sie ihn rot gemalt – der Rotbach. Die Anatomie des Mannes ist eigentümlich und das nicht nur, weil er ohne Modell in der Küche gezeichnet wurde. Sie ist wohl Bestandteil von Fatimas schwärmerischer Phantasie.

Wir haben Fatimas Scheck eingelöst, und ich muß leider sagen, daß all ihre guten Absichten vergessen waren, sobald sie mitbekam, nach wieviel es aussah. Sie grapschte alles und stopfte es in eine Art Tasche, die sie unter ihrer Schürze hat. Ich versuchte, ihr das Geld wieder wegzugrapschen, weil die Provision des Zimmerjungen vom Mamounia davon bezahlt werden muß, aber sie sagte, er habe sie ohnehin mit Sicherheit übers Ohr gehauen. Ich redete ihr gut zu und versuchte, wieder an das Geld heranzukommen, und sie drohte, sie würde schreien und sagen, ich hätte sie zu vergewaltigen versucht. Sie schrie auch wirklich, und wir hatten da in unserem Patio eine sehr üble Auseinandersetzung.

Fatima hat gekündigt, aber ich habe das letzte Wort behalten. Ich habe ihr gesagt, daß, so wie ich sie entdeckt und der Boy vom Mamounia den Verkauf abgeschlossen hätte, wir sie nur totschweigen müßten, und sie wäre erledigt. Ich sagte, ich würde dem reichen, unbedarften Touristen, der die Zeichnung gekauft hatte, sagen, *ich* hätte sie gemacht, und dann würde er sein Geld zurückverlangen. Sie glaubt mir nicht.

Maurice in seiner Herzensgüte hat mir das winzige, halbfertige Häuschen am Ende seines Obstgartens angeboten. Er sagt, daß bis Weihnachten nur einer der beiden Räume bezugsfertig ist, aber daß er ihn entsprechend herrichten wird. Es wird jedoch weder Licht noch Wasser geben. »Für Ihre *toilette* werden Sie den Pavillon aufsuchen müssen«, sagte er. »Macht Ihnen das etwas aus?«

Ob mir das etwas ausmacht? Ich bin entzückt. Alles wäre entzückend, was mir erlaubte, weiter in Marrakesch zu bleiben, und der Raum in der Mauer ist an sich schon entzückend: winzig, ein Bett, eine Truhe, ein Stuhl und eine Sturmlampe. Er zeigte mir die Dusche und das Waschbecken im Pavillon. Das Waschbecken war verstopft, deshalb standen wir davor und unterhielten uns, während er mit einem Draht, der eigens zu diesem Zweck bereitgehalten zu werden scheint, im Abfluß herumstocherte.

»Warum verstopfen Waschbecken hier – und übrigens auch in Frankreich – immer so fürchterlich?« fragte ich ihn.

»Ach, ihr Engländer!« antwortet er. »Und doch bewundern wir euch. Eure eiserne Disziplin, natürlich. Es liegt daran, daß ihr niemals Sachen ins Lavabo werft, die nicht dafür geeignet sind – während wir ... *Regardez!* Jetzt ist es wieder frei – *plus ou moins*. Ich bevorzuge wirklich die chinesische Methode – eine große *jarre*, eine kleine Kanne, mit der man daraus schöpft, und Wasser, das durch ein Loch in der Wand in den Garten abfließt ...«

Der Roman ist jetzt fertig – nicht nur fertig, sondern abgeschickt und unwiderruflich. Das ist eine große Erleichterung, die durch meine Unzufriedenheit damit um nichts geringer wird. Der Zeitpunkt für meinen Auszug aus Riad as-Seitun rückt näher. Fatima hat mich vor zehn Tagen verlassen, und ich habe sie seither nicht mehr gesehen. Ich bin traurig darüber, daß wir uns im Streit und aus einem so kindischen Grund getrennt haben. Ich habe Cato geschrieben – dem Freund, der mein Hausgast hatte sein sollen und Marrakesch trotzdem besuchen wird. Ich habe ihn für die zwei Tage, die er hier wird verbringen können, im Hotel Mamounia untergebracht. Er hat zurückgeschrieben, ich solle ihn am soundsovielten Januar mit dem Mittagszug aus Casablanca erwarten – eben dem Zug, mit dem ich selbst an jenem Frühjahrsmorgen angekommen bin. Ich frage mich, was er von Marrakesch halten wird.

Ich werde es *al-Minzah* nennen, obwohl das eigentlich dem Pavillon mit dem Panoramablick aus den oberen Stockwerken vorbehalten sein sollte. Von meinem Häuschen am Ende des Obstgartens aus habe ich keinen Ausblick, außer auf einen verkrümmten Weinstock, der vor meiner Tür wächst. Wenn ich in den Obstgarten hinausgehe, kann ich über mir das Minarett der Kutubiya aufragen sehen.

Das Leben ist sehr friedlich. Wenn ich gefragt würde, wie ich meine Tage verbringe, fiele es mir schwer, über die vielen, regungslosen Stunden Rechenschaft abzulegen. Maurice ist der perfekte Gastgeber. Wir lassen einander zufrieden und begegnen uns nur wie zufällig. Sein Majordomus bringt mir mein *petit déjeuner* – Kaffee, Brötchen und *confiture* – die anderen Mahlzeiten nehme ich irgendwo außer Haus ein. Ich habe Madame T. besucht, um ihr für all ihre Freundlichkeit zu danken, und sie war so reizend, umgekehrt zu behaupten, daß sie mir dafür danken müsse, daß ich die ganze Zeit auf ihr Haus achtgegeben hätte. Weihnachten ist gekommen und verstrichen, und in dieser vorzeitlichen Welt wirkten Sand und Sonne unerwarteterweise angemessener als Schnee.

Heute schaute Mademoiselle de V. beim Pavillon herein. Sie, Maurice und ich plauderten eine Weile miteinander, und dann kam der Zeitpunkt, wo sie zum Abendessen nach Hause zurück mußte.

»*Tenez!*« rief sie plötzlich aus. »Fast hätte ich es vergessen.« Sie hatte ein kleines Päckchen aus ihrer Handtasche genommen und hielt es Maurice hin.

*»Qu'est-ce que c'est que ça, donc?«* Maurice wickelte es aus. Es war ein bemalter Türknauf aus Porzellan, etwa so groß wie eine Aprikose. Seine Augen leuchteten vor Freude. *»Mais, mademoiselle ...!«*

»Ich möchte, daß Sie ihn nehmen, jetzt wo er *chez nous* nicht mehr gebraucht wird.« Mademoiselle de V. schloß ihre Handtasche wieder, und ich konnte ihren Gesichtsausdruck nicht erkennen.

*»Mais ... non, mademoiselle, non.* Sie sind zu gütig, aber ich kann das nicht annehmen.«

*»J'insiste.«*

»Wieso brauchen Sie den Knauf nicht mehr, Mademoiselle?« fragte ich sie.

»Weil *la bressane et la dinde ...«* Sie zögerte, dann sah sie mir direkt ins Gesicht und fügte hinzu: »Sie sind aufgegessen.«

»Doch nicht von ...?«

»Nein. Nicht von mir.«

Maurice sagte: »Ich bin Ihnen sehr dankbar – ich werde ihn an einem *secrétaire* anbringen, den ich gerade herrichte.«

Heute war ich zum Mittagszug am Bahnhof, aber Cato war nicht drin. *Nimero six*, der Träger, der mir beim letzten Mal, als ich auf diesem Bahnsteig war, den Koffer getragen hatte, sah und erkannte mich.

*»Tiens! C'est l'Américain!«*

Ich lachte und sagte, ich sei überhaupt kein Amerikaner, vermutlich aber derjenige, den er zu kennen glaubte. Dann sagte er, wir sollten, sobald alle Fahrgäste gegangen seien – der übliche, atemberaubende Ansturm auf den Ausgang war im Gange –, zusammen in ein *bistro* gehen und einen *anisette* trinken. Ich versuchte

›nein‹ zu sagen, drang aber gegen seine Entschlossenheit nicht durch, und so tranken wir etwas, und dann bestand er darauf, daß wir an einem kleinen Stand, den ein Maure neben dem Bahnhof aufgeschlagen hatte, zusammen aßen. Der nächste mögliche Zug sollte erst abends ankommen, also hatte ich massenhaft Zeit zur Verfügung.

Nach dem Essen trennte ich mich von *nimero six*, ging ziemlich verzweifelt in die Stadt zurück und schaute unterwegs beim Mamounia vorbei, für den Fall, daß das Hotel Nachricht von Cato hatte. Es hatte. Tatsächlich war er schon mit dem Flugzeug eingetroffen. Er hatte mir eine Nachricht hinterlassen: er sei zu Mauricens Pavillon gefahren und würde dort auf mich warten, falls ich nicht da sei.

Es überraschte mich also nicht, vor unserer Mauer ein *taxi-baby* warten zu sehen. Ich befragte den Fahrer. Er sagte, ja, es sei ein englischer Milord, wie ein Pascha: »Er hält seinen Stock *so*, den Kopf trägt er *so*, und seine Lippen lächeln und sagen *salam 'aleykum* zu den Leuten.« Er war offensichtlich sehr beeindruckt von Cato.

Ein *taxi-baby* ist ein sehr kleines, dreirädriges Taxi, angetrieben von einem Motorradmotor, mit einem Sattel für den Fahrer und einem winzigen Doppelsitz dahinter. *Taxi-babies* machen vor nichts halt und fahren überall hin, wo auch ein Maultier hinkommt. Ich eilte zum Pavillon, aber Mauricens Majordomus fing mich unterwegs ab. *»Ta camarade est dans la chambre«*, sagte er, also wandte ich mich stattdessen Richtung Häuschen. Cato saß auf dem Bett, das Manuskript meines Romans auf den Knien und einen zweiten Hefter neben sich.

»Cato!«

»Sieh an, sieh an, sieh an! Ich bin mit dem Flugzeug

gekommen. Ich hasse das Fliegen! Langweilig und gefährlich! Haben Sie mein Telegramm nicht bekommen? Waren Sie nicht auf dem Telegraphenamt? Sie fragen sich wahrscheinlich, wie ich Ihr Haus gefunden habe – tja, ich habe im Mamounia einfach nach *Monsieur le Chinois* gefragt, und sie haben es mir sofort gesagt. Ich bin seit Stunden hier – seit *Stunden.* Was soll's, Schwamm drüber. Ich habe *taxi-baby* warten lassen – ist das nicht hübsch? – und dachte, ich mache ein bißchen Kultur mit Ihnen, solange es noch hell ist – ich habe alles studiert – den *Guide Bleu*, Michelin, jemand namens Major Sowieso, Budgett Meakin, Augustin Bernard, Edith Wharton, einen Franzosen, der mit einer Karawane gekommen ist, Walter Harris – einfach alle. Kultur scheint hier sehr leicht zu sein, und Sie haben natürlich nichts gesehen, oder? So lange hier, und nichts gesehen! Na egal, macht nichts. So habe ich das Vergnügen, Ihnen alles darüber zu erzählen. Wie geht es Ihnen? Sie sehen gut aus. Ihr Häuschen gefällt mir – und der Pavillon – ich habe alles gesehen – ein Araber, so groß und edel wie ein Pferd, hat mich herumgeführt, und ich habe flüchtig *Monsieur le Chinois* erblickt, aber er hat sich versteckt, hat ja auch völlig recht. Warum sollte er mich kennenlernen wollen? Und jetzt erzählen Sie mir schnell, was es bei Ihnen Neues gibt, wir sollten nämlich wirklich los. Oder erzählen Sie's mir auf der Fahrt mit *taxi-baby*. Das Fahren mit *taxi-baby* gefällt mir sehr – haben Sie bemerkt, daß ich das Verdeck habe herunterklappen lassen? Und *darüber*« – er tätschelte die beiden Manuskripte – »reden wir später. Sehr interessant.«

Ich sagte: »Ich wollte nicht, daß Sie das lesen.«

»Und warum nicht? Der Roman soll doch veröffentlicht werden, oder?«

»Na ja, das hoffe ich ...«

»... und das andere da?«

»Das ist bloß ein Tagebuch – ein persönliches Tagebuch.«

Er sah mich überrascht an. »Nicht lesen? Und was soll ich Ihrer Meinung nach tun, während ich die ganze Zeit hier herumsitze, mit nichts als einem Reiseführer, den ich schon auswendig kenne? Möchten Sie ihn mir abhören – den Reiseführer, meine ich? Ihren Roman auch, wenn Sie möchten. Ich habe das meiste davon gelesen – das Tagebuch habe ich bloß überflogen.«

Ich betrachtete unglücklich den Roman. Was immer sich noch darüber sagen ließ, ich wußte, daß er Cato nicht zusagen konnte. »Hat es Ihnen gefallen?«

»Höchst interessant«, sagte er bestimmt. »Reden wir zuerst über den Roman. Von Kapitel was-war's-doch-gleich – das mit dem armen Kamel – würde ich kein Wort ändern. Kein einziges Wort. Aber wissen Sie, was ich an Ihrer Stelle tun würde – übrigens, haben Sie es schon einem Verlag geschickt? Sie haben? Also ich würde es zurückziehen, mich zurücklehnen und noch mal von vorn anfangen. Beziehen Sie sich überhaupt nicht auf diesen ersten Entwurf, schauen Sie ihn nicht an (außer das Kamel-Kapitel). Behandeln Sie ihn wie halb erinnertes Material, Träume zum Beispiel. Und noch etwas – eher eine Kleinigkeit, aber nicht ganz unwichtig. Fänden Sie es nicht besser, die ganzen ›sagte er‹ und ›sagte sie‹ und ›sagte er‹ und so weiter wegzulassen? Das ist ein bißchen schwerfällig, nicht wahr? Wenn sie das richtig hinkriegen, weiß der Leser sofort, wer spricht, und strengt seine Augen nicht so an. Meinen Sie nicht auch?«

»Ausgezeichnete Idee«, sagte ich. »Und jetzt räumen

wir das weg und sehen uns ein bißchen Kultur an, ja? Und das hier auch.« Ich nahm ihm das Tagebuch weg, aber er griff erneut danach.

»Wo ich grade daran denke«, sagte Cato und durchblätterte die Seiten des Tagebuchs. »Ja, natürlich. Das Tagebuch. Hm-m. Voller ... wissen Sie, Peter, ich finde da kein einziges Wort über die Franzosen. Ich schlage vor, Sie bauen sie von Anfang an in den Text ein. Das geht ja ohne weiteres.«

»Ich sehe nicht ein, warum---«

»Lieber Himmel! Hatten Sie das etwa nicht vor?«

»Ich denke nein. Das ist keine Reportage.«

»Aber die Franzosen sind das Wichtigste, was Marokko seit dem siebzehnten Jahrhundert passiert ist!«

»Gewiß, aber---«

»Na also!«

Ich versuchte, es zu erklären. »Natürlich ist Frankreich hier wichtig. Es ist wie bei einem Automotor. Man macht eine Fahrt und nimmt den Motor für selbstverständlich. Man macht sich erst darüber Gedanken, wenn er schlecht läuft, wenn Zündkerzen ausfallen oder die Kurbelwelle kaputtgeht und so weiter. Aber der Mechanismus meines Lebens hier funktioniert so reibungslos, daß mir gar nicht bewußt ist, daß das hier französisches Protektorat ist, außer daß ich Frankreich dankbar dafür bin, daß es das Land befriedet und mir ermöglicht hat, überhaupt hier zu leben. Ich komme nicht in Kontakt mit den Verwaltungsbehörden oder ...«

»Oder marokkanischen Nationalisten?« unterbrach Cato.

»Ich glaube, ich kenne keine – von der Sorte, die Sie meinen. Obwohl ich annehme, daß jeder, ganz gleich aus welchem Land er stammt, instinktiv Nationalist ist.«

»Hm-m«, sagte Cato. »Ich sehe trotzdem nicht, wie Sie so tun können, als wären Sie von der Politik völlig unberührt.«

»Na gut, wenn Sie darauf bestehen, dann fällt meinetwegen die Polizei des Paschas unter diesen Begriff – und die städtischen Müllmänner; ich führe hier einfach ein Hintergassen-Leben, und der Hintergassen-Horizont reicht nicht bis zu einer Staats- oder auch nur Bezirksgrenze. Unser Horizont ist die Stadtmauer und reicht vielleicht gerade so weit darüber hinaus, daß wir die Luft schnuppern können. Natürlich ist der Nationalismus wichtig, aber ich habe den Nationalismus anderer Völker miterlebt – vor Jahren, in Indien; und seien wir ehrlich, Nationalisten sind meistens Langweiler. Als Privatmenschen, meine ich. Das ist wie bei Verliebten. *Langweiler*. Ich kann das Bedürfnis nach Freiheit oder auch das Bedürfnis nach Liebe durchaus verstehen, und ich will selbst frei sein – ich spüre, daß ich frei bin, und ich bin verliebt in diese Stadt – langweilig, keine Frage. Aber wissen Sie, ganz gleich was die Zeitungen schreiben, die große Mehrheit der Mauren macht sich mehr Gedanken um das tägliche Leben als um Regierungskonzepte.«

»Sie haben natürlich recht. Gehen wir! *Taxi-baby* wartet.«

Wir gingen. Die Kutubiya, die Moschee von Yacub al-Mansur, die Gräber der Sa'adidensultane, die Minara, der Donnerstagsmarkt vor dem Donnerstagstor (dem *Bab al-Chamis*), diskrete Blicke auf die Mausoleen von Sidi bel Abbès und Sidi ben Sliman, die Bahia, die Medersa Ben Jussef, Dar Si Said, Al-Bedi und zuguterletzt eine atemlose Umrundung der Stadtmauer im *taxi-baby*, die im Aguedal endete. Cato war entzückt.

»Wunderbar, wunderbar! Und Sie scheuen sich nicht, zuzugeben, daß *ich* es bin, der Ihnen alles über diese wunderbaren Orte erzählen muß?«

Was konnte ich sagen? Sie gehören zum Hintergrund, der die Menschen von Marrakesch beeinflußt, die ihrerseits mich beeinflussen, und ich bin froh darüber, hier von dieser märchenhaften Vergangenheit umgeben zu sein, die in Wirklichkeit auch die Gegenwart ist. Ich mußte jedoch gar nichts sagen, denn Cato redete schon weiter.

»Aber im siebzehnten Jahrhundert sind die Mauren auf Abwege geraten, nicht wahr? – jedenfalls hier in Marrakesch. Sehen Sie sich die Sa'adidengräber doch an, über die die Reiseführer so aus dem Häuschen geraten! Marmor, Stuck, behandelt als wäre es Filigran, überladene Säulen ... So etwas wurde anderswo viel besser gemacht, in Indien, Italien. Hier ist es so, wie es unvermeidlich sein würde, wenn irgendein viktorianischer Kunsthandwerker den Stil neu erfunden hätte. Mir scheint, daß Überfluß und luftige Anmut dem marokkanischen Genie fremd sind. Die Mauren brauchen Schlichtheit, Raum und Größe, um ihre Qualitäten zu zeigen. Sehen Sie sich die Ruinen von Al-Bedi an! Ebenfalls aus dieser Zeit. Aber als es gebaut wurde und ehe Mulai Ismael es aus purer Bosheit zerstörte und die Steinmetzornamente abräumte, war es wahrscheinlich genauso wie die Sa'adidengräber, nur in größerem Maßstab. Jetzt, wo bis auf den Grundriß und zerbröckelnde Mauern nichts mehr da ist, können Sie sehen, was ich mit dem marokkanischen Genie für die Nutzung des Raums als architektonisches Element meine.«

Ich stimmte ihm von ganzem Herzen zu. Ich mag die Sa'adidengräber nicht, die sich neben dem Diwan-i-Khas im alten Fort von Delhi ausnähmen wie Kleider von der Stange neben den Modellen eines Pariser Couturiers. Cato war noch nicht fertig.

»Sehen Sie sich die Kutubiya an! Sehen Sie sich die Moschee und das Minarett von Yacub al-Mansur an! Beides zwölftes Jahrhundert und beides Monumente für die Almohadendynastie. Da haben Sie die Sorte Prächtigkeit, die den wahren Geist der Mauren widerspiegelt! Nach dem, was ich gehört habe, hat Mulai Ismael das im siebzehnten Jahrhundert in Meknès wieder aufgegriffen, allerdings mit neuen Akzenten.«

Das Minarett von Yacub al-Mansur. Es ist das Minarett, das ich am Tag meiner Ankunft gesehen und mit der Schönheit der Kutubiya verbunden hatte. Es war angenehm, das eigene, rein instinktive Urteil von einem Fachmann bestätigt zu bekommen.

»Wissen Sie, wie es anfing?« wollte Cato wissen.

»Was?«

»Marrakesch, natürlich. Bemühen Sie sich nicht, ›ja‹ zu sagen, ich gedenke nämlich, es Ihnen zu erzählen. Da waren Männer aus der Sahara, verschleiert wie Tuaregs, und die kamen irgendwann mitten im elften Jahrhundert über den Hohen Atlas gestürmt. Kaum hatten sie die Haouz-Ebene erreicht, da sah sich ihr Anführer Abu Bakr gezwungen, nach Mauretanien davonzueilen, um eine Revolte niederzuschlagen, und ließ seine Frau und sein Heer in der Obhut seines Stellvertreters Yussuf bin Taschfin zurück. Damit war der arme Abu Bakr natürlich erledigt. Bis er zurück war, hatte Yussuf beim Heer und bei Abu Bakrs Frau, und übrigens auch bei der Erfindung von Marrakesch, solche Fortschritte gemacht, daß er sich weigerte, auch nur eins von den dreien herauszurücken. Yussuf war jetzt das große Tier. Er hatte mit einer Stadt angefangen, und er hatte Kanäle gegraben und Palmenhaine angepflanzt – die ihn an die Oasen seiner heimatlichen Wüste erinnern sollten, vermute ich –, und hier um uns herum stehen die Abkömmlinge der Bäume, die wahrscheinlich er gepflanzt hat! Das war der Beginn der Almoravidendynastie. Binnen vierzig Jahren beherrschten die Almoraviden ein Reich, das sich von Algerien bis zum Senegal erstreckte. Aber weniger als hundert Jahre später, nämlich Mitte des zwölften Jahrhunderts, wurden die Almoraviden von den Almohaden rausgeworfen. Die Almohaden mag ich eigentlich am liebsten: Yacub al-Mansur war einer. Yacub der Siegreiche. Sogar Sie müßten wissen, daß er den Giralda in Sevilla gebaut hat, ebenso wie die Kutubiya hier. Dann fing er mit dem Hassan-Turm in Rabat an. Der Hassan-Turm. Hm-m, nun ja. Yacub hatte sich statt Marrakesch Rabat als Hauptstadt ausgesucht, und natürlich wollte er ein großes Monument errichten, aber ... Der Hassan-Turm – das ist eine fade Angelegenheit, finde ich, und nur zu einem Viertel fertig, vielleicht weil sowohl das Geld als auch der Antrieb fehlte, und ich weigere mich, ihn groß zu nennen, bloß weil er es hätte werden können, wenn er fertiggebaut worden wäre, und weil sein Erbauer anderswo nach demselben Modell große Werke geschaffen hat. Um diese Zeit hatten die Almohaden ihre hundert Jahre gehabt und wurden ihrerseits rausgeworfen – von frischem Blut, das sie sich aus der Sahara rangeholt hatten, um damit ihre zerbröckelnde Herrschaft zu stützen. Und so fing eine neue Dynastie an, die Meriniden. Die Meriniden favorisierten Fes als

Hauptstadt, so daß Marrakesch immer noch leer ausging, und zur gegebenen Zeit gingen die Meriniden zugrunde, und die Sa'adiden nahmen ihre Stelle ein. Dann gingen auch die Sa'adiden zugrunde. Die Sa'adiden, das gebe ich zu, hatten etwas für Marrakesch übrig, aber ich habe nichts für sie übrig, wegen ihrer Gräber – aber darüber haben wir ja schon gesprochen und uns geeinigt, nicht wahr? Und dann kam schließlich die Alawitendynastie, die immer noch an der Macht ist, und zwar seit dem siebzehnten Jahrhundert. Mir tut bloß leid, daß der große und verruchte Alawitensultan Mulai 'Ismail, der eigenhändig Tausende umgebracht und es genossen hat und der der gütige Schutzherr der Korsaren war, weil sie ihm aus den Mannschaften der britischen, französischen und spanischen Schiffe, auf deren Kaperung sie sich so gut verstanden, Christensklaven brachten, und der sich von diesen Sklaven Meknès bauen ließ und die Tochter von Ludwig XIV. und Mademoiselle de Lavallière, die Prinzessin von Conti, heiraten wollte, aber der Sonnenkönig sagte ›nein‹ – Sie sehen aus, als kämen Sie nicht mehr mit, Peter. Ich wollte nur sagen, daß es ein Jammer ist, daß sich der große und verruchte Mulai 'Ismael nicht in Marrakesch niedergelassen hat. Natürlich hätte er alles, was vor ihm da war, zerstört – genaugenommen hat er das sowieso, außer Moscheen und Sakralbauten, die zwangsläufig verschont blieben, er war nämlich sehr strenger Moslem, aber er hätte prächtig neu gebaut. Ich freue mich schon auf Meknès, das er ja gebaut hat. Kennen Sie es? Wie auch immer, selbst wenn Sie es nicht kennen, das liefe auf das gleiche hinaus. Mulai 'Ismael hat Paläste gebaut, wie andere Männer Städte bauen, und er hat Menschen gezüchtet, wie andere Pferde züchten, und ein Heer von Schwarzen hervorgebracht, deren Nachkommen heute die Leibgarde des Sultans bilden. Ich glaube, Sie hören gar nicht zu.«

»Doch. Ich höre aufmerksam zu.«

Cato lächelte. »Jetzt ist es zu spät zum Zuhören. Ich bin fertig.«

Wir betrachteten die Palmen um uns herum.

»Sie werden mit mir essen«, befahl Cato, »und nach dem Essen werden Sie mich zur Dschama al-Fna bringen. Ich wünschte, ich bliebe länger, aber ich kann nicht. Und eines will ich noch zu dem ›Tagebuch‹ sagen. Sie sind unfair. Was sie festhalten, ist nicht Marrakesch – sondern nur eine winzige Innenansicht davon. Sie geben ein völlig schiefes Bild.«

»Vielleicht führe ich ein völlig schiefes Leben. Aber so führe ich es nun einmal.«

Cato lachte. »Dann habe ich nichts mehr zu sagen.«

Cato ist abgereist und hat mir drei Reiseführer und eine Liste der ›zehn Leute in Marrakesch, deren Bekanntschaft sich lohnt‹ dagelassen, die ihm jemand in Frankreich gegeben hatte. Von meinen Freunden steht keiner drauf. Verpasse ich etwas?

'Aischa ist heute vorbeigekommen, mit 'Abdeslem. Offenbar hat sie jetzt einen sehr netten amerikanischen Beschützer – freundlich und anspruchslos. Unseren kleinen Wortwechsel bei unserer letzten Begegnung erwähnte sie mit keiner Silbe: das hätte keinen Sinn, da sie auch ohne meine Hilfe bekommen hat, was sie wollte. Die Mauren sind völlig unfähig, einen Groll zu hegen, glaube ich. Im Gegenteil, 'Aischa war überschwenglich zufrieden.

»*Il est tellement riche,* Monsieur Peter! *Ti as vi la nouvelle ceinture de* 'Abdeslem? *Warri-haya, ya* 'Abdeslem!« 'Abdeslem zeigte ihn mir – einen sehr schönen Gürtel aus geflochtenem Leder. *»Ti vois?«* fuhr 'Aischa fort. »Und wir haben noch viele andere Sachen geschenkt bekommen.«

»Ist dein neuer Freund jetzt in Marrakesch?« Es war Sonntag abend.

»Er ist auf seine Baustelle zurückgekehrt. Wir – ich und 'Abdeslem – kommen gerade aus dem Kino. Ah, was für eine schöne *pellicule*! Ein Fillum aus Kairo. *›L'Amour Enchanteur‹. Magnifique! Kan misyan bas-saff ula la'* 'Abdeslem?«

'Abdeslem nickte.

»*Ti vois*, Monsieur Peter«, sagte 'Aischa und legte sich eine glänzende neue Handtasche auf die Knie, wo ich sie gebührend bewundern konnte; »weißt du, diese Filme aus Kairo sind *le plus moderne du moderne.* Einfach herrlich! Sie zeigen, wie *les messieurs aiment – mais adorent les jeunes filles*, wie sie vom Sofa aufstehen, um diesen Schönheiten in ihre *manteaux de fourrure* zu helfen, wie sie ihnen kostbare Geschenke bringen, wie sie sie anflehen und weinen – *mais oui*, mit Tränen, *avec des larmes véritables* –, wenn die Mädchen nicht möchten, was die Herren möchten. Und außerdem, was möchten die Herren? Weißt du das? Etwas ganz anderes, als die *cochons* hier in Marrakesch möchten – sie möchten etwas Schönes, das Liebe genannt wird, Monsieur Peter, und Liebe heißt, diese *jeunes filles* vor gefährlichen Verbrechern oder Ungeheuern zu bewahren und ihnen ihren Herzenswunsch zu erfüllen. Und weißt du auch, was der Herzenswunsch dieser modernen Damen ist? Das werde ich dir sagen – sie wollen auf diese Weise beschützt und aufmerksam behandelt und für glänzende Schönheiten gehalten werden, die sich die Hände nicht mit niedriger Arbeit schmutzig machen dürfen! Außerdem können alle diese Mädchen tanzen und singen, und trotzdem sind sie nicht in einem abgesperrten, speziellen *quartier* eingeschlossen, sondern frei wie die Vögel in der Luft. *En effet* sehen sie aus wie die buntesten, seltensten Vögel! Die Herren in dem Film *beten sie an*, wenn ich das Wort benutzen darf. Kurzum, Monsieur Peter, das ist *l'Amour*!«

»Was für Glückspilze diese jungen Mädchen sind!« rief ich aus.

»Und das ist noch nicht alles. Weißt du, Monsieur Peter, daß sie auch in Amerika *l'Amour* haben? Das weiß ich jetzt. Und wenn du mich nächstes Wochenende besuchst, wirst du sehen, wie es ist. Und«, fuhr sie nebelhaft fort, »im Moment nennt mein *Americán*-Freund 'Abdeslem meinen Bruder – *ti comprends*?«

»Ich verstehe. Und wie gefällt dir diese *Amour*, 'Abdeslem?«

»*Ka-idhar-li* – mir scheint –, daß diese *Amour* die Männer irgendwohin drängt, wo sie nicht hingehören.«

»*Ta gueule*---« meinte 'Aischa unfein. »Hast du vielleicht keinen neuen Gürtel? Nein! *L'Amour* ist ... Sie ...«

»Um sie dreht sich die Welt, 'Aischa, nicht wahr?«

»Genau!« rief sie triumphierend. »Du bist so gescheit, Monsieur Peter. 'Abdeslem! Hörst du, was Monsieur Peter sagt? *L'Amour* ist dazu da, daß die Welt sich dreht!«

»Manchmal muß man mit dem Stock nachhelfen«, sagte 'Abdeslem leise und bitter.

Maurice und ich schlenderten heute abend wie üblich auf der Dschama al-Fna umher. Er sagte:

»Man sucht sich – wenn man es sich aussuchen kann – den Ort, wo man leben möchte, aus einem von zwei Gründen aus. Ich für mein Teil habe mir Marrakesch ausgesucht, weil es wie eine Erweiterung meiner selbst ist. Bei Ihnen, Peter, ist das anders, glaube ich.«

»Fahren Sie fort.«

»Für Sie stellt Marrakesch *le complément* dar – es bietet etwas, das Ihrem Temperament möglicherweise fehlt. Ist das so?«

Vielleicht ist es so. Ich stimmte unter Vorbehalt zu.

»In Marrakesch fühlen Sie sich komplett. Sagen Sie, können Sie in Marrakesch eigentlich arbeiten – *ou le contraire*?«

Natürlich trifft das Gegenteil zu. So hatte ich das bisher nicht gesehen.

»Besonders bei der Schriftstellerei oder Malerei ist es so, daß ein Mensch arbeitet, um sich zu komplettieren. Und wenn er spürt, daß er komplett ist, hat er kein Bedürfnis zu arbeiten. Ich glaube, das könnte bei Ihnen in Marrakesch der Fall sein, Peter.«

»Ich glaube, das ist der Fall.«

Wir waren im Mondenschein unterwegs gewesen, und als wir zu Hause ankamen, wünschte ich ihm im Obstgarten, in der Nähe des Pavillons, eine gute Nacht und ging dann in Richtung meines Häuschens. Der Mond sank, und sein Licht lag beinahe flach auf den Ästen der Obstbäume. Im Schatten war es sehr dunkel. Ich knipste meine Taschenlampe an, und ihr Strahl erfaßte einen wolfsähnlichen Hund, der bewegungslos unter dem Weinstock stand. Er rührte sich nicht, obwohl ich ihn mit der Taschenlampe anleuchtete, und wir sahen uns einen Moment an. Ich sagte: »*Salam 'aleyk*«, aus Prinzip. Dann ging ich weiter und drehte mich erst wieder um, als ich meine Tür erreicht hatte. Der Hund hatte sich noch immer nicht gerührt.

Heute war ich mit Idris dem *simsar* und Mulai Jacoub zusammen und erwähnte zufällig den Hund, den ich gestern nacht gesehen hatte.

Idris war sofort zutiefst interessiert. »*Tiens*! Du weißt, *naturellement*, daß es immer eine Katze ist, die man in diesem Garten sieht – eine Katze mit *solchen* statt *solchen* Augen?« Er deutete mit zwei Fingern eine Senkrechte, dann eine Waagrechte an. »In diesem Garten ist es eine Katze, *normalement*.«

Ich hatte nicht darauf geachtet, wie die Augen des Hundes geschnitten waren: rückblickend kommen sie mir rund vor, also könnten sie vielleicht beides gewesen sein. Jedenfalls waren wir alle drei höchst interessiert. Idris fragte mich, ob ich den Hund angefaßt hätte, und ich sagte nein.

»Das war auch gut so«, meinte er erleichtert. »Wenn du ihn angefaßt hättest, dann *pfff*...«

Eine ganze Menge Leute pflegen Hunde anzufassen, ohne groß zu überlegen, und obwohl solche Hunde, wie ich gestern einen sah, Gott sei Dank selten sind, ist es nur gut, daß ich nicht zu denen gehöre, die unbekannte Tiere anfassen – sagt Idris. Dann erzählte uns Mulai Jacoub von einer Frau, so weiß wie Schnee, die er vor einigen Monaten in seinem Bett vorgefunden hatte. Auch ihre Augen seien senkrecht geschnitten gewesen. Er habe die Formel ›*Bismillahi r-Rahmani r-Rahim*‹ ausgesprochen, und sie habe sich sofort in Luft aufgelöst. Man rät mir, dieselbe Formel aufzusagen, falls ich den

Hund noch einmal sehe. ›*Salam 'aleyk*‹ reicht normalerweise nicht aus. Aber sowohl Idris als auch Mulai Jacoub sagen, sie machen sich meinetwegen Sorgen – sie hoffen, daß ich die Hundskatze nicht noch einmal sehe, denn ein einziges Mal war schon zuviel. Es ist *nicht* gut.

Dann erzählte uns Idris von einem teuflischen Wechselbalg, den eine Berberfrau aus dem Atlas im Körbchen entdeckt hatte, als sie von der Feldarbeit zurückkam, um ihr neugeborenes Baby zu stillen. Sie habe es gar nicht hochheben müssen, um zu wissen, daß es ein teuflischer Wechselbalg anstelle ihres zwei Tage alten Lieblings war, denn kaum habe sie die Schwelle überschritten, da sei es wie ein geflügeltes Wesen durch die Luft geflogen und habe sich mit seinen Zähnen an ihrer Brust festgebissen.

»Zähne! Mit zwei Tagen! Stell dir vor!« rief Idris. »*Und* eine doppelte Zunge!«

An dieser Stelle unterbrach Mulai Jacoub, um mit Bestimmtheit zu erklären, daß selbstverständlich auch die schneeweiße Frau, die er seinerzeit in seinem Bett vorgefunden hatte, eine doppelte Zunge gehabt habe, wie nicht anders zu erwarten. Sie wollten wissen, ob wir so etwas in England auch hätten, und ich sagte, ja, allerdings nicht oft.

Teufel machen sich manchmal an Frauen, sagen sie, und dann werden solche Kobolde geboren. Mulai Jacoub neigt zu der Überzeugung, daß Idris' Geschichte von dem Wechselbalg wohl eher die Geschichte einer Frau ist, an die sich ein Teufel gemacht hat. Das wäre üblicher, sagt er. Ich hatte keine Erfahrungen, auf die ich zurückgreifen konnte, und äußerte mich nicht dazu.

Es gibt verschiedene Arten von Teufeln: ihren König, Iblis, dann *dschinn*, *'afrit*, *schaitan* – auch noch andere, glaube ich, aber das sind die verbreitetsten. Die *dschinns* – wovon der korrekte Plural *dschunun* lautet, was ein viel schwärzeres, unheimlicheres Wort als *dschinns* ist, finde ich – werden aus Feuer geboren und haben menschliche Eigenschaften. Der Koran sagt:

> »Soll ich euch künden von denen, auf welche die Teufel herniedersteigen? Hernieder steigen sie auf jeden sündigen Lügner. Sie teilen das Gehörte mit; doch die meisten von ihnen lügen.«

Das soll sich darauf beziehen, daß Teufel fortwährend am Tor zum Himmel lauschen, aber da sie Lügner sind und ohnehin nicht nahe genug, um die himmlischen Gespräche einigermaßen genau zu verstehen, kann man sich auf das, was sie ihren Verbündeten auf Erden mitteilen, nicht verlassen. Es heißt, wenn die Engel die Teufel beim Lauschen am Tor zum Himmel ertappen, kommen sie hervorgestürzt und bewerfen sie mit Sternschnuppen. Die Nacht ist voll davon.

Mulai Jacoub sagte noch etwas – von seinem Haus. Selbst jetzt, da er darin allein ist (seine Familie ist in ihr *bilad* gegangen, um Verwandte zu besuchen), betätigt irgend etwas den Flaschenzug seines Brunnens und zieht den Eimer herauf. Das mag harmlos sein, aber die Rolle des Flaschenzuges quietscht und knarrt, und das Geräusch ist entsetzlich. »Es ist niemand im Haus außer mir«, rief Mulai Jacoub. »Niemand! Nicht einmal ein Hund oder eine Katze. Nicht einmal Mäuse!«

Ein Maure, den ich kaum kenne, hat mich mit einer beiläufigen Bemerkung durcheinandergebracht, obwohl die Bemerkung selbst keinerlei Bedeutung hat –

»Die Leute sagen, du hast nicht vor, noch länger hierzubleiben . . .«

Wer sind die Leute, die das sagen? Ich habe es nicht einmal zu mir selbst gesagt, weil ich nicht daran denken will. Aber es ist leider wahr. Der Westen hält mich immer noch am Bein fest. Ich hatte gehofft, mittlerweile frei zu sein. Ein Jahr – es ist fast ein Jahr – ein Jahr hätte ausreichen müssen, aber noch klammert sich ein Tentakel an. Wenn ich Zeit kaufen könnte, noch sechs Monate, könnte ich mich vielleicht befreien, aber es ist nichts mehr da, wovon ich sie kaufen könnte.

Maurice würde mich beköstigen. Das hat er mir gesagt, und ich tat so, als lachte ich, und sagte: »Seien Sie nicht albern, Maurice.« 'Aischa würde mich auch beköstigen, sagt sie, solange sie ihren neuen ›Beschützer‹ hat, der für alles aufkommt. »Er ist allerdings *Américan*«, fügt sie hinzu. »Also fühlt er sich leicht gekränkt. Wir werden ihn deshalb nicht kränken, indem wir es ihm erzählen, und an den Tagen, wo er hier ist, bist du vielleicht nicht hier, *yak*?« Wenn ich nur lernen könnte, daß Dankbarkeit Gott gebührt, und nicht den Menschen!

Der Westen mahnt mich: Ich bin verrückt, mich so zu verhalten, wie ich mich verhalte, verrückt, in dieser ewigen, verwunschenen Gegenwart zu verharren. Dann bin ich eben verrückt. Und um es zu beweisen, habe ich mir eine alte, bemalte Truhe, einen Tisch, einen Berberteppich und ein Holzgitter für ein Fenster gekauft. Ein Haus kann ich mir nicht kaufen, doch ich habe mir diese Einrichtungsgegenstände gekauft. Aus Trotz, nehme ich an.

Es gibt nichts mehr zu schreiben, jetzt wo mein Entschluß feststeht. Ich reise ab. Ich habe seit Wochen nicht gearbeitet, obwohl ich mir den Anschein gegeben habe, aber es gibt ständig etwas, das meine Aufmerksamkeit fordert: ein Freund, vielleicht, oder der Wunsch, den Aguedal zu sehen, nun da der Winter hinter uns liegt und die Obstblüte begonnen hat. Auf dem unwirtlichen Land außerhalb der Stadt sind die Schwertlilien schon abgestorben, aber allenthalben steht Affodill, und die Sonne scheint immerdar am klaren, blauen Himmel. Ich muß fort, ehe ich mir einen Grund ausdenken kann, meinen Entschluß zu ändern.

Der Mechanismus des Abreisens ist so simpel. Ich muß mir lediglich eine Fahrkarte kaufen, solange ich das Geld dafür noch in der Tasche habe (den Rückflugschein meines Flugtickets habe ich längst dem Reisebüro zurückverkauft). Ich muß mich nur zur rechten Zeit am Bahnhof einfinden, und alles ist meiner Verantwortung entzogen. Ich weigere mich, darüber nachzudenken, was in meinem Herzen vorgehen mag.

Ich habe reihum Abschied genommen. Idris, Mulai Jacoub. Sie sprachen mit mir, als wäre heute wie jeder andere Tag. Harun. Er sagte: »Friede auf deinen Wegen . . . Wirst du zurückkehren, *Inscha'Allah*?« Werde ich? Ich gab ihm keine Antwort, dem armen kleinen Harun, mit Problemen, die ihn wohl bis zum Grab begleiten werden. Fatima – Fatima, übers ganze Gesicht strahlend und tränenselig, ohne jede Erinnerung an unseren Krach im Patio. Sie hatte viel von ihrem derzeitigen Arbeitgeber zu erzählen, aber ich wollte es nicht hören – ich kann den Gedanken nicht ertragen, wie das Leben trotz meiner Abreise weitergehen wird. Sie hat mir als Abschiedsgeschenk ein Bündel meiner schmutzigen Kleider gewaschen, und ich habe ihr ein beschlagenes Kästchen geschenkt. Ich frage mich, was sie hineintun wird. Sie ist herzzerreißend, diese Abschiedsrunde. Der *mul al-hammam*. Die *garçons* im Café de France, abwechselnd mit Gruppen neuer Gäste und dem Abwischen von Marmortischplatten beschäftigt. Einer von ihnen putzte sich die Hände an seiner Schürze ab und sagte: »*Tiens! Ti pars?*« Ich redete mit den Stammgästen, die meine Freunde geworden sind, aber sie wollten dies oder das besprechen, und so besprachen wir es, und am Ende sagte ich ihnen gar nicht, daß ich fortging. Dann 'Aischa und 'Abdeslem, mit feierlichen Gesichtern, als liebten sie mich. »In London gibt es Nebel, *yak*?« fragte 'Aischa. Ihre Finger lagen auf einem Halstuch aus Wolle, das 'Abdeslem abgelegt hatte. Vielleicht spielte sie mit dem Gedanken, es mir zu schenken, aber wenn, dann überlegte sie es sich anders. »Zieh immer dein *manteau* an«, sagte sie besorgt, »und richte deiner lieben Mutter mein *bonjour* aus, *n'est-ce pas*?« »Und mein *bonjour* auch«, fügte 'Abdeslem hinzu, denn er läßt sich nicht überflügeln. Der Nachtwächter von Darb asch-Schams. Er sagte mir, ich solle ihm Aspirin gegen irgendeine unwahrscheinliche Krankheit geben, aber ich hatte keins, und er meinte: ›Das macht nichts‹, damit ich mich nicht darüber aufregte, ihn enttäuscht zu haben. Mulai Ibrahim und sein Freund aus Darb al-Bir. Es ist lange her, daß ich sie besucht habe, und sie haben mich gebeten, dem Seigneur Hamed in Tanger eine Nachricht zu überbringen, die viel eher einem Ultimatum als einer Nachricht gleicht. Ich machte mir nicht die Mühe zu sagen, daß ich nicht vorhatte, über Tanger zu fahren. Ich versuchte Miriam zu finden, aber sie war nicht in ihrer Mauernische, und auch die Pfaff war verschwunden. Als ich ihre Mutter in ihrem Haus in der Mellah besuchte, sagte Madame Z.: »Miriam wird bald Braut sein, denn ich habe sie zu meiner Schwester nach Casablanca geschickt, die einen ausgezeichneten Ehemann kennt. Monsieur Z. und ich werden in Kürze nach Casablanca fahren, um ihn uns anzusehen. Gott weiß es am besten und wird für Miriam schon alles richten – und für Sie zweifellos auch, Monsieur.« Ich sah Bu Dschama in dem Café, das er frequentiert, aber er schien mich weder zu erkennen, noch sich an unsere nicht eingehaltene Verabredung zum Mittagessen oder irgendeine unserer Begegnungen zu erinnern. Wegen Haschisch, nehme ich an.

All diese liebenswerten, guten Menschen, die überrascht wären, wenn man sie als etwas dergleichen bezeichnete. Sie, die niemals fortgegangen sind – woher sollen sie wissen, was Abschiednehmen bedeutet, daß es bedeutet, ein wenig zu sterben?

Mlle. de V., auf ihre ureigene Art wie stets wunderbar. Sie sagte: »Warum haben Sie mir das nicht vorher gesagt? Ich wollte Sie einladen, ein Glas Wein mit uns zu trinken.«

»Ich habe mich gerade erst entschieden. Aber möchten Sie nicht ein Glas Wein mit *mir* trinken? Jetzt. Es ist ein ziemlich besonderer Anlaß.«

Sie zögerte, lächelte heiter und sagte: »*Volontiers*, Monsieur. Da es ein besonderer Anlaß ist.«

Maurice. Er sagte: »*La chambre d'ami* wird zu Ihrer Rückkehr fertig sein. Ich werde mich um Ihre Möbel kümmern. Es ist wie ein Pfand, die Holztruhe und das Gitter für das Fenster. Würden Sie bitte daran denken, dem Majordomus eine Ansichtskarte zu schicken? Er mag Ansichtskarten sehr. Jeden Tag sucht er in meinem *courrier* nach etwas für sich, aber es ist nichts dabei.«

»Dann schreibe ich ihm einen Brief.«

»Eine Ansichtskarte ist besser. Man kann sie allen zeigen, auch denen, die nicht lesen können. Am besten ist natürlich, wenn sie eine ausländische Marke hat und wenn das Bild eine ausländische Stadt oder Soldaten zeigt. In Farbe, selbstverständlich.«

»Gut. Das mache ich.«

»Und denken Sie manchmal an uns. Ich werde Sie nicht zum Bahnhof begleiten.«